el arte de Crear

manualidades y labores

el arte de
Crear
manualidades y labores
Técnicas, materiales e ideas para realizar, paso a paso, bellos objetos y motivos decorativos.

JOCELYN KERR HOLDING

EVEREST

Autor: Jocelyn Kerr Holding
Coordinación editorial:
Valeria Camaschella
Edición: Studio 3, Milán
Coordinación fotográfica: Centro Iconografico
dell'Istituto Geografico De Agostini dirigido
por Maria Serena Battaglia
Cubierta: Marco Volpati y Alfredo Anievas

Título original: *Voglia di Creare*
Traducción: Carmen Peris Caminero

© Istituto Geografico De Agostini S.p.A., Novara
y EDITORIAL EVEREST S.A.
www.everest.es
Carretera León-La Coruña km 5 - LEÓN
ISBN: 84-241-8468-8
Depósito Legal: LE: 7-2003
Printed in USA - Impreso en EE.UU

EDITORIAL EVERGRÁFICAS, S.L.
Carretera León-La Coruña km 5 - LEÓN (ESPAÑA)

ÍNDICE

FANTASÍAS DE PAPEL

TÉCNICAS DE PINTURA

201

ARTES APLICADAS

255

LABORES

219

MODELAJE

333

TÉCNICAS Y MATERIALES

Introducción

Las últimas décadas han sido testigo de una progresiva recuperación de las tradiciones: junto al consumismo se ha impuesto, de un modo cada vez más extendido, la demanda de objetos con un carácter y una historia, delatando una especie de necesidad de recuperar nuestras raíces. Esta tendencia se ha extendido también a las aficiones y pasatiempos: sentimos la necesidad de expresar nuestra creatividad en la elaboración de un regalo o un adorno para la casa, en la personalización de una camiseta o en la restauración de objetos y adornos antiguos.

La finalidad de este libro es ofrecer una amplia serie de ejemplos, tradicionales, innovadores y originales, que animen, incluso a los más inexpertos, a adentrarse sin vacilar en el mundo de las "artes menores". Si sigue las indicaciones de cada uno de los proyectos ilustrados paso a paso, conseguirá llevarlos a cabo sin dificultad y, sobre todo, aprenderá a dominar las diversas técnicas que se presentan y le animarán a realizar sus propias creaciones en el futuro.

Los proyectos que os proponemos son variados y estimulantes. Abordaremos técnicas como el *découpage*, reciente redescubrimiento del recorte de figuras infantil; aprenderemos fascinantes artes de origen oriental, como el papel maché, el marmoleado y la papiroflexia, también conocida como *origami*, que con sólo doblar un folio nos permite crear un mundo entero; experimentaremos con la fórmula sencilla y barata de la pasta de sal para elaborar las tradicionales guirnaldas navideñas y muchos otros objetos; renovaremos telas, paredes, muebles y azulejos con una pequeña cantidad de pinturas, pinceles y alguna que otra plantilla de stencil (o estarcido); veremos cómo aprovechar al máximo materiales versátiles e innovadores como el *Cernit* y el pirkka, y un largo etcétera. En la sección dedicada a las técnicas de bordado, ganchillo y punto, una "minienciclopedia" con los tipos de punto más bellos reinterpreta en clave moderna motivos clásicos con los que decorar cortinas, manteles, sábanas y toallas. Como apéndice final, incluimos un útil y valioso resumen de los materiales y técnicas básicas, con múltiples consejos que os ayudarán a determinar el material esencial para cada proyecto y la mejor manera de realizar el mismo.

FANTASÍAS DE PAPEL

MATERIAL NECESARIO

- base de madera sin tratar de 24 x 30 cm, 2 cm de grosor, con un agujero en el centro de 1 cm de diámetro ● papel con guirnaldas y adornos *print-room* ● esfera de papel con números romanos ● tijeras ● cola vinílica ● pintura acrílica negra ● barniz de acabado al aceite ● tratamiento envejecedor ● mecanismo de reloj de cuarzo

RELOJ CON *PRINT-ROOM*

El refinamiento de los adornos y de la esfera hacen de este reloj de pared un regalo insólito y muy especial con el que podrá obsequiar a un amigo al que le guste la decoración.

El *print-room* es una modalidad especial del *découpage*, realizada en blanco y negro, en la que se emplean recortes de grecas, guirnaldas y cenefas de inspiración victoriana. Se presta prácticamente a cualquier tipo de objeto: sillas, sombrereras, material de escritorio, bandejas, platos, biombos... El que nos ocupa es un ejemplo de aplicación del *print-room* sobre una superficie de dimensiones limitadas. Decorado con guirnaldas de inspiración decimonónica, el objeto está tratado, además, con un barniz especial que le confiere una pátina de efecto antiguo. La base de madera sin tratar se vende en tiendas de manualidades o Bellas Artes. También se puede cortar personalmente si se tiene un tablero de aglomerado: trazar la forma deseada, cortarla con una sierra y agujerearla en el centro con un taladro.

1

Echar en un platito una pequeña cantidad de pintura acrílica negra, añadir una cucharada de agua y mezclarla con cuidado. Mojar una brocha plana en la pintura y aplicar una capa uniforme de pintura sobre la base de madera. Dejar secar

2

Recortar la guirnalda con mucho cuidado y, antes de pegar los distintos elementos, hacer una prueba para encontrar la composición que quede mejor.

UN CONSEJO

A veces, la cola es tan densa que resulta difícil aplicarla. En tal caso, hay que diluirla con una cucharada de agua.

3

Con una brocha, extender la cola vinílica por detrás de la esfera, extendiéndola desde el centro hacia los bordes, y pegar la esfera sobre la base de madera, de manera que el centro de la esfera coincida con el agujero del tablero. Agujerear la esfera en el centro con la punta de las tijeras (justo en el agujero del tablero)

4

A continuación, pegar la guirnalda encima de la esfera, ejerciendo una ligera presión para eliminar las burbujas de aire. Luego, pegar el resto de los adornos en la parte inferior.

5

Añadir al barniz una gota de tratamiento envejecedor y extender la mezcla por encima del reloj con pinceladas irregulares. Dejar que se seque y aplicar otras dos manos de barniz al aceite. Cuando esté seco, montar el mecanismo.

DÉCOUPAGE PARA PERCHAS

MATERIAL NECESARIO

- perchas de la ropa de madera natural • motivos *découpage* con rosas • tijeras pequeñas (afiladas) • cola vinílica • un pincel • resina acrílica • barniz de acabado al aceite • 1 m de cinta de raso a juego con los motivos florales • cola de carpintero

Gracias al découpage, *objetos cotidianos e indispensables pero a menudo anónimos, como son las perchas de la ropa, se convierten en objetos alegres y muy "personales".*

En los objetos de uso corriente, la estética y la fantasía se sacrifican muchas veces en aras de la funcionalidad. Es el caso de las perchas de la ropa, un "clásico" imprescindible siempre con el mismo diseño, bastante anónimo, por no decir triste. Con un poco de creatividad, se pueden crear perchas personalizadas con la sen-

cilla técnica del *découpage*. Nada de pintura y pincel: basta con encolar unos cuantos motivos florales o fotocopiar en color las rosas que aparecen en estas páginas, recortarlas con cuidado, y forrar el gancho de metal con una cinta de raso. Como es lógico, antes de colgar la ropa hay que esperar a que el barniz se seque del todo.

1

Diluir la cola en un poco de agua y aplicarla con un pincel por el dorso de la primera rosa. Pegarla en la percha presionándola con firmeza para que quede bien pegada.

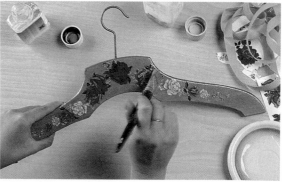

2

Con un papel de cocina, limpiar con cuidado el recorte pegado para eliminar el exceso de cola. Aplicar el resto de los recortes de la misma manera, hasta completar la composición.

3

A continuación, aplicar una mano de resina acrílica por toda la superficie y, una vez seca, dar al menos tres capas de barniz al aceite, esperando a que se seque cada capa antes de aplicar la siguiente.

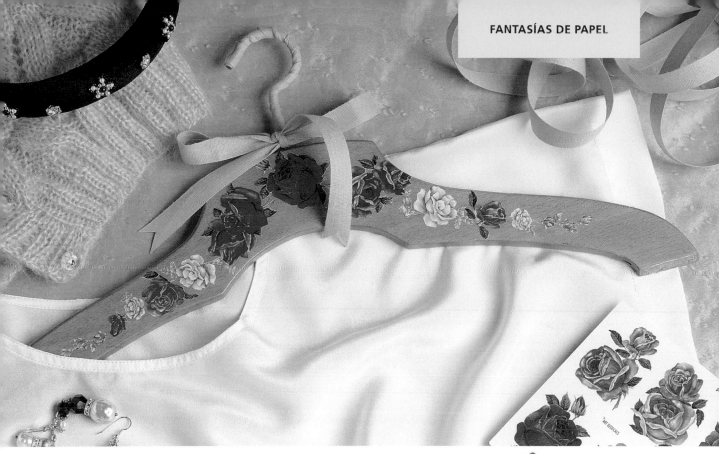

4

Aplicar un hilo de cola de carpintero en un extremo de la cinta y pegarla en la base del gancho metálico de la percha.

5

Forrar el gancho envolviendo la cinta alrededor, y fijando el otro extremo de la cinta a la base del gancho con más cola.

6

Hacer una lazada con otra tira de cinta en la base del gancho y cortar los extremos en forma de cola de golondrina.

MATERIAL NECESARIO

- bandeja de madera sin tratar de 28 x 46 cm
- un pliego de papel de regalo (decorado con limones)
- lápiz
- cola polivinílica
- brocha plana
- resina acrílica
- barniz de acabado al aceite

BANDEJA CON LIMONES

Sin necesidad de usar pinturas ni pinceles, vamos a "pintar" una naturaleza muerta en una simple bandeja de madera sin tratar.

Decorar pequeños objetos de madera para la casa sin necesidad de recurrir a la pintura es un agradable pasatiempo para los aficionados a las manualidades. Es muy fácil y divertido dar un nuevo *look* a una bandeja con sólo un pliego de papel de regalo con un estampado llamativo y vistoso, como son los limones.

Recortar el papel no es difícil: basta con prepararlo siguiendo las dimensiones y la forma de la bandeja que queremos forrar. Si tomamos las medidas con cuidado, las uniones no se notarán y, sin haber tenido que preparar un fondo o mezclar pinturas, tendremos una bandeja que parecerá "pintada a mano".

1

Apoyar la bandeja sobre el dorso del pliego de papel de regalo e ir marcando el perímetro con un lápiz. Medir el fondo interior y hacer un rectángulo de esas medidas en el dorso de un trozo del papel de regalo. Recortar ambos rectángulos con unas tijeras.

2

Mezclar 1 cucharada de cola vinílica con 1 cucharada de agua. Luego, con una brocha plana, extenderla por detrás de los recortes, con los que se forrarán los fondos exterior e interior de la bandeja.

3

Apoyar en el dorso del papel de regalo uno de los lados con asa y trazar el contorno a lápiz, sin olvidar la abertura que sirve de asa.

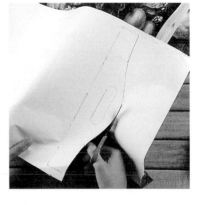

4

Recortar la silueta con unas tijeras nada más dibujarla. Para una mayor precisión al recortar el asa, se puede utilizar un cúter.

5

Aplicar la cola diluida por detrás de los distintos recortes y colocarlos. Una vez forrada la bandeja, aplicar por toda la superficie una capa de resina acrílica y, por último, una mano de barniz.

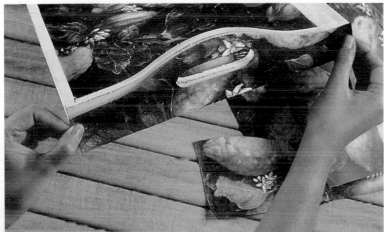

MATERIAL NECESARIO

- esmalte al agua gris mate
- pintura acrílica amarillo prímula
- pegatinas
- una lechera de metal
- barniz de acabado al aceite

DÉCOUPAGE CON PEGATINAS

Un adorno divertido para alegrar una balda de la estantería de la habitación de los niños que supone una mínima inversión.

Para los amantes del *découpage*, las pegatinas pueden ser una cómoda alternativa a los acostumbrados recortes de papel. Las utilizadas en este caso recrean escenas de la vida marina y sirven para alegrar una lechera clásica, pintada de gris con toques de amarillo. También se puede utilizarla como jarrón para flores secas o para guardar papeles enrollados, pósters o planos.

1

Pintar toda la superficie con el esmalte gris, dejarlo secar y aplicar unos toques de amarillo prímula con una brocha y a pinceladas densas.

2

Poner a remojo las pegatinas en agua tibia para poder despegarlas bien del papel en el que vienen pegadas.

3

Extraer las pegatinas de una en una con cuidado y colocarlas en la lechera, ejerciendo una ligera presión para que se peguen bien.

4

Repetir la operación hasta completar la composición. Por último, tratar la superficie con dos manos de barniz.

El Baúl de los Recuerdos

¿Por qué renunciar a un viejo baúl lleno de recuerdos, aunque esté un poco destartalado por el paso de los años? A veces, para devolverle su antiguo esplendor basta con un poco de práctica con el estucado y el découpage *y un tratamiento envejecedor.*

MATERIAL NECESARIO

- un baúl de madera viejo
- amoníaco y un trapo de algodón
- escayola, espátula y lija
- pincel plano mediano
- pincel plano fino
- pintura acrílica: ocre, siena tostado, beis
- mordiente a base de alcohol
- tijeras pequeñas
- figuras de soldados para el *découpage*
- cola vinílica
- pincel redondo fino
- barniz envejecedor, barniz craquelador (efecto cuarteado)
- secador

En los desvanes y trasteros guardamos auténticos tesoros: objetos y muebles olvidados que pueden ser precisamente lo que buscábamos para completar la decoración del salón. Es el caso de este baúl, que tras una hábil restauración puede convertirse en un magnífico mueble-bar o en una leñera junto a la chimenea. O quizás un simpático mueble para guardar los juguetes en la habitación de los más pequeños. Para que el tratamiento de envejecido quede bien, es fundamental preparar con cuidado la superficie y aplicar el barniz después de que se hayan secado por completo el estuco y la cola empleada para el *découpage* (si se quiere, se pueden fotocopiar y recortar los motivos que aquí aparecen).

1

Diluir en un barreño medio vaso de amoníaco en 1 l de agua. Humedecer un trapo de algodón en la solución y pasarlo con esmero por toda la superficie del baúl para limpiarla a fondo.

2

Con una espátula, aplicar la escayola en las zonas que haya que restaurar y dejarla secar.

3

Lijar las partes estucadas o "escayoladas" para que queden lisas y uniformes, y eliminar cualquier resto de polvo limpiando la superficie con un trapo húmedo.

LA TÉCNICA

Usos de la escayola

La escayola es una mezcla de yeso cocido molido muy fino, cola, aceite y otros ingredientes. Se usa para tapar agujeros y grietas, nivelar superficies irregulares, decorar paredes o muebles, e incluso para modelar estatuas. En este último caso, sin embargo, está compuesta de yeso o mármol molido muy fino, cal y puzolana.

4

En un platito, diluir con un poco de agua una mezcla de ocre, siena tostado y beis hasta obtener una tonalidad lo más parecida posible a la del baúl. Pintar con esta mezcla las partes estucadas, aplicándola con el pincel plano fino.

5

Cuando los retoques se hayan secado, reavivar el color de la madera aplicando por toda la superficie del baúl una capa de mordiente diluido con un poco de alcohol (con el pincel plano mediano).

6

Ha llegado el momento de empezar con el *découpage*: escoger las figuras por sus formas y colores (en este caso, nos han parecido más adecuados los soldados) y recortarlas con cuidado.

7

Diluir en un platito una cucharada de cola vinílica con una cucharada de agua y extender la mezcla por detrás del recorte o sobre la superficie del baúl con ayuda de un pincel redondo.

8

Pegar el recorte en el baúl ejerciendo una ligera presión con los dedos para que se pegue bien. Pegar el resto de las imágenes de la misma manera y dejar secar la cola.

9

Una vez seca la cola, aplicar sobre cada imagen (con el pincel plano mediano) una capa generosa de barniz de envejecido y dejar que se seque por completo (esperar, como mínimo, 24 horas).

10

Con una brocha plana, aplicar sobre todas las imágenes una mano espesa de barniz craquelador.

11

Para acelerar el efecto "envejecido", usar un secador hasta que la reacción entre los dos barnices resulte evidente.

MATERIAL NECESARIO

● una bandeja de madera
redonda ● mordiente al aceite
para madera
● recortes con imágenes de
frutas ● cola vinílica ● vela
● preparado para tratamiento
craquelador
● óleo color sombra
● pintura acrílica dorada
● lana de acero
● barniz de acabado al agua
● barniz de acabado al aceite
en gel

BANDEJA "FLAMENCA"

Una fascinante oportunidad para ponerse a prueba y comprobar la extrema versatilidad del découpage.

En este caso, partimos de una bandeja de madera con moldura de pasta de madera y de unos cuantos recortes de papel de distintas frutas que nos recuerdan a las naturalezas muertas de los pintores flamencos.

Una vez creada la composición, emprenderemos dos tipos de operaciones: craquelado y envejecido (con la cera sólida). Al final, hay que tratar la superficie con al menos cinco manos de barniz de acabado en gel, lijando con cuidado entre la segunda y la última.

Un consejo: cuando se aplique el tratamiento craquelador, para obtener grietas uniformes y de pequeñas dimensiones, no abusar del barniz al agua y aplicarlo sólo cuando el barniz al aceite esté casi seco.

1

Lo primero que hay que hacer es aplicar una mano de mordiente.

2

Hacer algunas pruebas, disponiendo los recortes ligeramente superpuestos hasta dar con la composición de fruta que más adecuada. Empezar por el centro hacia el exterior y, cuando el resultado sea el deseado, pegar los recortes. A continuación, aplicar una mano de barniz al agua y dejar que se seque.

3

Comenzar con la primera fase del tratamiento craquelador, aplicando una capa uniforme de barniz al aceite, vertiéndolo directamente sobre la brocha.

4

Pasar a la segunda fase cuando el barniz al aceite esté casi seco (se nota porque resulta viscoso al tacto). Hay que esperar entre 30 minutos y 2 horas, según la humedad y temperatura ambientales. Entonces, aplicar sobre el barniz una capa de barniz al agua.

5

Mientras el barniz actúa "cuarteando" la bandeja, frotar la moldura de la bandeja con la vela y, a continuación, aplicar sobre la superficie tratada la pintura acrílica dorada. Dejarla secar y "frotar" la moldura con la lana de acero para completar el efecto envejecido.

6

Cuando el barniz craquelador esté seco, verter un poco de aguarrás en un trapo, mojarlo en el óleo color sombra, y restregarlo por la superficie de la bandeja con movimientos circulares para que así el óleo penetre en las grietas. Dejarla secar durante unos 10 minutos y eliminar el exceso de pintura con papel de cocina, dando pequeños toques. Por último, aplicar el barniz de acabado en gel.

MATERIAL NECESARIO

● una bandeja pequeña de madera ● pintura acrílica: blanca, ocre amarillo, sombra, azul ● brocha plana nº 30 y pincel fino de Bellas Artes ● papel pintado ● cola vinílica ● papel de cocina ● barniz de acabado al agua ● barniz de acabado al aceite en gel

CAFÉ PARA DOS

Una bandeja que nos ayudará a afrontar con ánimo el nuevo día.

Éste es otro proyecto que permite adentrarse sin traumas en el mundo del *découpage*. No se necesita un talento especial para la composición ya que el papel se recorta y se encola "en una sola pieza". Además, el papel pintado es mucho más fácil de manipular que el papel de regalo, que es más delicado. Eso sí, al ser más grueso, una vez terminada la decoración se deben dar al menos tres manos de barniz al aceite a la superficie de la bandeja para que no se note ningún "escalón" entre la madera y el contorno del recorte.

1

Pintar la bandeja de un tono amarillo pálido, que se obtiene mezclando 3 partes de blanco, 1/2 de sombra y media de ocre amarillo. Aplicar la mezcla con pinceladas largas y firmes, todas en la misma dirección.

2

Recortar el papel pintado, de forma que se ajuste perfectamente a la longitud del lado más largo de la bandeja, siguiendo el contorno de la parte superior de los diferentes elementos. Aplicar una capa uniforme de cola por detrás del papel pintado y pegarlo en la bandeja. A continuación, pasar por encima de la "decoración" un trozo de papel de cocina húmedo para eliminar las burbujas de aire y el exceso de cola.

3

Con el pincel fino de Bellas Artes, pintar el borde de la bandeja con la pintura acrílica azul. No es necesario proteger la decoración con cinta adhesiva de papel, pero si es de ayuda, se puede colocar la mano en el clásico apoyamanos para que el toque del pincel sea más seguro y preciso. Por último, aplicar una mano de barniz al agua y tres de barniz al aceite.

MATERIAL NECESARIO

- esmalte al agua azul oscuro mate
- pintura acrílica azul
- papel para *découpage* con motivos florales
- cola vinílica
- dos brochas planas y un pincel para aplicar la cola
- barniz de acabado al agua
- barniz de acabado al aceite en gel

CUBO CON GUIRNALDA DE FLORES

Clemátides y hortensias, una combinación insólita y eficaz para un recipiente "multiusos" con notas de color azul y rosa.

Otro ejemplo de la utilidad que pueden tener los objetos que guardamos en el trastero o en el garaje. A menudo, descubrimos objetos que podemos reciclar y que, además de estimular la creatividad y recordarnos a un ser querido, nos ayudan a ahorrar. Es el caso del clásico cubo de metal de la abuela. En vez de tirarlo, intente darle un aspecto más actual con

el *découpage*, con dos flores aparentemente "extrañas", pero al mismo tiempo alegres y exuberantes, como son las clemátides y las hortensias. ¿Qué uso le podemos dar en una casa de campo? Puede utilizarse como revistero, como caja de herramientas, como "cesta" para la ropa o como "baúl" para dejar las zapatillas y los balones de los niños.

1

Aplicar una mano de esmalte al agua por todo el cubo para tener así un fondo que favorezca la adhesión de la pintura.

2

Cuando el fondo esté seco, pintar el cubo con la pintura acrílica azul, con pinceladas firmes e irregulares que dejen entrever manchas más oscuras del tono del esmalte.

3

Recortar las flores y disponerlas formando una guirnalda, pegando las corolas más voluminosas cerca de la base del cubo y las flores, más delicadas, a medida que se va ascendiendo.

4

Aplicar con una brocha una capa de barniz al agua por toda la superficie y, para terminar, aplicar cuatro manos de barniz al aceite.

FUENTE DE CEREZAS

Transformar una anodina fuente de loza blanca en un variopinto frutero es fácil y divertido. Basta con encontrar un papel de regalo con un estampado de cerezas y decorar la fuente mediante la técnica del découpage.

MATERIAL NECESARIO

- una fuente de loza blanca
- papel de regalo de fantasía con un estampado de cerezas
- cola de base acuosa y brocha
- tijeras curvas
- barniz transparente de base oleosa
- lápiz
- alcohol
- trapo húmedo

Una técnica como el *découpage*, usada tradicionalmente para pegar recortes de papel estampado en muebles y objetos de madera, se presta también a la decoración de piezas de plástico, cristal, metal y cerámica. Lo importante es que la superficie sea uniforme y lo bastante resistente como para absorber y tolerar la humedad de la cola y del barniz.

Para simplificar el trabajo, se escoge una fuente plana y no honda, ya que es más fácil de decorar. En cuanto al papel de regalo, en general es bastante frágil, por lo que debe manipularse con cuidado, sobre todo después de aplicar la cola. Opte por un motivo que vaya a juego con otros objetos o accesorios para la mesa (mantel, vajilla, posavasos, etc).

1

Limpiar la fuente con un trapo humedecido en alcohol para eliminar cualquier rastro de polvo. Seleccionar del papel de regalo la zona más bonita y recortarla con cuidado.

UN CONSEJO

Si una vez encolado, el papel se levanta en algunos puntos, pinchar las burbujas de aire con un alfiler y presionar con firmeza hasta eliminar todo el aire.

2

Con una brocha, aplicar la cola por el dorso del primer recorte, del centro hacia el exterior. Colocar el recorte en la fuente, centrándolo, y ejercer una ligera presión para que se pegue.

3

Pegar del mismo modo los otros recortes hasta cubrir la superficie por completo, rebasando el borde de la fuente.

4

Comprobar que el papel ha quedado bien adherido al plato por todas las partes, y recortar lo que sobresale del borde con las tijeras.

5

Aplicar una capa uniforme de cola por toda la fuente y frotarla delicadamente con los dedos para que penetre entre recorte y recorte.

6

Dar una mano de barniz transparente, dando los brochazos en la misma dirección. Dejarla secar (unas 3 horas) y aplicar una segunda capa de barniz.

MATERIAL NECESARIO

- bases octogonales de madera sin tratar o MDF
- papel con adornos y grecas *print-room*
- cinta adhesiva de papel
- cola vinílica
- pintura acrílica: blanca, amarilla y sombra
- preparado para tratamiento craquelador y óleo de color sombra
- barniz de acabado al aceite en gel

BAJOPLATOS VICTORIANOS

La decoración print-room *confiere un toque de solemne elegancia a estos bajoplatos, perfectos para "vestir" la mesa en grandes ocasiones.*

Una simple greca por todo el borde y una guirnalda de inspiración decimonónica son todo lo que hace falta para enriquecer accesorios tan "pobres" como estos bajoplatos de madera sin tratar, normalmente hechos de materiales valiosos como la plata o la alpaca.

Los motivos y grecas de estilo victoriano se pueden encontrar en publicaciones especializadas, a la venta en librerías o tiendas de Bellas Artes. Para envejecerlos, se utiliza goma laca diluida con alcohol o, si se prefiere, preparados más artesanales, un té poco cargado.

2

Recortar las grecas de *print-room* dejando un poco de margen, y colocar las primeras dos grecas sobre una base de madera, de forma que queden superpuestas justo en el ángulo.

1

Mezclar abundante blanco con pequeñas cantidades de amarillo y sombra, hasta obtener una tonalidad marfil, y pintar las bases octogonales.

3

Colocar de la misma manera las demás grecas, fijándolas con trocitos de cinta adhesiva.

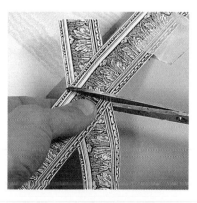

4

Sujetándolas con firmeza entre el pulgar y el índice, recortar las tiras de papel (coincidiendo justo con los ángulos), con una inclinación de 45° para que así encajen perfectamente.

5

A continuación, aplicar el tratamiento craquelador. Dar primero una capa de barniz al agua, y después una de barniz al aceite. Dejar secar el barniz hasta que adquiera una consistencia viscosa. Luego, aplicar dos manos de barniz al agua; rápidamente se empezarán a formar grietas. Dejar secar el barniz del todo y, con un trozo de papel de cocina mojado en el óleo de color sombra a modo de tampón, aplicar la pintura de forma que penetre en las grietas, confiriendo al bajoplato una pátina antigua. Volver a pasar, con toquecitos, un trozo de papel de cocina por la superficie para eliminar el exceso de pintura y, al cabo de 1 hora aproximadamente, aplicar tres manos de barniz de acabado en gel.

FRUTERO CON HIEDRA

Mediante un sencillo "lifting" se transforma la clásica palangana de plástico estilo años 50 en un cómodo frutero para usar como centro de mesa en la casa de campo.

MATERIAL NECESARIO

- cuenco o palangana de plástico
- alcohol y papel de cocina
- esmalte al agua blanco mate
- papel para *découpage* con un estampado de ramas de hiedra
- cola vinílica
- pincel plano
- barniz de acabado al agua
- barniz de acabado al aceite en gel

Una escapada al desván es, a menudo, la ocasión para redescubrir objetos olvidados, que para los amantes del bricolaje pueden servir de inspiración. Así sucede con esta corriente palangana de plástico, que con una mano de esmalte blanco y un poco de *découpage* se convierte en un magnífico frutero.

Si se aplica el esmalte sin diluirlo, una sola mano debe ser suficiente.

1

Recortar ramas de hiedra de
varias dimensiones y hacer
pruebas en la superficie de trabajo
hasta dar con la composición
idónea.

2

Limpiar la palangana con un papel de cocina empapado en alcohol y
aplicar el esmalte al agua. Si, después de dar la primera mano, la capa
del fondo no queda perfectamente uniforme, dar una segunda mano.

3

A continuación, aplicar una mano de cola por el dorso
de cada recorte (es posible que los más pequeños se
curven; para evitar este inconveniente, sumergirlos en
agua durante unos segundos) y empezar a formar la
composición, partiendo del borde e intentando imitar
el aspecto natural de la hiedra.

4

Continuar avanzando del borde hacia el centro.
Una vez terminada la decoración, aplicar una mano
de barniz al agua y cuatro de barniz al aceite.

MATERIAL NECESARIO

- caja de madera
- papel con grecas y adornos *print-room*
- cinta adhesiva de papel
- pintura acrílica beis y marfil ● alcohol
- cola vinílica
- barniz al agua
- barniz de acabado al aceite en gel

UNA CAJA PARA TODAS LAS ESTACIONES

Las grecas print-room *en blanco y negro, aplicadas en la tapa y en los bordes inferiores, realzan la decoración central.*

La técnica del *découpage* se utiliza mucho para hacer cajas y joyeros, para guardar cosas o para regalar. Esta caja en particular es perfecta para guardar recuerdos porque su estilo un poco decadente la convierte en una especie de cofre de tesoros y secretos. Si se quiere, se puede sustituir el motivo central por un paisaje o una naturaleza muerta. La superficie estriada, producida por la pintura acrílica y el alcohol, es un fondo perfecto para cualquier motivo.

1

Colocar las grecas *print-room* por los bordes, superponiéndolas en las esquinas (tal y como se ve en la fotografía).

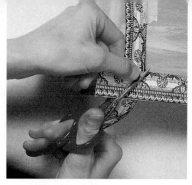

2

Fijar las grecas con trocitos de cinta adhesiva y cortar los extremos en un ángulo de 45°, de forma que encajen entre sí

3

Una vez recortadas todas las grecas, pegarlas con cola vinílica. A continuación, pegar el motivo central.

4

Pegar también grecas *print-room* en los bordes inferiores de la caja.

5

Si hay que poner un "añadido", hacer un corte en diagonal en el extremo de la nueva tira de papel y superponerla a la anterior de manera que encajen.

LA TÉCNICA

Pintura al alcohol

Al tratar con alcohol una superficie pintada con pintura acrílica, se obtienen extraordinarios matices. La técnica es la siguiente: aplicar una capa de pintura acrílica marfil y, una vez seca, una mano de beis. Luego, antes de que el segundo color se seque por completo (para saberlo, mirar la superficie a contraluz: unas partes estarán brillantes y otras no), aplicar, con ligeros toquecitos sobre la caja, un trozo de papel de cocina empapado en alcohol para que se formen vetas de los dos colores.

6

Aplicar una capa uniforme de barniz al agua y cuatro manos de barniz de acabado al aceite, dejando secar entre mano y mano.

HUEVOS DEL ZAR

Una versión elegante, discreta y fácil de hacer de los huevos más "codiciados" del mundo.

MATERIAL NECESARIO

● dos huevos de madera de 12 cm de alto (con sus correspondientes pedestales)
● pintura acrílica: blanca, ocre amarillo y sombra
● diversos motivos decorativos en blanco y negro
● cola vinílica
● barniz al agua
● brocha plana blanda
● preparado para el tratamiento de envejecido
● óleo de color sombra en tubo y aguarrás ● papel de cocina
● barniz de acabado al aceite en gel ● lija

Los huevos que, a finales del siglo XIX elaboraba el joyero Peter Carl Fabergé cada año con motivo de la Pascua de los Zares, requerían meses de trabajo y el empleo de oro, piedras preciosas y esmaltes. Un esfuerzo y un coste quizá "anacrónicos" vistos hoy en día. Por eso, hemos decidido optar por un material como la madera, viva, muy versátil y que se presta especialmente al tratamiento enve-jecedor. La simplicidad de los ador-nos aplicados y la inmediatez de la técnica del *découpage* permitirán exhibir vuestra creación "ese mismo día" (sólo hay que contar con el tiempo necesario para que se sequen los barnices y la pintura al óleo). Se pueden usar como sujeta-libros en una estantería, como ador-nos para la repisa de la chimenea o bien para crear una composición de elementos grandes y pequeños con los que decorar la cómoda.

1

Antes de nada, pintar los huevos en un tono marfil, que se obtiene mezclando 3 partes de blanco con 1/2 de ocre amarillo y 1/2 de sombra. Cuando la pintura esté seca, aplicar la cola en los motivos decorativos y sumergirlos durante unos segundos en agua para favorecer así la adhesión sobre la superficie curva.

2

Preferiblemente, elegir motivos pequeños y empezar a disponerlos uniformemente en el primer huevo, procediendo del centro hacia los extremos.

3

Tratar toda la superficie con una mano de barniz al agua, diluyendo dos partes de producto con una de agua. Dejar secar durante 20 minutos.

4

A continuación, aplicar el tratamiento envejecedor. Extender primero el barniz al aceite, dejarlo secar durante unos 45 minutos (hasta que esté viscoso al tacto) y aplicar el barniz al agua. Al cabo de unos 20 minutos aparecerá el craquelado. Dejar secar los huevos durante 1 hora y aplicar el óleo de color sombra (que se vierte directamente del tubo en un trozo de papel de cocina empapado en aguarrás), de modo que penetre en las grietas.

5

Al cabo de 10 minutos, retirar el exceso de pintura con un papel de cocina limpio, con movimientos circulares. Dejar secar la pintura de las grietas (tardará como 1 hora) y aplicar 4-6 manos de barniz al aceite, lijando entre mano y mano.

MATERIAL NECESARIO

● papel de regalo con un ramo de flores ● bandeja de madera de 65 x 52 cm
● pintura acrílica blanca y azul ultramar ● cola vinílica
● barniz de acabado al agua
● barniz de acabado al aceite en gel ● papel de cocina

EXPLOSIÓN DE FLORES

Efectos casi pictóricos para este adorno floral, que se realiza descomponiendo un ramo y reconstruyéndolo después guiándonos por nuestra sensibilidad cromática y compositiva.

Éste es un proyecto interesante para quienes no dominan el dibujo a mano alzada, los pinceles y la pintura. El tono de fondo (fácil de aplicar sobre una superficie plana) realza el "efecto tridimensional" de la composición, confiriendo relieve a las formas y a los contrastes cromáticos. Sólo hay que tener cuidado al recortar con unas tijeras finas y afiladas las formas más complejas, para lo que hay que armarse de paciencia.

Un consejo: comenzar la decoración empezando por el jarrón, escogiendo corolas pequeñas y compactas para el primer plano, y las más grandes para el fondo.

1

Pintar la bandeja con una mezcla de azul ultramar y blanco, y mientras se seca la pintura, recortar el jarrón y las rosas más pequeñas, destinadas al lado izquierdo de la composición (recortarlas de una cn una para poder colocarlas luego con total libertad).

2

A continuación, "componer" el lado derecho, escogiendo flores de formas y colores que contribuyan a realzar las anteriores. Procurar crear una composición equilibrada en cuestión de alturas y volúmenes.

3

Para la parte superior del ramo, usar flores más largas que ayuden a transmitir la "sensación de masa". El resultado final es un ramo compacto, con florcs de formas y dimensiones diversas que componen un conjunto armonioso.

4

Una vcz encontrada la composición más adecuada, sólo queda empezar a pegar los distintos elementos (para evitar que se muevan durante la operación, fijarlos con algo de peso). Una vez realizada la decoración, "frotar" la superficie con papel de cocina y darle una mano de barniz al agua, y tres de barniz al aceite.

SOMBRERERA MULTIUSOS

Quizá la sombrerera clásica de nuestra abuela parezca un poco demodé en su función original, pero puede convertirse en una preciosa caja en la que guardar objetos que no tienen un sitio fijo.

MATERIAL NECESARIO

- sombrerera de cartón
- pintura acrílica: dorada y marfil
- alcohol y papel de cocina
- dos brochas planas
- recortes de figuras estilo años 20 • cola vinílica
- barniz de acabado al agua
- barniz de acabado al aceite en gel

He aquí una cómoda variante de la caja en la que guardar cinturones, bisutería, fotografías o documentos. Por su forma, resulta especialmente útil para guardar la clásica guirnalda navideña. Es un modo divertido de reciclar un recuerdo de familia que quizás esté pasado de moda, pero que da pena tirar o relegar al trastero.

Ésta, destinada al armario de la ropa, está decorada con *découpage* utilizando figuras estilo años 20. Un consejo importante: no diluir demasiado la pintura, porque por efecto del agua, la tapa de cartón podría combarse.

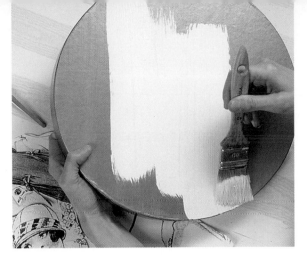

1

Aplicar por toda la superficie una mano uniforme de pintura acrílica dorada (diluyendo 3 partes de pintura con 1/2 de agua). Si se sigue entreviendo el color de fondo, aplicar una segunda capa. Dejar secar y aplicar la pintura marfil, diluyéndola igual que la anterior.

2

Antes de que el marfil se seque del todo (mirar la superficie a contraluz: unas partes estarán brillantes y otras no), pasar con pequeños toquecitos, un trozo de papel de cocina empapado en alcohol para que se formen vetas de los dos colores.

3

Colocar las figuras recortadas en la tapa, haciendo una serie de pruebas hasta dar con la composición más conveniente.

4

Aplicar una mano de cola por el dorso de cada recorte y pegarlos en la tapa y por los lados de la sombrerera, superponiéndolos ligeramente en algunas partes para crear una decoración dinámica y alegre. Por último, aplicar una capa de barniz al agua y tres de barniz al aceite.

MATERIAL NECESARIO

● cajita de madera con tapa
abombada ● mordiente color
teca ● papel de regalo con
angelotes ● cola vinílica
● papel de cocina
● pintura acrílica: dorada y
bronce ● brocha plana blanda
y pincel fino de Bellas Artes nº 3
● barniz de acabado al agua
● barniz de acabado al aceite
en gel

CAJITA CON ANGELOTES

Preciosa cajita con ribetes dorados hecha con la técnica del découpage. *Aunque es pequeña, puede resultar muy práctica.*

Si nos damos una vuelta por un mercadillo de objetos modernos, a veces encontramos objetos que nos cautivan por la armonía de sus formas y sus dimensiones pero, al mismo tiempo, no nos acaban de convencer porque nos parecen demasiado anónimos. A menudo, basta muy poco para remozar su aspecto. Lo que más llama la atención de esta cajita es la tapa abombada, que la convierte en un joyero perfecto. También, eligiendo un motivo decorativo más divertido, puede convertirse en una simpática cigarrera para colocarla en la mesita del salón. Un consejo para los principiantes: para obtener un resultado más esmerado, trazar los ribetes dorados utilizando el clásico apoyamanos.

1

Aplicar el mordiente por toda la caja (también por dentro). Si se forman estrías, dar una segunda mano.

2

Extender la cola por el dorso del recorte de los angelotes, distribuirla con movimientos enérgicos del centro hacia los bordes, y pegar el recorte en la tapa. Para que se pegue bien, presionar con un trozo de papel de cocina húmedo.

3

Enmarcar el adorno con un fino ribete de pintura dorada, trazado con el pincel de Bellas Artes. Para obtener un tono más denso, usar el pigmento puro, sin diluirlo.

4

Enmarcar los cuatro laterales procediendo como en el paso 3, apoyando cada vez la cajita en la superficie de trabajo, de forma que la cara que se esté decorando esté en posición horizontal, para así tener un mayor control sobre el pincel.

5

A continuación, pintar un óvalo en el centro de la primera cara y decorarlo con un "festón", tal y como se muestra en la fotografía. Después, colorear el interior con la pintura acrílica color bronce. Repetir la operación en las otras tres caras de la caja.

6

Enmarcar también con un ribete dorado las dos caras laterales de la tapa y pintarlas de color bronce. Cuando la pintura esté seca, aplicar una mano de barniz al agua y tres de barniz al aceite.

MATERIAL NECESARIO

- escabel de madera
- mordiente color teca
- brocha plana blanda
- papel de regalo con motivos al gusto • cola vinílica
- papel de cocina
- barniz de acabado al agua
- barniz de acabado al aceite en gel
- lija

ESCABEL-ESTANTE

¿Hay algún motivo decorativo más adecuado para el escabel que utilizamos de reposapiés cuando nos sentamos a leer en nuestro sillón preferido?

Un toque desenfadado para el clásico "escabel de biblioteca" que nos ayuda a relajarnos cuando nos sentamos a leer en el sillón. Para hacer más patente su función, hemos querido transformar el plano de apoyo en estante de librería. Obviamente, un objeto como éste se presta también a otros usos, por lo que proponemos una decoración alternativa –la composición "frutal" de la página siguiente– por si se prefiere tener el escabel en la cocina para alcanzar fácilmente a los estantes y armarios más altos.

1

Tratar toda la superficie del escabel con el mordiente aplicando con la brocha sólo una capa, de forma que se vea la veta de la madera. Dejarlo secar durante 1 hora, aproximadamente.

2

Empezar a decorar el escabel reproduciendo el clásico estante de una librería, alternando algunos libros "tumbados" con otros "de pie", jarrones y platos de porcelana. Si se quiere, se pueden pegar recortes de dimensiones adecuadas en las patas, que reproduzcan motivos análogos. Una vez colocados los motivos, fijarlos bien con un trozo de papel de cocina húmedo.

3

Por último, dar una mano de barniz al agua y, una vez seca, dos de barniz al aceite, lijando ligeramente entre capa y capa.

BANDEJA TRIDIMENSIONAL

Divertida y provocadora... una bandeja que a primera vista no sabemos qué "sostiene" y qué "contiene".

Una sabia combinación de dos técnicas -*découpage* y trampantojo- permite crear una decoración muy "especial". En cuanto al *découpage*, se procede como de costumbre, eligiendo los motivos más adecuados y pegándolos, creando así una composición equilibrada. Lo que marca la diferencia es el efecto trampantojo (tridimensional): a través de la definición de las sombras proyectadas por los diversos objetos, parece que también los recortes están apoyados en la bandeja, como la taza. Se trata de una operación que exige precisión y "coherencia", ya que hay que establecer antes la dirección de la que procede la luz (en este caso, de la derecha: las sombras se pintan al lado izquierdo de cada objeto).

1

Pintar la bandeja con una mezcla de blanco y dorado (en una proporción de 3:1), aplicándola con la brocha a pinceladas fluidas y firmes en la misma dirección. Dejarla secar y, a continuación, formar series de estrías de una tonalidad que se obtiene mezclando pintura dorada y agua a partes iguales.

2

Recortar los motivos del papel de regalo y, una vez elegida la composición según el gusto personal, pegarlos en la bandeja, superponiendo algunos si se considera oportuno.

3

Para dar profundidad a los distintos elementos de la composición y sugerir la sensación de tridimensionalidad, pintar las sombras. Las sombras son más oscuras cerca del objeto, y se van haciendo progresivamente más claras a medida que se "alejan". Para una mayor precisión, utilizar el pincel de Bellas Artes.

4

Trazar la sombra alrededor del libro: empezar con una mezcla diluida de negro e ir añadiendo, poco a poco, algo de blanco.

5

A continuación, pintar el borde de la bandeja de una cálida tonalidad dorada. Dar una pátina antigua al objeto, alternando zonas oscuras y otras más claras: para las primeras, utilizar la pintura sin diluirla y, para las zonas más claras, mezclarla con agua a partes iguales.

MATERIAL NECESARIO

● papel *toile de jouy* de 90 cm
de ancho ● tijeras ● escuadra ●
lápiz ● cola de base acuosa
● cinta de algodón de 1,5 cm
de ancho, de un tono a juego
con el papel
● taladro de papel
● esqueleto cónico de metal
para pantallas

PANTALLA PLISADA

*El encanto de esta romántica lámpara de mesa está en su
pantalla, elaborada con un papel especial de origen francés.*

La tela y el papel estampados
con escenas pastoriles, divini-
dades griegas o hechos históricos
nacieron en el siglo XVIII de la
idea de algunos artesanos france-
ses de crear fantasías monocromá-
ticas sobre fondo neutro: el efecto
tiene una gran carga escenográfica
y es, al mismo tiempo, ligero y
etéreo. Este tipo de telas y papeles
se conocen como *toile de jouy*, por
el nombre de su localidad de origen, *Jouy* en Josas. El beis, el azul,
el gris, el magenta y el verde son
los colores típicos utilizados en
este tipo de estampados.

Un proyecto como éste requiere
paciencia y precisión, ya que el
motivo plisado debe quedar muy
regular.

En cuanto a la lámpara, es aconsejable elegir un pie de madera,
ya que contribuirá a realzar el
refinamiento de la pantalla.

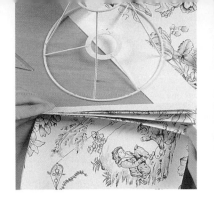

1

Recortar un rectángulo de papel *toile de jouy* del ancho del esqueleto de la pantalla y del largo del perímetro de la base del mismo, y empezar a plisarlo. Empezando por uno de los lados cortos, ir plegándolo en acordeón, intentando mantener "constante" el ancho de los pliegues (2 cm).

2

Cortar la cinta de forma que mida lo mismo que un lado largo del papel, extender una capa de cola y pegar la cinta, por la mitad del ancho, por todo un borde plisado; luego, doblar la cinta por la mitad para que cubra el borde del papel. Repetir la operación con el otro borde plisado.

3

Con un taladro de papel, hacer, siempre a la misma altura, un agujero en el centro de cada pliegue de uno de los bordes plisados (el que luego será el borde superior de la pantalla).

4

A continuación, pasar una tira de cinta por los agujeros, con mucho cuidado para no romper el papel.

5

Encolar los dos extremos de la banda plisada, tirar con delicadeza de la cinta y atarla haciendo una lazada.

6

Por último, forrar los dos aros del esqueleto de la pantalla con una tira de cinta y colocar sobre ellos la pantalla plisada.

MATERIAL NECESARIO

- papel de entre 90 y 120 g/m²
- cubeta plana de plástico o metal (en tiendas de artículos de fotografía)
- cola en polvo para papel pintado
- óleos en tubo
- aguarrás
- platos de plástico para diluir la pintura (uno por tono)
- brochas
- un palito o un peine especial para el marmoleado

PAPEL MARMOLEADO

Usados originariamente para la encuadernación de libros, en los últimos tiempos los papeles marmoleados se han empezado a utilizar para decorar numerosos objetos, desde accesorios de escritorio a cajas de los formatos más variados.

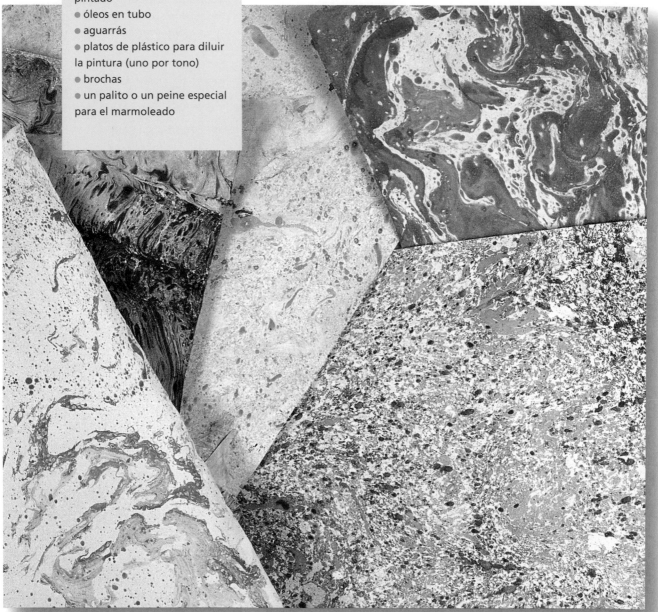

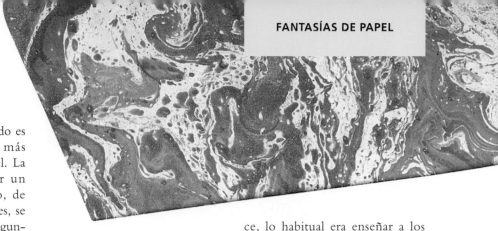

Hoy en día, el marmoleado es uno de los métodos más apreciados para decorar papel. La técnica consiste en rociar un líquido con pintura al óleo, de forma que ésta flote. Entonces, se apoya en él durante unos segundos el papel que se quiere "marmolear", hasta que el diseño creado por los colores se fija en el papel. Se cree que este procedimiento, que se remonta al siglo XVI, es originario de Europa del Este, pero su historia está rodeada de un halo de misterio, al igual que la técnica en sí. Según parece, lo habitual era enseñar a los aprendices sólo algunas fases del proceso, de forma que no pudieran divulgar información útil a los fabricantes de la competencia.

De los distintos métodos posibles, el que se propone es algo complejo, pero permite ejercer un mayor control sobre el diseño. De hecho, hacemos flotar la pintura al óleo en un baño de cola que, al ser algo denso, frena el movimiento, permitiendo distribuir el color siguiendo la composición deseada.

Es conveniente proteger la superficie de trabajo y proceder metódicamente, eligiendo tonalidades que armonicen entre sí y con el color de fondo del papel.

1

Echar una pequeña cantidad de pintura de cada color en un plato y diluirla con unas gotas de aguarrás hasta obtener una mezcla bastante fluida.

2

A continuación, preparar el baño de cola: llenar la cubeta de agua tibia y añadir la cola en polvo (1/2 cucharada por cada litro de agua), removiendo con un palito hasta obtener una solución homogénea.

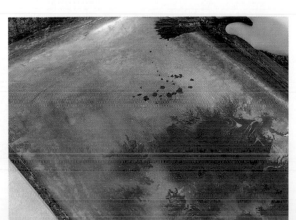

3

Mojar la brocha con el primer color y soltar unas gotas en el baño de cola, golpeando el mango contra el borde de la cubeta o con otra brocha. La pintura se extenderá formando una serie de "círculos".

51

4

Repetir la operación con un segundo y, si se desea, un tercer color.

5

Con un palito o un peine especial para marmoleado, remover con cuidado los colores de la superficie del baño hasta crear la composición deseada. Cuando el resultado sea el deseado, pasarlo al papel.

6

Coger el papel y, sujetándolo por dos esquinas opuestas en diagonal, apoyarlo sobre la superficie del baño de cola. Acompañarlo con un movimiento lento y uniforme para evitar que se formen burbujas de aire que producirían antiestéticas manchas blancas.

7

Dejar el papel inmerso en el baño de cola hasta que haya absorbido el color de modo uniforme, moviendo la cubeta hacia delante y hacia atrás para favorecer el proceso.

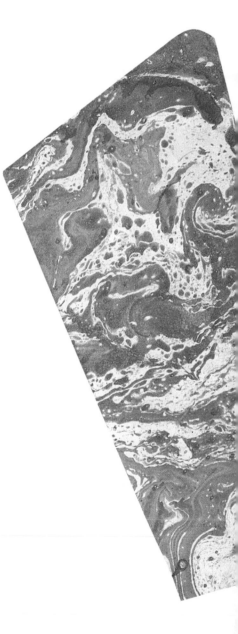

8

Sacar el papel de la cubeta, sosteniéndolo por dos esquinas, y ponerlo a escurrir en el borde de la cubeta para eliminar el exceso de líquido. A continuación, ponerlo a secar extendido sobre una superficie perfectamente horizontal.

MATERIAL NECESARIO

● 1 hoja cuadrada de papel
para papiroflexia o de regalo

PAPIROFLEXIA

Una simple hoja de papel puede convertirse en un animal, una flor o un elemento geométrico. La papiroflexia es un clásico ejemplo de sabia combinación de técnica y creatividad.

Además de un bonito pasatiempo, la papiroflexia es un arte que hoy en día tiene aplicación en los sectores más dispares, desde las artes gráficas a la escenografía, pasando por la publicidad y la moda. Los primeros modelos se remontan al medioevo japonés (en Japón, este arte se denomina *origami*; de *ori*, plegar, y *kami*, papel). En aquel tiempo, el auge de una serie de sectas budistas favoreció la introducción de reglas de etiqueta, como son la ceremonia del té, el *ikebana* (arte de colocar las flores) y el "ritual" de presentar al soberano cartas bien plegadas. Esta costumbre era practicada por nobles, favoritas y súbditos, hasta el punto de que se

solían enviar tarjetas en forma de grulla, mariposa o formas geométricas estilizadas a los amigos para que les trajeran suerte o a la persona amada como muestra de amor y abnegación. La papiroflexia se introdujo en Europa a finales del siglo XVIII, pero no sería justo afirmar que en el Viejo Continente no se practicaba este arte: los españoles, por ejemplo, pueden hacer gala de un descubrimiento autóctono, la pajarita. La verdadera evolución de esta técnica se produjo después de la Segunda Guerra Mundial, gracias a la obra de algunos artistas, que apostaron por una papiroflexia creativa, orientada a la concepción de modelos nuevos, desvinculados de la tradición. Desde entonces, simplemente plegando el papel, sin recurrir a cola ni tijeras, se descubrió cómo representar cualquier cosa. La papiroflexia fascina y cautiva incluso a los más inexpertos por la belleza, esencialidad y pureza de sus modelos. Si se respetan unas pocas reglas básicas, rápidamente podremos hacer figuras: hay que realizar pliegues precisos, seguir el orden de los pasos y elegir el papel adecuado, que debe ser fino y resistente (papel de escribir a máquina, de seda, de regalo o especial para papiroflexia). Para los dos modelos propuestos, se usa una hoja de papel cuadrada con una cara de un color (en contacto con la superficie de trabajo).

LA TÉCNICA

En la papiroflexia, los pliegues básicos son dos: el pliegue en monte y el pliegue en valle.
Pliegue en monte: es un pliegue hacia atrás; el pliegue queda hacia arriba, formando un "monte".
Pliegue en valle: es un pliegue hacia delante; el pliegue queda hacia abajo, formando un "valle".

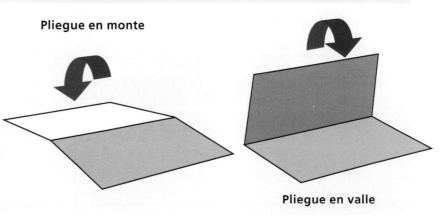

Pliegue en monte

Pliegue en valle

FAROLILLO-CUBO

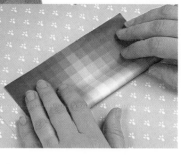

1

Hacer un pliegue en valle por la mitad, de forma que las esquinas coincidan perfectamente.

2

Volver a plegar el papel por la mitad con otro pliegue en valle y desdoblarlo, volviendo a la posición que aparece en el paso 1.

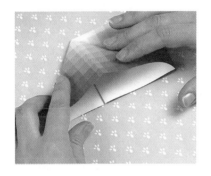

3

Doblar con un pliegue en valle la diagonal, desdoblarla y colocar el ángulo superior sobre la base del triángulo.

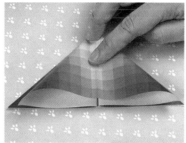

4

Darle la vuelta al papel y repetir la operación.

5

Con pliegues en valle, colocar los dos ángulos inferiores sobre el superior.

6

Darle la vuelta al papel y repetir.

7

Con pliegues en valle, colocar los 2 ángulos exteriores sobre la diagonal del rombo para obtener dos "bolsillos".

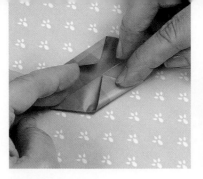

8

Darle la vuelta al papel y repetir la operación.

9

Con un pliegue en valle, colocar una de las puntas superiores sobre el doblez central.

10

Con otro pliegue en valle, meter el triangulito en el bolsillo correspondiente, creado en el paso 7. Repetir la operación con cada una de las otras tres puntas.

11

Abriendo ligeramente los cuatro lados, inflar el farolillo soplando por el agujero de la punta inferior. Si se usa un papel no muy fino y se acentúan los lados y los ángulos, se obtiene un cubo.

ESTRELLA

1

Hacer un pliegue en valle a lo largo de la diagonal y otro, también en valle, a lo ancho del triángulo obtenido.

2

Hacer un pliegue en monte a lo ancho y colocar el ángulo superior sobre el inferior, hasta obtener un rombo.

3

Darle la vuelta al papel y repetir la operación.

4

Colocar los ángulos externos del rombo sobre el doblez central con un pliegue en valle.

5

Luego, también con un pliegue en valle, colocar el ángulo superior sobre la diagonal.

6

Desdoblar todos pliegues y colocar hacia arriba el ángulo inferior, siguiendo los dobleces existentes. Darle la vuelta al papel y repetir la operación.

7

Hacer un pliegue en valle a lo largo del doblez central. Darle la vuelta al papel y repetir la operación.

8

Con un pliegue en valle, colocar el ángulo inferior del rombo sobre las dos puntas superiores. Darle la vuelta y repetir.

9

Colocar uno de los ángulos inferiores sobre la altura del triángulo.

10

Con un pliegue en monte, abrir el triangulito obtenido, presionando en el doblez.

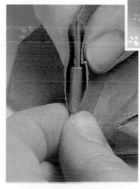

11

Con dos pliegues en valle, colocar los ángulos superiores sobre la mediana. Abrir los pliegues a lo largo hasta formar un pequeño rombo.

12

Hacer un pliegue en monte a lo largo de la diagonal. Repetir los pasos descritos a partir del paso 9 con los otros tres ángulos.

13

Abrir las cuatro puntas y tirar hacia fuera hasta dejar plano el centro de la estrella.

MATERIAL DE ESCRITORIO A JUEGO

Lápices personalizados para colocar en un portalápices "a juego". Una solución insólita y fácil para darle un toque de distinción a nuestro escritorio.

Forrar objetos con papeles estampados, técnica que entra en el ámbito del cartonaje o *cartonnage*, es una operación relativamente sencilla, aunque requiere cierta precisión a la hora de tomar medidas y durante la fase de encolado. El proyecto propuesto es una excelente oportunidad para poner a prueba vuestras dotes realizando un simpático juego de escritorio con lápices y portalápices personalizados con la misma decoración.

Antes de nada, medir bien la lata, trazando para ello una línea recta con el rotulador (será el punto por el que se empezará a forrar) y dibujar en el papel un rectángulo de un ancho igual a la altura de la lata y un largo igual a su circunferencia, dejando además un margen de 1 cm de largo y de ancho. Después, recortar el rectángulo.

1

Diluir una cucharada de cola con una cucharada de agua y aplicarla por el dorso del rectángulo con el pincel. A continuación, forrar la lata con el papel, dejando que sobresalga por arriba el margen del ancho.

2

Después de ejercer una ligera presión con las manos para eliminar las burbujas de aire, practicar pequeños cortes en el borde de papel sobrante y doblarlo hacia dentro, aplicando más cola si es necesario.

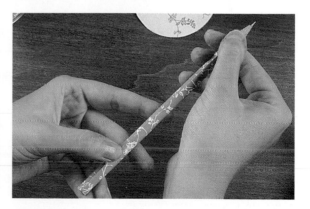

3

A continuación, recortar una tira de papel de 1,5 cm de ancho y de un largo igual al perímetro de la lata, aplicarle una capa de cola y pegarla por dentro del portalápices, justo debajo del borde superior, para tapar la solapa de papel doblada.

4

Recortar un círculo de papel del mismo diámetro que la lata, aplicarle una capa de cola con el pincel y pegarlo en la base del portalápices, ejerciendo una ligera presión con los dedos.

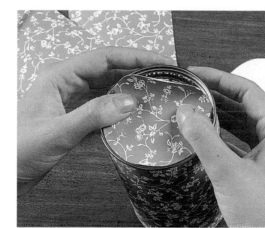

5

Recortar tantas tiras de papel como lápices se quieran forrar (medida estándar: 3 x 6 cm). Aplicar una capa de cola en cada tira y forrar con ellas los lápices, enrollando el papel con cuidado

6

Alisar el papel con los dedos de forma que se adhiera perfectamente, aplicando más cola sobre todo en los puntos de unión y en el extremo de la punta del lápiz. Dejar secar la cola.

MARCO DE CUADRITOS

Bonito marco de cartón forrado, ideal para la habitación de los más pequeños. Sólo se necesita un poco de paciencia y una inversión mínima.

Hacer un marco de cartón es sencillo, basta con recortar con cuidado los distintos trozos y distribuir la cola de modo uniforme. Antes de empezar, pensar dónde colocar el marco y elegir un papel que combine con la decoración de la habitación.

Un consejo: optar por papeles con diseños geométricos, porque es más fácil hacer que casen estos dibujos que los motivos de fantasía. Y si se pone en él una fotografía de un acontecimiento significativo, el propio marco puede convertirse en un estupendo regalo.

1

Dibujar la silueta del pie del marco en el cartón: trazar primero dos líneas en ángulo recto de 4,5 cm de largo, luego la bisectriz del ángulo, de 16,5 cm de largo, y, al final de la bisectriz, una línea perpendicular de 3,2 cm. Completar la silueta uniendo los extremos y recortarla con el cúter.

2

Usando el pie del marco como guía, recortar dos siluetas de papel estampado: una igual y otra con un margen de 1,5 cm todo alrededor. A continuación, con el cúter, hacer una incisión a 2,5 cm del extremo derecho del pie y diluir en un plato una cucharada de cola con una cucharadita de agua.

3

Con el pincel, aplicar una capa uniforme de cola en el recorte de papel más grande, colocarlo centrado sobre el pie y doblar hacia atrás los bordes con cuidado. Luego, extender una capa de cola en el otro recorte y colocarlo sobre la otra cara del pie del marco, con cuidado de que el contorno coincida.

4

Ahora, el marco: recortar un rectángulo de cartón de 19,5 x 15 cm, con una ventana central de 13,5 x 9 cm. Recortar un rectángulo idéntico de papel, dejando por todas partes un margen (interno y externo) de 1,5 cm, y pegarlo sobre el cartón, doblando hacia atrás los bordes.

5

Para la parte de atrás del marco, recortar un rectángulo de cartón de 19,5 x 15 cm y un rectángulo de papel de 22,5 x 18 cm. Pegar el papel al cartón, doblando también los bordes hacia dentro, como antes. Por último, encolar los tres lados del marco, dejando un margen de 1 cm todo alrededor de la ventana, y pegarlo a la parte de atrás.

6

Aplicar una capa de cola en el pie, de la incisión al extremo recto, y, haciendo coincidir el extremo puntiagudo con una esquina del marco, pegar el pie a la parte de atrás. Dejar secar la cola y levantar un poco el pie para marcar más el pliegue de la incisión.

MATERIAL NECESARIO

- ovillo de 15 m de pirkka rojo
- ovillo de 15 m de pirkka verde
- cola vinílica
- tijeras

GUIRNALDAS PARA VELAS

Deliciosas rositas unidas formando una guirnalda, en rojo y verde, de pirkka, el hilo finlandés que hace maravillas.

Se trata de una técnica relativamente nueva, pero tiene una gran aceptación porque permite realizar pequeñas obras de arte con cinta de papel. El pirkka (hilo de colores con una cinta de papel en su interior) se vende en ovillos de 15, 44 ó 175 m en tiendas especializadas en artículos de decoración. Se desenrolla con cuidado, siguiendo el sentido en que está enrollado y empezando indistintamente por arriba o por abajo. Hay que armarse de paciencia y seguir las indicaciones de la página siguiente.

1

Del ovillo verde, cortar 6 hilos de 30 cm y unirlos con una goma a unos 7 cm de uno de los extremos. La goma marcará el inicio de la trenza que constituye la base de la guirnalda.

2

A continuación, hacer las hojas: cortar 30-40 hilos de 12 cm y desenrollarlos del centro hacia fuera hasta 1 cm del extremo (las "puntas" deben permanecer cerradas). Luego, "retorcer" cada hoja por el centro, dando medio giro.

3

Realizar la trenza que constituye la base de la guirnalda, dándole forma circular e insertando una hoja cada vez que se superpone uno de los hilos sobre los otros dos. Una vez alcanzada la longitud deseada y colocadas todas las hojas, cortar los hilos sueltos a unos 7 cm, quitar la goma que se puso al principio, entrecruzar los dos extremos de la trenza y fijarlos con otro hilo.

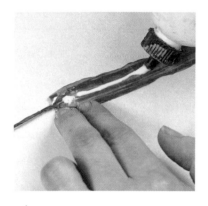

4

Cortar 3 hilos rojos de 50 cm para las rosas y 3 hilos verdes de 10 cm para los tallos, desenrollando del todo los hilos rojos y sólo 1 cm de cada hilo verde. Aplicar un hilillo de cola sobre la primera tira roja y pegar en un extremo la parte abierta del tallo. Luego, enrollar la tira roja alrededor del tallo y sobre sí misma hasta que queden sólo 5-6 cm.

5

A 5-6 cm del final, retorcer la tira roja dándole medio giro y acabar de enrollarla, con cuidado de no superponer el extremo justo sobre el "estrangulamiento" producido al retorcer la tira.

6

Encajar las rosas en la guirnalda cerca del cierre, pasando los tallos entre los hilos del trenzado, después de abrirlos ligeramente con la punta de las tijeras. Para fijar las rosas a la guirnalda, no usar cola: mejor, abrir los tallos de las flores como si fueran hojas.

MATERIAL NECESARIO

- ovillo de 15 m de pirkka fucsia
- ovillo de 15 m de pirkka verde
- 1 m de cordón verde
- cola vinílica
- tijeras

CICLÁMENES DE PIRKKA

Con la "complicidad" del pirkka se puede alegrar la casa con nuestras flores preferidas, incluso fuera de temporada. Además, si se mantiene en un ambiente seco, tendremos un ramo de ciclámenes prácticamente eterno.

Un hilo de un color se desenrolla dando lugar a una cinta de papel de la que, con un poco de habilidad, nacen bonitas flores. El pirkka de 2,5 cm de grosor se denomina hilo, y el de 5 cm se denomina cordón. Una vez terminadas las flores, para un efecto más realista, poner la composición en un jarrón de barro.

1

Para los pétalos de la primera flor, cortar 2 hilos fucsia de 20-23 cm y un hilo de 10 cm. Desenrollar los hilos más largos empezando por el centro y dejando los extremos sin desenrollar. Luego, abrir sólo la mitad del hilo corto.

2

Con la punta de las tijeras, hacer un agujero en el centro de cada uno de los pétalos largos, disponerlos en forma de aspa e introducir por el agujero el extremo enrollado del tercer pétalo. Apretar la base de la corola de forma que se obtenga una flor con cinco pétalos y un tallo de 3 cm.

4

Cortar y desenrollar unos 30 cm de hilo verde y pegarlo alrededor del tallo de la flor para reforzarlo.

3

Cortar un hilo verde de 20 cm, desenrollar un extremo hasta unos 5 cm y recortar el borde superior formando tres puntas. Echar una gota de cola sobre el segmento abierto y pegarlo alrededor del tallo de la flor: las tres puntas formarán el cáliz de la flor.

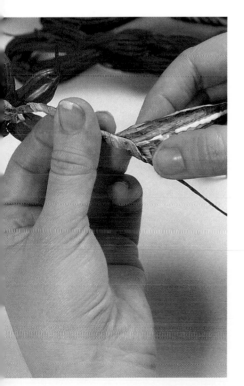

5

Para dar una forma realista al ciclamen, apretar con los dedos el cáliz y doblar los pétalos hacia atrás. Elaborar más siguiendo los mismos pasos.

6

Cortar el cordón en fragmentos de 20 cm de largo y separar los 4 hilos que lo forman unos 7 cm, desenrollándolos. A continuación, darles forma de hoja. Colocar las flores y las hojas formando la composición descada y atarlas con hilo verde.

MATERIAL NECESARIO

- 1 m de cordón pirkka rosa viejo
- 1 m de cordón pirkka azul
- 1 m de cordón pirkka fucsia
- 1 m de cordón pirkka verde oscuro
- 2 ovillos de 15 m de pirkka verde oscuro
- tijeras
- cola vinílica

ESPERANDO LA PRIMAVERA

En un contexto austero como el que se propone, la "reina de las flores" parece aún más lozana.

Es extraordinario cómo una simple tira de papel puede reproducir la exuberancia de un capullo de rosa, aunque quizá la "magia" del pirkka, hilo originario de Finlandia, estribe precisamente en esta característica.

Según las dimensiones de la guirnalda, se puede darle los usos más dispares: bien colgarla en una pared, o usarla como decoración para un marco, como "corona" en la que introducir una vela o de servilletero.

1

Cortar 50 cm de cordón fucsia para la flor y 15 cm de cordón verde para el tallo y las hojas, separando los 4 hilos que componen cada cordón de papel. Desenrollar por completo uno de los hilos fucsia y sólo 1 cm de un hilo verde, aplicar una gota de cola y pegar el tallo en la tira de papel fucsia. Aplicar en la tira de papel un hilillo de cola de unos 10-12 cm y empezar a enrollarla alrededor del tallo y sobre sí misma.

2

Al llegar al final de la primera "raya" de cola, retorcer la tira dándole medio giro, aplicar otro hilillo de cola de unos 10-12 cm, seguir enrollándola y repetir la operación hasta terminar la flor.

3

Desenrollar del todo 8 cm de cordón verde, doblar la tira de papel obtenida a la mitad en sentido longitudinal y, con unas tijeras, recortar una hoja con un tallo de más o menos 1 cm.

4

Con una gota de cola, fijar la hoja a la base de la rosa. Elaborar más flores siguiendo los mismos pasos.

5

Del ovillo de hilo verde oscuro, cortar 36 hilos de 75 cm de largo y unirlos a 10 cm de uno de los extremos con una goma. La goma marca el inicio de la trenza que formará la guirnalda. Ir dando forma circular a la guirnalda a medida que se trenza. Una vez alcanzada la longitud deseada, cortar los hilos sueltos dejando unos 10 cm de margen, es decir, de la misma longitud que el otro extremo de la trenza.

6

Quitar la goma, entrecruzar los dos extremos de la trenza y fijarlos con otro hilo.

7

Encajar las rosas en la guirnalda cerca del cierre, pasando los tallos entre los hilos del trenzado, después de abrirlos ligeramente con la punta de las tijeras.

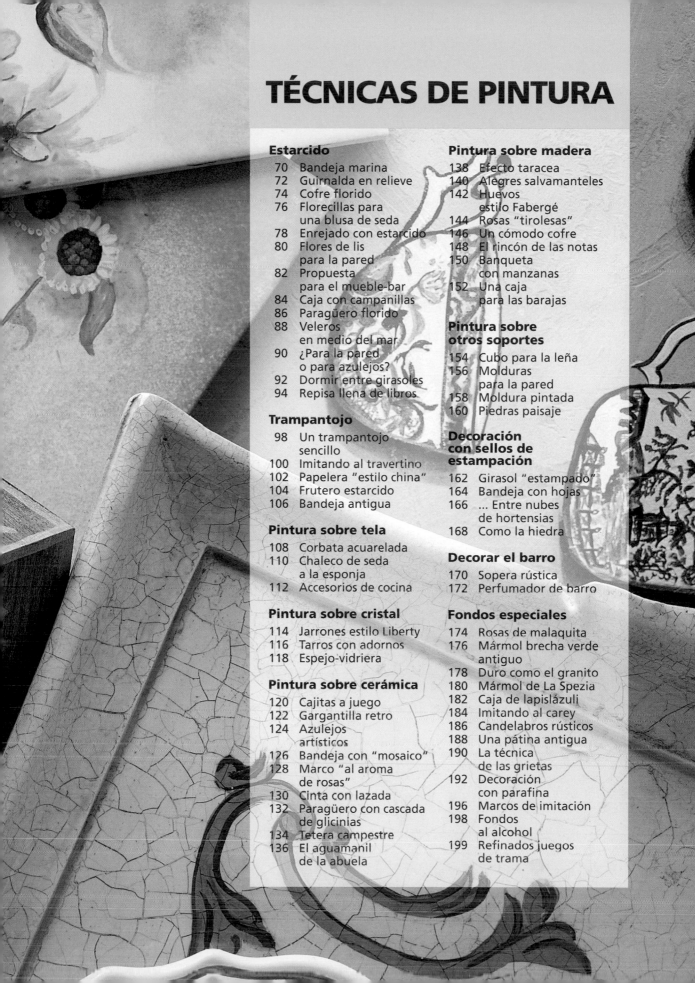

TÉCNICAS DE PINTURA

MATERIAL NECESARIO

● bandeja pequeña de madera
sin tratar o *Masonite*
● plantillas para las caracolas
● preparado para grietas maxi
(*crackle medium -craquelador-*
y barniz)
● pincel plano ● esponjas
● pintura acrílica: azul azafata;
ocre amarillo, blanca y sombra
(para las caracolas); dorada
(para el borde de la bandeja)
● pincel para estarcido
● barniz de acabado al aceite
en gel

BANDEJA MARINA

*Original y auténtica, esta bandeja decorada con caracolas
"tridimensionales" parece estar hecha a partir de un tablón
arrastrado por la marea.*

Con un hábil tratamiento craquelador y de envejecido se
consigue hacer creer que esta simpática bandeja está hecha en realidad a partir de los restos de un
naufragio. El efecto se consigue
alternando grietas profundas con
otras apenas insinuadas. Un consejo: al pintar las caracolas utilizando
el estarcido, trabajar con el pincel
casi seco para obtener un efecto
de transparencia que deje entrever
la capa del fondo.

1

Pintar la silueta de la primera caracola con el pincel para estarcido mojado en ocre amarillo, sin cargar demasiado, para dejar que se entrevean las grietas del fondo.

LA TÉCNICA

Las "grietas maxi"

Tratar toda la superficie con una mano de pintura acrílica azul y dejarla secar. A continuación, con pinceladas en la misma dirección, aplicar una capa uniforme de *crackle medium*; dejarla secar durante 45 minutos y aplicar el barniz, intentando no pasar dos veces por el mismo sitio para no estropear el efecto final. Enseguida aparecerán vistosas grietas. Dejar secar el barniz durante aproximadamente 1 hora y envejecer la superficie aplicando con la esponja la tonalidad azul más oscura (o, si se prefiere, un tono que contraste) para que aparezcan grietas menos profundas. Al cabo de 5 minutos, retirar el exceso de pintura con una esponja limpia un poco húmeda.

2

Moviendo la plantilla, colocar el borde de la caracola exactamente sobre la silueta y pintarlo de blanco. A continuación, reproducir las "vetas" con un tono claro de sombra.

3

Volver al borde y pintar el interior de la caracola con una tonalidad más oscura de sombra, y aplicar un toque de blanco en el centro de la cavidad.

4

Pintar las otras caracolas de la misma manera, colocándolas encima y debajo de la primera. Luego, tratar la superficie con una mano de barniz de acabado y pintar el borde de la bandeja con pintura acrílica dorada.

GUIRNALDA EN RELIEVE

Elegante elemento decorativo para personalizar la puerta de entrada con motivo de la Navidad, una pared o una pequeña rinconera rústica.

MATERIAL NECESARIO

● 3 plantillas para guirnalda tridimensional ● pintura acrílica: blanca, sombra y negra
● pinceles para estarcido, nº 4 y 6
● papel de cocina

Después de un período de relativo desinterés, la técnica del estarcido vuelve a estar en auge y su renovada popularidad ha fomentado la producción industrial de accesorios antes artesanales, tales como las plantillas preparadas, que ahora se venden en las tiendas de artículos de Bellas Artes, de pinturas y de bricolaje. Vienen hechas de fábrica y sólo hay que aplicarlas. La utiliza-da en este proyecto es una versión más "sofisticada" de la tradicional película de acetato. Se utilizan 3 plantillas que, secuencialmente, permiten incluso a los menos experimentados elaborar sin problemas una bonita guirnalda tridimensional. El contraste de tonos creado por las partes del lazo en segundo plano y los contornos oscuros de los pétalos de los tulipanes resulta estupendo.

1

La decoración se realiza en tres fases. Colocar la primera plantilla y preparar la pintura mezclando 2 partes de blanco y 1 de sombra. Mojar el pincel n° 6, eliminar el exceso de pintura en un trozo de papel de cocina y aplicar el color sobre la plantilla sin cargar demasiado, ejerciendo una presión constante.

2

Oscurecer ligeramente la mezcla anterior con un poco de negro y, con el pincel n° 4, aplicar la pintura sobre la segunda plantilla, distribuyéndola de modo uniforme.

3

A continuación, colocar la tercera plantilla y colorear el resto del lazo, los tulipanes y las bayas con el mismo color y el mismo pincel del paso.

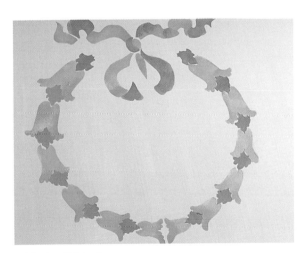

4

Llegados a este paso, hay que crear sombras para sugerir el aspecto tridimensional de la guirnalda. Colocar de nuevo la primera plantilla y, con un color más oscuro, sombrear la parte interna del lazo izquierdo y las corolas de los tulipanes. Por último, aplicar la segunda plantilla y oscurecer la parte interna del lazo derecho, los dos extremos que cuelgan del lazo y las bayas.

MATERIAL NECESARIO

● caja de madera sin tratar
de 40 x 20 x 20 cm
● escayola para madera
y espátula ● lija fina
● pinturas acrílicas *Lefranc
& Bourgeois Deco*
Para la base: blanca, amarillo
retama y sombra;
Para el estarcido: verde
aceituna, azul ceniza y rosa
púrpura
● 2 brochas, nº 30 y 50
● 2 pinceles para estarcido,
nº 5 y 6 ● pincel fino, nº 2
● barniz de acabado *Ronseal*
para corcho y madera
(acabado satinado)

COFRE FLORIDO

*Un modo refinado y original de decorar un rincón del salón
con una composición de flores secas.*

La combinación de las artes decorativas con imágenes de la naturaleza toma forma en este cofre florido decorado con pinturas al agua. En este proyecto, se embellece un objeto de material pobre gracias a una técnica especial, que confiere al fondo un efecto estriado similar al de las maderas más preciadas. Como alternativa a las cajas de madera sin tratar disponibles en las tiendas, se puede utilizar una caja vieja de vinos o licores. El estarcido es una técnica bastante sencilla, pero en este caso se debe prestar especial atención a la hora de realizar la degradación de los colores, cuya función es dar volumen y un efecto tridimensional al ramo de rosas.

1

Después de tratar la superficie de la caja con la escayola, eliminar las asperezas con la lija fina. En un plato, mezclar 1/2 cucharadita de amarillo retama y 1/2 de sombra con 2 cucharaditas de blanco, diluyendo la mezcla con 2 cucharadas de agua. Aplicar la mezcla por toda la superficie de la caja, tanto por el exterior como por el interior, con la brocha n° 50 Antes de que la pintura se seque por completo, aplicar una segunda mano.

2

Echar en un plato un poco de sombra y, usando el pigmento puro, sin diluirlo con agua, crear vetas sobre el color de fondo todavía húmedo con la brocha n° 30.

3

Cuando la pintura de fondo de la caja esté seca, elaborar los estarcidos en dos ángulos opuestos de la tapa y en el lado anterior de la caja. Con el verde aceituna, comenzar a pintar las hojas, usando muy poca pintura y presionando ligeramente sobre todo por los bordes del diseño. Después, con el azul ceniza, completar la parte restante de las hojas y colorear parte de los capullos. Por último, con el rosa púrpura, rematar los capullos y aplicar unos toques aquí y allá en las hojas para sugerir las sombras.

4

Con el verde aceituna y el pincel fino, pintar las ramas que unen las hojas. Después, con el verde mezclado con un poco de blanco, reproducir la nervadura de las hojas.

5

Cuando el estarcido esté seco, aplicar dos manos de barniz de acabado por toda la superficie del cofre.

MATERIAL NECESARIO

- plantillas para estarcido con motivos florales
- pintura acrílica para tela: rosa claro, amarilla, verde vejiga, verde aceituna y blanca
- esponjas para aplicar la pintura
- tinta sólida para sellos marrón oscura
- cinta adhesiva
- papel de cocina

FLORECILLAS PARA UNA BLUSA DE SEDA

Una blusa fresca y fuera de lo común, perfecta para regalar a una chica joven.

Por su extraordinario brillo, la seda es el tejido ideal para decorar con técnicas pictóricas. En este caso, se elige un delicado motivo floral pero, si la joven amiga a la que está destinada la blusa es más "atrevida" que romántica, se puede elegir -de entre las plantillas existentes o en uno de los muchos libros con los más variados motivos para estarcido- el diseño más adecuado.
Un consejo:
para acelerar los procesos de secado y, al mismo tiempo, fijar los colores, una vez finalizado el trabajo pasar la plancha templada por el revés de la seda.

1

Lo ideal es colocar la blusa sobre una superficie de madera natural, cuya trama rugosa contribuye a que no se mueva el tejido. En cualquier caso, fijarlo con unos trozos de cinta adhesiva.

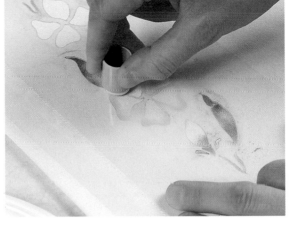

2

Mojar una de las esponjas en el primer color, eliminar el exceso de pintura con papel de cocina y, sosteniendo el aplicador perfectamente perpendicular a la plantilla, comenzar a colorear el motivo decorativo.

3

Para obtener los tonos claros y oscuros de las hojas, ejercer más o menos presión con la esponja. Pintar cada flor empezando por el centro y continuando por el contorno de los pétalos.

4

Éste es el aspecto de la flor definitiva: con un área central oscura y una nítida línea de contorno que delimita cada pétalo, cuyo interior presenta una delicada gradación tonal.

5

Con un pincel de Bellas Artes y la tinta para sellos, pintar el centro de cada flor con trazos sutiles y reproducir la nervadura de las hojas.

ENREJADO CON ESTARCIDO

Enrejado con sinuosos sarmientos de parra enroscados en él: una composición perfecta para la pared de una cocina rústica.

MATERIAL NECESARIO

- plantillas para el enrejado y para las hojas de parra
- pintura acrílica color siena tostado y verde aceituna
- pinceles para estarcido, nº 4 y 6
- papel de cocina

Las parras y las enredaderas son motivos muy frecuentes en las paredes de las casas de campo. Realizarlos con estarcido es divertido y no presenta especial dificultad (sólo hay que tener cuidado en la elaboración modular del enrejado y colocar la plantilla de forma que los "rombos" encajen perfectamente). Si se quiere, se puede usar el mismo motivo para decorar la puerta de entrada pero, si se hace, "dosificar" con cuidado las hojas de parra para no amontonarlas y alternar tonalidades claras con otras más oscuras para evitar que el enrejado resulte excesivamente recargado.

1

Subdividir la pared en "módulos" del tamaño de la plantilla para el enrejado, trazando en el centro de la pared una línea-guía vertical para así facilitar la correcta colocación de la lámina de acetato. Mojar el pincel n° 4 en el siena, eliminar el exceso de pintura con papel de cocina y pintar el primer módulo, procediendo desde arriba hacia abajo. A continuación, volver a colocar la plantilla y repetir la operación con los módulos siguientes.

2

Una vez finalizado el enrejado, reproducir los grupos de hojas con el verde aceituna y el pincel n° 6. Para dar profundidad a la composición, pintar algunas por delante del enrejado y otras por detrás.

UN CONSEJO

Al usar varias veces la misma plantilla, es inevitable que se manche de pintura. Para limpiarla, raspar los restos de pintura con un cúter. En el caso de pinturas al agua como las utilizadas en este proyecto, se pueden eliminar con un paño húmedo. Esperar a que se sequen del todo las plantillas antes de volver a usarlas y guardarlas de una en una, separadas por hojas de papel o cartulinas.

3

Realzar la composición creando contrastes tonales entre las hojas de parra: para las más claras, pintar sin cargar demasiado; para las verde intenso, ejercer más presión con el pincel.

MATERIAL NECESARIO

Para el fondo

● pintura blanca al agua
● pintura acrílica: ocre amarillo
y siena ● brochas planas, n° 30
y 40

Para la decoración

● plantillas para la reja y las
flores de lis ● pintura acrílica:
ocre amarillo y blanca ● pincel
para estarcido ● cola en spray
de adhesión temporal ● cinta
adhesiva de papel ● barniz de
acabado al agua

FLORES DE LIS PARA LA PARED

*"Cascada" de flores de lis sobre un tono de fondo que realza
su elegancia.*

El proyecto que se propone a continuación se presta a todas las variables que se quieran introducir en lo que respecta a la tonalidad del fondo y la superficie sobre la cual realizar la decoración con estarcido.

Si se prefiere un color de fondo que tire más a beis en vez de a ocre o a siena, mezclar sombra y gris. Si, en cambio, se busca un tono más solar, aplicar unas pinceladas de ocre y amarillo de Nápoles.

En cuanto al soporte, además de para una pared, este motivo es perfecto para un aparador de madera. La técnica es exactamente la misma, salvo dos pequeños detalles, uno al principio y otro al final: antes de comenzar la decoración con estarcido, lijar la superficie y, una vez realizada, fijar el motivo con dos manos de barniz al agua.

PREPARACIÓN DEL FONDO

1

Pintar la pared con la pintura blanca al agua, aplicándola con la brocha n° 40, y dejarla secar. Mientras, preparar abundante mezcla de las dos pinturas acrílicas, diluyendo cada una con agua. Extender las pinturas con la brocha n° 30 con pinceladas en varias direcciones, superpuestas en parte.

2

Antes de que se seque la pintura acrílica, aplicar pinceladas generosas de pintura al agua blanca sobre el ocre amarillo y el siena para atenuarlas y crear delicados juegos de luces y sombras.

3

Repetir la operación descrita en el paso anterior dos o tres veces, aplicando sobre la pintura de fondo pinceladas de ocre amarillo y siena, y aclarándolas con la pintura al agua hasta obtener la tonalidad deseada. Si algunas áreas siguen pareciendo demasiado oscuras, aclararlas con más pinceladas de blanco.

CÓMO REALIZAR LA DECORACIÓN

1

Subdividir la pared en bandas de 40 cm de ancho, que es el ancho de la plantilla de la reja, en la que los motivos vienen de dos en dos. Aplicar una capa uniforme de cola en spray por el dorso de la plantilla y colocarla.

2

Comenzar a pintar la reja usando una mezcla compuesta de 3 partes de ocre amarillo y 1/2 de blanco, evitando cargar demasiado el pincel de pintura. Una vez finalizados los primeros dos motivos, volver a colocar la plantilla de forma que los siguientes estén justo debajo de los anteriores y repetir la operación las veces que sea necesario (para fijar la plantilla, aplicar una nueva capa de cola en spray y, si es necesario, usar cinta adhesiva de papel).

3

Completar la reja. Como se puede ver, la parte superior de cada motivo debe quedar en contacto con la base del que está encima.

4

A continuación, con la misma mezcla usada para la reja, pintar las flores de lis, colocando la plantilla en el centro de cada motivo. Una vez finalizada la decoración, fijarla con una mano de barniz de acabado.

MATERIAL NECESARIO

- mesilla de madera estilo años 60
- 3 plantillas para el adorno victoriano
- pintura acrílica: blanca, ocre amarillo, siena y negra
- pinceles para estarcido, n° 4 y 6
- lija 01
- alcohol
- papel de cocina

PROPUESTA PARA EL MUEBLE-BAR

Para transformar una vieja mesilla de madera basta con un motivo que, por su simplicidad, recuerda a un adorno victoriano.

En este caso, se propone una "operación" complicada, que exige un mínimo de familiaridad con las pinturas acrílicas. La razón es que al decorar un mueble de madera oscura pueden surgir algunas dificultades en relación con la exacta determinación de los equilibrios tonales, ya que los colores parecen más oscuros de lo que en realidad son. Por eso, en general, es preferible realizar el motivo en blanco y después retocar con los otros colores las áreas en sombra.

Sin embargo, en este caso, se recurre a un truco que produce los resultados deseados con un significativo ahorro de tiempo y de esfuerzo: en pocas palabras, se preparan las tonalidades de base mezclando cada color con blanco a partes iguales, aplicando al final unos toques de acabado para sugerir el efecto de claroscuro.

1

Después de frotar toda la superficie con papel de cocina mojado en alcohol para eliminar los restos de polvo, lijar el área en la que se va a pintar el motivo con movimientos circulares y sin apenas ejercer presión para no arañar la madera.

2

Colocar la primera plantilla y reproducir las dos hojas laterales. Para ello, usar el pincel n° 6 y una mezcla de ocre amarillo y blanco a partes iguales, ligeramente oscurecida con una pizca de negro por los bordes superiores. Como siempre, antes de pintar la superficie "descargar" el pincel eliminando el exceso de pintura en un trozo de papel de cocina.

3

A continuación, colocar la segunda plantilla y reproducir las dos hojas de los lados de la concha con el pincel n° 4 mojado en una mezcla de siena y blanco a partes iguales. También en este caso, pintar los bordes superiores con un tono oscurecido con una pizca de negro. Después, volver a colocar la primera plantilla y dar unos toques de blanco en las dos hojas laterales.

4

Colocar la tercera plantilla y pintar la concha con una tonalidad que se obtiene mezclando 1 parte de siena, 1 de blanco y una pizca de negro. Por último, mojar el pincel en pintura blanca y aclarar el área central de la concha para sugerir los reflejos.

83

MATERIAL NECESARIO

- caja de madera o *Masonite*
- preparado para grietas maxi (*crackle medium* y barniz)
- pintura acrílica: azul azafata, sombra y blanca
- esponjas
- plantilla con campanillas
- pincel para estarcido
- goma laca, alcohol
- papel de cocina
- barniz de acabado al aceite en gel

CAJA CON CAMPANILLAS

Grietas maxi y etéreas campanillas de estarcido para una caja con sabor antiguo.

Antes de comenzar la decoración en sí, envejecer la caja recurriendo a la técnica de las grietas maxi. Tratar toda la superficie con una mano de pintura acrílica, eligiendo la tonalidad más adecuada según el uso que se vaya a dar a la caja (en este caso, un verde neutro, que se obtiene mezclando azul azafata, sombra y blanco). Cuando la pintura esté seca, aplicar una capa uniforme de *crackle medium* con pinceladas en la misma dirección. Dejarla secar durante 45 minutos y aplicar

el barniz, intentando no pasar dos veces por el mismo sitio para no estropear el efecto final. Enseguida aparecerán vistosas grietas. Dejar secar el barniz durante aproximadamente 1 hora y aplicar con una esponja una tonalidad más oscura (o, si se prefiere, un tono que contraste) para que aparezcan grietas menos profundas. Al cabo de 5 minutos, retirar el exceso de pintura con una esponja limpia un poco húmeda.

Ahora hay que ponerse manos a la obra para pintar las campanillas.

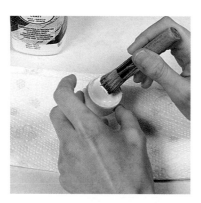

1

Colocar la plantilla y comenzar a pintar las campanillas, mojando el pincel seco directamente en la pintura acrílica blanca y "descargándolo" en un trozo de papel de cocina. Si es necesario, volver a colocar la plantilla para crear una composición alegre y dinámica.

2

Cuando la pintura esté seca, preparar una mezcla de goma laca y alcohol a partes iguales.

3

Trabajando sin apenas ejercer presión, colorear las campanillas con un papel de cocina mojado en la mezcla de goma laca: se crearán manchas amarillentas que contribuirán a envejecer la decoración y a amalgamarla con la tonalidad de fondo. Para terminar, aplicar dos manos de barniz al aceite.

MATERIAL NECESARIO

● paragüero de madera sin tratar ● plantillas con flores y hojas de glicinias
● para las ramas: pintura acrílica blanca, sombra, siena y ocre amarillo
● para las glicinias: pintura acrílica verde aceituna, blanca, lila, rosa y azul
● brocha plana y pincel de Bellas Artes
● pinceles para estarcido, nº 4 y 6 ● barniz de acabado al agua

PARAGÜERO FLORIDO

Entre los motivos utilizados para decorar paragüeros, las glicinias son todo un clásico. Quizá porque sus deliciosas flores ponen una nota de color en los días grises.

Un clásico en los paragüeros, las glicinias son también uno de los motivos preferidos de los amantes del estarcido, probablemente porque lograr reproducir los intangibles matices de sus flores constituye un auténtico desafío. Aun cuando se disponga de plantillas especiales, antes de emprender un proyecto como éste, es conveniente pasar un poco de tiempo observando una glicinia, para estudiar su desarrollo natural. Sólo así se consigue recrear sus características ramas, que parecen "trepar" por el paragüero. Para lograr una composición todavía más convincente, para los capullos y los brotes nuevos usar tonalidades más claras, que se obtienen ejerciendo menos presión con el pincel.

1

Antes de nada, pintar el paragüe-ro de blanco. Después, sin dejar que la pintura de fondo se seque, trazar "bandas" de color ocre amarillo y siena, alternando los dos tonos.

2

Atenuar las tonalidades con to-ques de blanco antes de que se sequen los dos colores y, a conti-nuación, aplicar listas de sombra entre uno y otro, aclarándolas con blanco. El resultado debe ser una trama que recuerde a la de la madera de pino (el color final no debe quedar demasiado oscuro).

3

A continuación, con el pincel de Bellas Artes y el tono sombra, "pintar" los típicos nudos de la madera, difuminando el color para crear el efecto de la veta.

4

Empezar a pintar los motivos. Primero, las ramas de las glicinias, con el pincel n° 6 y el tono som-bra, procediendo desde los bordes hacia el interior. Para crear un efecto tridimensional, pintar las ramas de forma que la zona cen-tral de cada una quede ligeramen-te más clara.

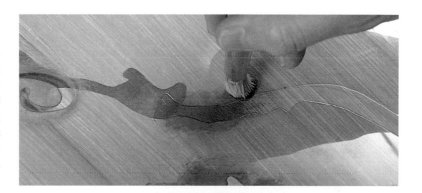

5

Después, pintar las hojas, modificando la posición de la plantilla para crear una composición más realista, superponiéndolas aquí y allá y coloreándolas con el verde aceituna.

6

Por último, pintar las flores con el pincel n° 4, ejercien-do unas veces más presión que otras para obtener una gama de matices tonales. Una vez terminada la decora-ción, tratar la superficie con una mano de barniz al agua.

MATERIAL NECESARIO

- 2 plantillas para los veleros
- pintura acrílica: blanca, rojo de cadmio y azul de Prusia
- pinceles para estarcido, n° 4 y 6
- cinta adhesiva de papel

VELEROS EN MEDIO DEL MAR

Suspendidos entre el cielo y el mar, tres bonitas "carabelas" que harán las delicias de los más pequeños.

A una persona que disfruta creando objetos decorados con sus propias manos le resulta imposible no pensar en los niños, sobre todo cuando utiliza una técnica como el estarcido, cuyos motivos son a menudo estilizados. Por eso, estos veleros son un buen punto de partida: se pueden reproducir sobre la pared del cuarto de baño para que el pequeño se distraiga mientras se baña, o en las cortinas de su habi-

tación o en las sábanas para que los vea mientra se pone el pijama. Los libros infantiles están llenos de buenas ideas para motivos decorativos. Una vez encontrado el diseño idóneo, es sorprendentemente fácil convertirlo en una plantilla. Simplificar el contorno recalcando las formas esenciales y oscurecer los elementos que lo componen con un rotulador fino. Así, uno se puede hacer una idea del efecto final.

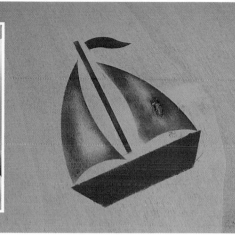

1

Colocar la primera plantilla y empezar a pintar el velero de la izquierda con el pincel n° 4, pintando el casco de rojo y el mástil de azul.

2

Colocar la segunda plantilla y pintar las velas, también con el pincel n° 4 y con el azul, pero dejando en blanco la parte central.

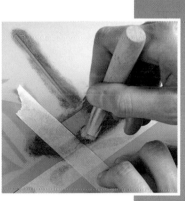

3

Para que un velero parezca ir por delante del otro, tapar las partes que quedan ocultas del que queda detrás con un trozo de cinta adhesiva de papel y pintar el otro repitiendo los pasos anteriores. A continuación, pintar las olas mezclando blanco con un poco de azul.

4

Para las nubes, utilizar el pincel n° 6, realizando movimientos amplios y modificando la presión ejercida con el pincel en función de la tonalidad deseada. Seguir completando la decoración hasta obtener la composición que se desee. Aquí se ha completado con otra nube, un tercer velero a la izquierda y un ancla pequeña en el centro.

¿PARA LA PARED O PARA AZULEJOS?

¿Tenéis techos de más de 3 m de alto? Se puede decorar el borde superior de la pared con una greca de guirnaldas como ésta. Y si vive en una casa moderna, echar un vistazo a la alternativa descrita a continuación.

MATERIAL NECESARIO

- 2 plantillas: lazo y guirnalda con motivos florales
- pintura acrílica: blanca, azul cobalto y sombra
- pinceles para estarcido, n° 6 y 10
- papel de cocina
- cinta adhesiva de papel

La costumbre de decorar la casa ha estado siempre muy extendida y, por eso, es útil ofrecer una solución que permite resolver con elegancia el problema de los techos demasiado altos: reducir la estancia con un ribete de guirnaldas estarcidas aplicado sobre una capa de fondo de pintura al agua blanca. No obstante, se deben elegir tonalidades que se presten a un adorno monocromático, tales como este azul, un rosa viejo, un verde salvia o un azul ceniza.

Si, en cambio, el problema no son los techos pero la idea gusta, ¿por qué no animarse a alegrar los azulejos de la cocina o del baño con alguna que otra guirnalda (el tono es el típico de la cerámica de Delft, en Holanda). Naturalmente, en ese caso se deben usar pinturas específicas para cerámica en frío.

2

Reproducir las flores que rodean las rosas con movimientos circulares del pincel. Proceder desde los bordes hacia el interior y dejar en blanco las áreas centrales de los pétalos y las hojas.

1

Colocar la plantilla con el motivo floral de forma que las dos rosas grandes queden en el centro exacto de la superficie que se quiere decorar. Mezclar 3 partes de azul cobalto, 1 de blanco y 1/2 de sombra, y empezar a pintar las rosas con el pincel n° 10, como siempre, después de eliminar el exceso de pintura en un trozo de papel de cocina.

3

Continuar de la misma manera hasta completar la guirnalda, pintándola de forma que el área central de cada flor quede ligeramente más oscura con respecto al tono de los pétalos de alrededor.

4

A continuación, aplicar la plantilla con el lazo a ambos lados de la guirnalda. Como se puede ver en la fotografía, parte del lazo cuelga por delante de las flores y parte por detrás, así que tapar con cinta adhesiva de papel las áreas que quedan ocultas. Luego, reproducir las corolas que cuelgan de la guirnalda para hacer más equilibrada la composición.

MATERIAL NECESARIO

- plantilla con girasoles
- sábana de algodón
- cinta adhesiva de papel
- pintura acrílica para tela: amarilla, verde aceituna y sombra • pinceles para estarcido, nº 4 y 6
- papel de cocina

DORMIR ENTRE GIRASOLES

Una idea nueva y original que permite personalizar una sábana de algodón normal y corriente.

Las fibras naturales como el algodón, el lino o la seda son el soporte ideal para el estarcido. El único truco consiste en lavar previamente los tejidos nuevos para quitarles el apresto, que impide que penetren los colores. En cuanto a las pinturas, las más adecuadas son las densas que cubren, de tonalidades brillantes. Exigen una cierta inversión ini-

cial, pero si se conservan bien duran mucho tiempo, ya que la cantidad que se usa cada vez es mínima. Como se podrá comprobar al realizar este proyecto, hace falta muy poco para transformar una tela corriente y barata. Se ha elegido un motivo "solar" que, por muy complicado que pueda parecer, es en realidad muy fácil y rápido de componer.

1

Colocar la plantilla bien centrada con respecto al borde de la sábana, fijarla con unos trozos de cinta adhesiva y empezar a reproducir el centro de los dos girasoles con el tono sombra. Mojar el pincel n° 4 en muy poca pintura y eliminar el exceso de pintura en papel de cocina.

2

Con el pincel n° 4 y con el amarillo, reproducir los pétalos: empezar por el borde exterior e ir dejando zonas más claras hacia el centro, ejerciendo menos presión sobre la tela.

3

Oscurecer el borde exterior de los pétalos con el tono sombra, pintando sin apenas ejercer presión y con muy poca pintura en el pincel.

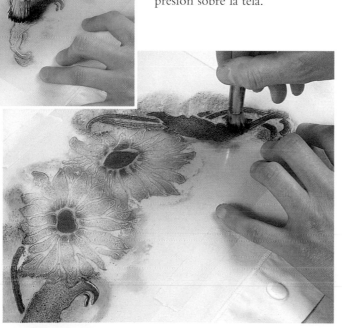

4

A continuación, mojar el pincel n° 6 en el verde aceituna y pintar las hojas. Dejar algunas zonas en blanco por aquí y por allá, para aplicar después en ellas toques de amarillo y de sombra, para sugerir los reflejos. Dejar secar la tela 12 horas como mínimo para que la pintura penetre bien en las fibras.

UN CONSEJO

Para fijar las pinturas

Cuando la pintura esté seca, fijarla pasando la plancha caliente por el revés del dibujo durante unos 3-4 minutos, sin vapor. Así, los colores quedarán más brillantes y serán más resistentes a los lavados. En cualquier caso, es conveniente realizar el primer lavado a mano, con detergentes neutros y el agua a 40°. Después se puede lavar la sábana en la lavadora.

MATERIAL NECESARIO

● plantillas para los lomos de los libros ● plantillas para las repisas ● pinceles para estarcido, nº 4 y 6, y pincel fino para los retoques
● pinturas acrílicas al gusto, entre ellas, del tono sombra
● lápiz y regla

REPISA LLENA DE LIBROS

Parece un trampantojo, pero este proyecto está realizado por completo con estarcido. Se necesita cierta habilidad, paciencia y, sobre todo, ganas de desafiar las normas de la perspectiva.

La reproducción de los libros es una operación meticulosa. Están dibujados a tamaño natural y es muy importante prestar especial atención a los títulos y a los detalles del lomo. No obstante, en este caso se simplifica el trabajo en aras de un aspecto fundamental para los efectos del resultado final: la perspectiva. En otras palabras, se sacrifica el aspecto "artístico" por el "constructivo".

Los lomos de los libros (títulos y adornos incluidos) y la repisa se pintan con plantillas de estarcido preparadas, mientras centramos nuestro esfuerzo y atención en la definición de la posición y de la superficie visible de las cubiertas. Un ejercicio que quizá resulte algo complejo al principio, pero que ofrece la oportunidad de hablar, una vez más, de un efecto tridimensional.

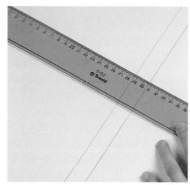

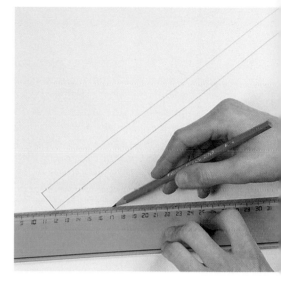

1

Antes de nada, hacer un esbozo a lápiz para decidir cómo se van a disponer los libros. A continuación, trazar el rectángulo largo y estrecho que constituirá el lado frontal de la tabla de la repisa.

2

Marcar el punto central del rectángulo y trazar la vertical perpendicular a la tabla, indicando así la mediana.

3

A continuación, partiendo de los vértices del rectángulo y procediendo hacia abajo, trazar dos diagonales convergentes que lleguen hasta la mediana. El punto de intersección es el punto focal.

4

Determinar la profundidad de la repisa trazando una línea paralcla al rectángulo, situada bajo el mismo a una distancia equivalente al grosor de la tabla, y empezar a reproducir los lomos de los libros. Empezar desde la mediana y continuar hacia el exterior, eligiendo plantillas de distintos anchos y alturas.

5

Dibujar los primeros cuatro libros, dos a la derecha y dos a la izquierda de la mediana, colocando el resto según el gusto personal. En cuanto a los libros inclinados, hay que determinar en cada caso cuánta cubierta queda a la vista, y esto se hace mediante la técnica indicada en el recuadro de la página siguiente.

LA TÉCNICA

Cómo saber qué parte de la cubierta queda a la vista

Antes de nada, definir la posición de la cubierta trazando una línea que una el vértice superior **A** del lomo (el que se inclina hacia la mediana) con el punto focal (**F**). A continuación, partiendo del mismo vértice, trazar la vertical a la tabla de la repisa, marcando el punto de intersección (**B**). Unir **B** con **F** e indicar con una **C** el punto de intersección con la línea que marca la profundidad de la tabla. Desde **C** trazar la vertical, paralela a la mediana, que se cruce con la diagonal que une **F** con el punto **D**. Por último, desde **D**, trazar la línea **DD'** paralela al lomo del libro, definiendo de este modo la parte de la cubierta que queda a la vista cuando se mira la repisa de frente.

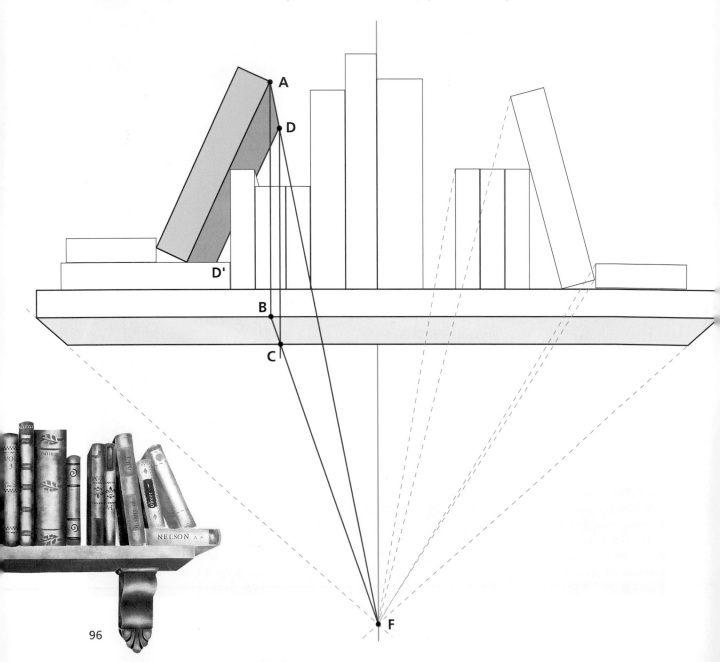

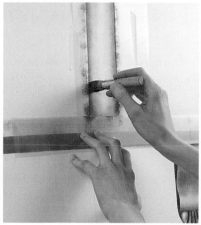

6

Colocar la plantilla oportuna y, pintar los contornos de los soportes
que sustentan la tabla y pintar todo con la pintura acrílica que se desee
y el pincel nº 6. Después, empezar a pintar los libros. Aplicar la pintura
desde el borde externo hacia el interior, dejando una banda más clara
en el centro de cada lomo, para crear la sensación de convexidad. Para
dar a los libros un aire antiguo, mezclar cada tono con una pizca de
tono sombra.

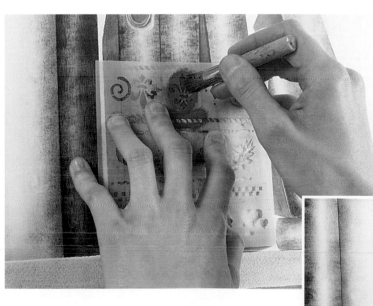

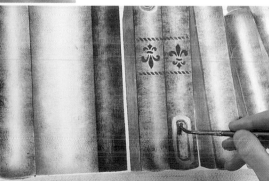

7

Por último, pintar los adornos del lomo con el
pincel nº 4 y, ya para terminar, escribir los
títulos con el pincel fino.

MATERIAL NECESARIO

- estor enrollable
- regla y escuadra
- lápiz
- cinta adhesiva de papel
- esponja natural
- rotulador
- pinturas para tela
- 3 brochas planas medianas y 1 pincel redondo fino
- patatas
- cúter

UN TRAMPANTOJO SENCILLO

A continuación proponemos un bonito cuadro doméstico, tan realista que puede parecer de verdad. Se trata de un trampantojo. A pesar de las apariencias, no es especialmente trabajoso, como se puede comprobar al realizarlo.

Para plasmar en un estor una imagen como ésta, se deben adoptar varias técnicas distintas: para el fondo, la pintura a la esponja; para el marco de la ventana, el efecto madera; y para el paisaje y los geranios, la estampación con patata. Esta última, en especial, es muy fácil y práctica de realizar: se recorta en la pulpa de la patata la silueta que se desea reproducir, se moja la patata en la pintura y se estampa sobre la tela. Antes de poneros manos a la obra, reproducir el dibujo en una hoja de papel grande, agrandándolo hasta alcanzar las dimensiones deseadas y, luego, colocar el papel por debajo de la tela, para ver el motivo a través de ella y plasmarlo sobre el tejido.

1

Trazar a lápiz sobre el estor el marco de la ventana con la regla y la escuadra, dejando como mínimo 12 cm de margen hasta los lados y 15 cm hasta la base. Después, dibujar el gato sentado en el alféizar.

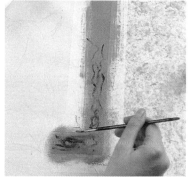

2

Colocar la cinta adhesiva por el contorno exterior del marco lateral, verter la pintura para tela en un platito, mojar en ella la esponja y aplicar el color por el margen que se ha dejado a los lados del marco.

3

A continuación, colocar la cinta adhesiva por el contorno interior de la ventana y, con una brocha plana, pintar el marco de un tono color ladrillo. Después, con un pincel redondo fino, pintar pequeñas estrías que simulen la veta de la madera.

4

Ha llegado el momento de pintar el gato. Aplicar sobre todo el cuerpo la tonalidad ladrillo y, después, trazar bandas por el lomo y la cola con un tono marrón. Pintar también de este tono la maceta de los geranios y, con el verde, pintar el prado.

5

Mojar en pintura el sello de patata y estampar los geranios y el grupo de hojas de la parte superior de la ventana. Repetir varias veces la operación desde distintos ángulos, de forma que las imágenes queden superpuestas. Dejar secar la pintura.

LA TÉCNICA

Sellos de patata

Con un rotulador, dibujar el motivo en la patata cortada por la mitad. A continuación, recortar la silueta con el cúter hasta obtener una especie de sello, y dejarla secar al aire durante unos minutos para eliminar el líquido que suelta la pulpa de patata.

MATERIAL NECESARIO

● papelera de MDF
● pasta acrílica para modelar
● espátula ● pintura acrílica:
ocre amarillo, blanca y azul
cobalto ● 3 pinceles: redondo
nº 2, plano nº 3 y para el
estarcido nº 4 ● barniz de
acabado al agua ● barniz de
acabado al aceite en gel

PAPELERA "ESTILO CHINA"

Tacitas exóticas colgadas de los lados de una papelera. Una idea para animar un accesorio muy útil pero no especialmente decorativo

Además de reequilibrar un espacio arquitectónico, o introducir en un ambiente elementos que, en realidad, no existen, el trampantojo permite aportar un toque personal a objetos de uso cotidiano. Como se verá en este proyecto, no hace falta reproducir fielmente los detalles más nimios, lo que en realidad importa es jugar con las luces y las sombras para conferir una efecto tridimensional a las imágenes que, de lo contrario, parecían pintadas sobre una superficie plana. Antes de comenzar la decoración propiamente dicha, hay que crear una superficie de fondo que favorezca la adhesión de la pintura. Echar una cucharada de pasta para modelar en un plato de plástico, añadir 1/2 cucharadita de ocre amarillo y 1 de agua, remover con cuidado y aplicar la mezcla por toda la papelera con ayuda de la espátula. Distribuir de modo uniforme la pasta por toda la superficie con movimientos circulares. Una vez seca, se puede empezar a decorar.

1

Dibujar a lápiz las siluetas de las tazas. Por ahora, se pueden obviar los dibujos decorativos, que se pintarán más tarde directamente con el pincel.

2

Con el pincel plano y la pintura blanca, pintar las tazas y las asas, pero sin tapar los contornos a lápiz que marcan los bordes (pintar el interior de las tazas de una tonalidad ligeramente más clara).

3

Pintar el contorno de las tazas por encima de las líneas a lápiz de azul cobalto con el pincel redondo. Después, reproducir el motivo ondulado del borde de la primera tacita.

4

Ha llegado el momento de pintar los dibujos decorativos. No son tan importantes los detalles como sugerir la sensación de la perspectiva jugando con claroscuros.

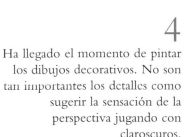

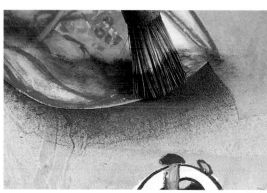

5

Pintar la taza con la pagoda y la palmera. También en este caso, para crear un efecto tridimensional, usar tonos más oscuros para el primer plano, tonos degradados y etéreos para las nubes y colores intermedios para los objetos en segundo plano.

6

Pintar los ganchos de los que cuelgan las tazas teniendo en cuenta las partes iluminadas y las que quedan en sombra. Estarcir las aristas y el borde superior de la papelera, difuminando el azul a medida que se avanza pintando del borde exterior hacia el centro.

7

Marcar a lápiz las sombras alrededor de las tazas y difuminar el lápiz con el pincel para estarcido. Por último, aplicar una mano de barniz al agua y tres de barniz al aceite.

FRUTERO ESTARCIDO

MATERIAL NECESARIO

● alfiler, hoja de poliestireno, pigmento negro en polvo, 2 gasas, cinta adhesiva ● papel de calco, lápiz, fotocopia del motivo ● recipiente de madera sin tratar ● pintura acrílica: amarilla, roja, verde, azul, lila y blanca ● 1 brocha plana mediana y 1 pincel fino de Bellas Artes ● medium para pinturas acrílicas ● barniz de acabado al aceite

Mediante el estarcido, técnica que permite plasmar un dibujo sobre cualquier superficie plana, se pueden realizar trampantojos prácticamente perfectos.

El arte del trampantojo es, sin duda, fascinante, pero no está al alcance de todos, ya que exige un notable talento para el dibujo. Por eso es oportuno mostrar una técnica, la del calco por estarcido, que puede resultar muy útil a quienes no tienen especial facilidad con el lápiz, ya que simplifica la definición de los contornos del motivo. Hacer la prueba con un recipiente como éste y, sobre todo, seguir atentamente las indicaciones acerca de cómo extender las diversas pinturas. El proceso es muy divertido y "próspero".

1

Echar en un plato 1 cucharada de pintura acrílica amarilla, 1/2 cucharadita de rojo y 1 cucharada de agua. Mezclarlas con delicadeza hasta obtener un tono naranja y aplicarlo sobre el recipiente de madera con la brocha plana.

2

Con un lápiz, calcar en el papel de calco el dibujo que se utilizará para el estarcido y fotocopiarlo. Colocar la copia encima del poliestireno y, con el alfiler, agujerear los contornos y los detalles del motivo.

3

Superponer las gasas, echar en el centro 2 cucharadas de pigmento negro, formando con las gasas una bolsa que se cierra con cinta.

4

Poner la fotocopia sobre el lado del frutero que se desea decorar y frotar con la gasa por encima del dibujo. El pigmento en polvo se filtrará a través del tejido ralo de la gasa y se fijará a la superficie pintada, marcando los contornos del motivo.

5

Mezclar pintura roja y azul a partes iguales, diluir la mezcla con agua y pintar el racimo de uvas con el pincel fino. Aplicar toques más oscuros en un lado de cada uva para dar la sensación de perspectiva. Luego, pintar las hojas con el verde aclarado con una pizca de amarillo, reproduciendo la nervadura de las hojas con el mismo verde mezclado con un poco de azul.

6

También con el pincel fino, pintar una manchita blanca en cada uva y, una vez terminado el motivo, aplicar una capa de medium con la brocha plana. Dejar secar el medium y, con la misma brocha, dar al menos tres manos de barniz al aceite por toda la superficie del frutero, para proteger y al mismo tiempo dar brillo al motivo.

ACCESORIOS DE COCINA

Ahora veremos cómo alegrar diversos accesorios de cocina pintándolos con rotuladores y pinturas para tela.

MATERIAL NECESARIO

- accesorios de cocina de algodón y colores lisos: agarrador y manopla de horno verdes, agarrador amarillo y paño blanco
- rotuladores para tela: negro, rojo, verde y amarillo
- pinturas para tela: blanca, roja, amarilla, verde y negra
- pincel fino
- hoja de papel, lápiz y goma

Si bien la pintura sobre tela requiere cierta práctica, el proyecto que se propone es muy fácil de realizar y se lograrán excelentes resultados incluso en el primer intento. Además del habitual material de dibujo, se necesitan rotuladores y pigmentos especiales para pintar sobre tela, que, a diferencia de las pinturas utilizadas para teñir los tejidos, no penetran en profundidad y permanecen en la superficie. Estos accesorios de cocina, que se venden en cualquier tienda de artículos para el hogar, están decorados con motivos sencillos, perfectos tanto para los manteles individuales para el desayuno como para los cojines de la cocina. Una vez terminada la decoración, dejar secar los accesorios durante al menos 12 horas y, luego, fijar los dibujos planchando el tejido con la plancha caliente (pero sin vapor) por el derecho del dibujo. Los accesorios se pueden lavar con agua templada o siguiendo las indicaciones de los envases de las pinturas.

1

Intentar dibujar en una hoja los motivos que luego se dibujarán a mano alzada sobre la manopla de horno, los agarradores y el paño.

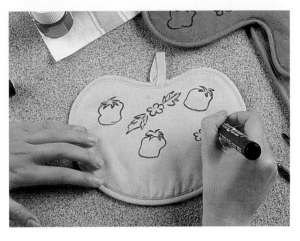

2

Cuando se haya practicado lo suficiente, dibujar las siluetas de las fresas y las flores con el rotulador negro.

3

En el agarrador amarillo, colorear las fresas con el rotulador rojo y las hojas con el verde.

4

Para las flores, usar la pintura para tela blanca, que cubre mucho. Mojar el pincel directamente en el frasco de pintura y colorear los pétalos.

5

Decorar después los otros accesorios. En la manopla de horno y el agarrador verde, pintar las fresas con el rotulador y las pinturas para tela roja, blanca y negra.

6

Pintar también el paño con las pinturas para tela: roja y negra para las fresas; negra y amarilla para las flores; y verde y negra para las hojas.

MATERIAL NECESARIO

- jarrones de cristal
- cinta adhesiva de papel
- pinturas en frío para cristal (verde y marrón) y el correspondiente disolvente
- 2 pinceles redondos finos

JARRONES ESTILO LIBERTY

Aunque pueda parecer un proyecto ambicioso, incluso los menos duchos en el manejo del pincel conseguirán reproducir con sensacionales resultados el motivo que embellece estos jarrones.

La afición de pintar sobre cristal es una fuente de enormes satisfacciones que permite dar rienda suelta a nuestra sensibilidad artística. La forma alargada de estos jarrones es realzada por delicadas ramas con hojas estilizadas, pintadas con pinturas para decoración en frío. Para determinar la intensidad de las pinturas y obtener las tonalidades más idóneas, es aconsejable hacer antes algunas pruebas. Antes de poneros manos a la obra, agitar bien el frasco de pintura para que el líquido sea uniforme y limpiar los objetos que vais a decorar con un paño de algodón mojado en alcohol.

1

Aplicar una tira de cinta adhesiva en el jarrón para tener una línea que sirva de guía a la hora de pintar las ramas.

UNA IDEA

Si se teme no ser capaz de dibujar las hojas a mano alzada, copiar su silueta en una cartulina blanca, recortar el interior del dibujo, poner la cartulina sobre el cristal y aplicar la pintura en el hueco recortado.

2

Mojar el pincel directamente en el frasco de pintura verde y pintar las ramas siguiendo la cinta adhesiva.

3

Retirar con delicadeza la cinta adhesiva y dejar secar la pintura siguiendo las indicaciones que figuren en el envase. Después, pintar otra rama procediendo de la misma manera.

4

Cuando las ramas estén secas, pintar, también con el verde, hojas a ambos lados de cada rama.

5

Dejar secar la pintura y, por último, aplicar algunos toques de marrón por las ramas y las hojas para dar un aspecto más natural al adorno.

MATERIAL NECESARIO

● tarros de cristal herméticos
● fotocopia de un motivo decorativo
● cinta adhesiva
● pintura para vidrio magenta
● gutta dorada con aplicador
● pincel fino

TARROS CON ADORNOS

Un pequeño truco para que no renunciar a un proyecto como éste aunque no seáis expertos "maestros vidrieros": usar como plantilla la fotocopia del motivo elegido.

Personalizar vuestra cocina decorando los objetos que están a la vista con originales adornos pintados para crear así un conjunto ordenado, como en el caso de los clásicos tarros de cristal.

Prácticos recipientes para diversos tipos de alimentos, desde pasta a legumbres secas, colocados en fila sobre una repisa o sobre la encimera, que ponen una simpática nota de color en vuestra cocina.

Para aseguraros de que la superficie de cristal retendrá bien la pintura, antes de empezar, lavar y secar a conciencia los tarros.

1

Introducir dentro del tarro la fotocopia del adorno a reproducir, fijándola con cinta adhesiva.

2

Mojar el pincel directamente en el frasco de pintura y pintar el adorno, coloreándolo por completo y delimitando con precisión los contornos.

EL TOQUE FINAL

Recortar un cuadrado o un círculo de tela (de lado o diámetro, 1/3 más grande que el diámetro del frasco) y colocarlo debajo de la tapa antes de cerrarla.

3

Para que el color quede más denso e intenso, una vez seca la primera mano de pintura, aplicar una segunda mano.

4

Realzar el contorno y las líneas interiores del adorno con gutta dorada, apretando ligeramente el tubo (evitar que el aplicador entre en contacto con el cristal).

5

Decorar de la misma manera también la tapa del frasco, eligiendo un adorno que se adapte a sus dimensiones y forma redonda.

MATERIAL NECESARIO

- lámina de cristal de 40 x 30 cm ● espejo de 30 x 20 cm
- hoja de papel
- regla de metal
- pasta de plomo: un tubo dorado y otro negro
- pinturas para vidrio (rosa, azul y lila) con el correspondiente disolvente
- pincel fino de Bellas Artes
- cola de carpintero
- barniz de acabado al aceite
- gancho para cuadros

ESPEJO-VIDRIERA

La técnica utilizada es perfecta para decorar una ventana, una vidriera o el cristal de una mesa. También sirve para dar un insólito toque de estilo a un espejo.

El aspecto más interesante de este proyecto nace del juego de transparencias entre el marco decorado y el espejo, que, a su vez, realza las pulcras formas del motivo de estilo Liberty.

Pero el juego de transparencias no acaba ahí, ya que al colocarlo en una estancia con luz difusa, se creará un sugestivo contraste entre los reflejos del espejo y las transparencias del cristal.

Y ahora, algunos consejos prácticos: antes de empezar, limpiar el cristal con un trapo de algodón mojado en alcohol; luego, aplicar los colores con mano firme y gran precisión y, al aplicar la pasta de plomo, evitar el contacto directo del aplicador con el cristal.

1

Colocar el espejo en el centro de la lámina de cristal, de modo que a su alrededor quede un marco de 6 cm de ancho. Después, apoyar la regla a 1 mm de los lados del espejo y trazar una fina línea con la pasta de plomo dorada (a lo largo de los lados verticales y después de los horizontales).

2

Dibujar el motivo decorativo en una hoja de papel, apoyar encima la lámina de cristal y calcar el motivo con la pasta de plomo negra.

3

Mojar el pincel primero en el disolvente y después directamente en el frasco de pintura para vidrio rosa. Aplicar una capa uniforme de pintura en el área correspondiente del dibujo y dejarla secar. Para obtener una tonalidad más intensa, aplicar otra mano de rosa.

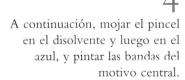

4

A continuación, mojar el pincel en el disolvente y luego en el azul, y pintar las bandas del motivo central.

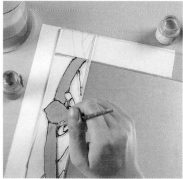

EL TOQUE FINAL

Para fijar la decoración de forma que dure mucho tiempo, tratar la superficie con una mano de barniz de acabado al aceite. Por último, fijar el gancho para cuadros en el dorso del espejo.

5

Pintar las bandas lila tal y como aparecen en la fotografía, y luego pintar las azules de los laterales y la base. Cuando la pintura esté totalmente seca, pegar el espejo en el centro de la lámina de cristal.

CAJITAS A JUEGO

MATERIAL NECESARIO

● cajitas de porcelana blanca ●
2 pigmentos para cerámica, en
polvo y en caliente: azul
cobalto y dorado ● 2 pinceles
de marta, uno de punta fina y
otro de punta media ● lápiz
graso ● lápiz HB ● hoja de
papel ● esencia grasa ●
trementina ● disolvente para
el pigmento dorado ● espátula
pequeña ● baldosa blanca

*Aquí se explica cómo transformar banales y anónimos
objetos de porcelana blanca en preciosas "piezas únicas".
Sólo hay que conseguir esmaltes en polvo especiales para
cerámica, que se fijan en caliente en hornos especiales.*

Decorar cajitas de porcelana para crear bonitos pastilleros, bomboneras o jaboneras a juego para el baño, así como originales recipientes para pequeños regalos, no es una tarea muy laboriosa.
Los pastilleros están decorados a mano, técnica al alcance hasta de los "ceramistas" primerizos, inspirados en un papel pintado estampado con motivos de fantasía de jarrones chinos. Un consejo: aplicar una capa de pintura muy fina cada vez para evitar que se descascarille por acción del calor (se reforzará varias veces, siempre seguidas de una cocción), y aplicar el segundo color sólo cuando el primero esté completamente seco. Para los procesos de cocción conviene recurrir a un taller externo.

1

Hacer un boceto del motivo en una hoja de papel con el lápiz HB, dando rienda suelta a la imaginación o bien copiando el motivo de una tela o un grabado.

2

Con el lápiz graso, copiar el dibujo en la tapa de la cajita. Después, decorar los lados de la base con una greca, empezando por la parte superior izquierda y avanzando hacia abajo para no emborronar los trazos con la mano si se utiliza la derecha.

3

Con la espátula, echar en el azulejo primero el pigmento azul y luego la esencia grasa. Añadir dos gotas de trementina y amalgamar los ingredientes. A continuación, pintar la cajita aplicando el color con el pincel de punta fina. En este momento, la pieza está lista para la segunda cocción.

LA TÉCNICA

La tercera cochura

Las cerámicas decoradas con pigmentos metalizados se conocen como "cerámicas de tercera cochura" ya que, debido a la escasa resistencia de estos pigmentos a las altas temperaturas, se someten a una tercera cocción en el horno. La primera cocción, denominada bizcocho o bizcochado, se debe realizar antes de decorar la pieza, para endurecerla; la segunda tiene la finalidad de fijar los colores; y la tercera se efectúa, como en este caso, después de la aplicación del pigmento dorado.

4

Si el resultado no es el deseado, corregir los eventuales errores y "someter" a la caja a la segunda cocción. Diluir el pigmento dorado y, con el pincel de punta media, aplicarlo por el borde de la tapa, trazando una línea de 1 mm de grosor. Por último, efectuar la tercera cocción.

MATERIAL NECESARIO

- placa de cerámica blanca
- lápiz graso
- pinturas para cerámica en frío: amarilla, roja y verde
- pinceles finos de Bellas Artes
- cinta de terciopelo negro y *velcro* negro
- cúter y cinta biadhesiva
- barniz de acabado al aceite y brocha

GARGANTILLA RETRO

Muy en boga en el siglo XIX, cuando se adornaban con motivos de oro o plata, camafeos o piedras duras, las gargantillas de terciopelo negro siguen siendo un accesorio de moda.

En este caso, se decide decorar las gargantillas con placas de cerámica pintadas, que aportan una gran luminosidad al rostro. Para simplificar las operaciones y trabajar con más rapidez, es aconsejable utilizar pinturas para cerámica en frío, que una vez terminada la decoración se fijan con una mano de barniz al aceite. En primer lugar, elegir el dibujo que a reproducir y dibujarlo en la placa de cerámica a mano alzada con el lápiz graso (como ejemplo, hay dos formas alternativas, una rectangular y otra oval pero, naturalmente, se pueden elegir otras formas). En cuanto a las cintas, comprar varias de distintos materiales y colores para poder combinar la gargantilla con diferentes prendas de vestir.

1

Mojar el pincel fino directamente en el frasco de pintura amarilla y pintar las mimosas en la placa rectangular con toques breves y decididos.

2

Después, pintar las hojas con otro pincel fino mojado directamente en el frasco de pintura verde. Para obtener tonalidades más claras, mezclar el verde con una pizca de amarillo.

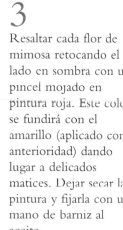

3

Resaltar cada flor de mimosa retocando el lado en sombra con un pincel mojado en pintura roja. Este color se fundirá con el amarillo (aplicado con anterioridad) dando lugar a delicados matices. Dejar secar la pintura y fijarla con una mano de barniz al aceite.

EL TOQUE FINAL

Cómo montar la gargantilla

Pintar la placa oval procediendo de la misma manera. Si se prefiere, se puede hacer otro dibujo o simplemente utilizar otros colores.

1

Cortar la cinta de terciopelo de modo que sea 6 cm más larga que el contorno del cuello. Después, con el cúter, cortar una tira de cinta biadhesiva de unos 3 cm de largo y pegarla en el centro de la cinta de terciopelo.

2

Pegar la placa en la cinta biadhesiva, presionando con delicadeza con las yemas de los dedos, y pegar o coser el *velcro* en ambos extremos de la cinta de terciopelo.

AZULEJOS ARTÍSTICOS

MATERIAL NECESARIO

- azulejos blancos de 15 x 15 cm
- 1 baldosa de cerámica blanca de 10 x 10 cm para mezclar las pinturas
- pinturas en polvo para cerámica en caliente
- cartulina o lámina de acetato para la plantilla
- espátula pequeña
- esencia grasa, esencia de trementina y esencia de lavanda
- esponja
- cúter
- cinta adhesiva de papel

¿Queréis animar una pared o proteger del calor de las cacerolas un rincón de la cocina? Reunir unos cuantos azulejos blancos y transformarlos en bonitos cuadros.

Pintar sobre cerámica con pinturas en caliente es una técnica fascinante, pero exige cierto talento para el dibujo. Sin embargo, usando una plantilla de acetato o de cartulina, hasta los más inexpertos saldrán airosos del proyecto. En lugar del tradicional pincel para estarcido, aplicar el color sobre la plantilla con una esponja. Además, en este caso no será necesario proteger las áreas que tendrán que quedar de otro color, ya que para crear los matices hay que superponer ligeramente los diversos colores.

Antes de empezar, elaborar la plantilla: copiar el dibujo en la cartulina o la lámina de acetato y, con el cúter completamente vertical, ir recortando con mano firme el interior del motivo, siguiendo los contornos dibujados. Una vez decorados, si se enmarcan los azulejos se transformarán en bonitos cuadros.

1

Con la punta de la espátula, poner un poco de cada una de las pinturas en polvo necesarias en la baldosa que se usará como paleta. Para obtener tonalidades distintas, mezclar algunos pigmentos entre sí.

2

Añadir a los pigmentos una pizca de esencia grasa y dos gotas de esencia de trementina, y mezclar bien los ingredientes con la espátula hasta obtener un compuesto homogéneo y cremoso.

3

Después, añadir una gota de esencia de lavanda para diluir un poco más las pinturas y poder extenderlas sin dificultad, volviendo a mezclarlo todo bien con la espátula.

4

Colocar la plantilla sobre el azulejo que se quiere decorar y fijarla con cinta adhesiva de papel, comprobando que quede bien pegada a la superficie.

5

Mojar la esponja en la primera pintura y aplicarla sobre la plantilla. A continuación, lavar la esponja y mojarla en los otros colores, superponiéndolos sobre el contorno de las áreas pintadas con anterioridad. Una vez pintados los azulejos, cocerlos en un horno especial.

6

Si después de la cocción los colores no tuvieran la tonalidad deseada, volver a colocar la plantilla, pintar de nuevo encima de los colores anteriores y efectuar una tercera cochura.

BANDEJA CON "MOSAICO"

Intente revestir una bandeja de madera con un mosaico confeccionado con azulejos de cerámica pintados y ponga un toque rústico en la mesa de la cocina.

MATERIAL NECESARIO

- bandeja de madera sin tratar (dimensiones interiores: 27 x 45 cm)
- pintura acrílica marfil; pintura para cerámica en frío blanca y negra
- baldosas: 8 de 10 x 10 cm color crema y 12 baldosas de cerámica de 10 x 2 cm con motivos geométricos a juego con las anteriores
- 1 brocha plana y 1 pincel fino ● cola de carpintero; cinta adhesiva de papel
- listón de madera de 45 x 1,5 x 1 cm
- barniz acrílico de acabado

A menudo no es tanto la habilidad técnica sino el gusto personal y la imaginación los que inspiran bonitas ideas para decorar la casa con objetos originales. En esta bandeja, la combinación de cerámica y madera es muy acertada. Además, los motivos geométricos son fáciles de reproducir, incluso para los más inexpertos, ya que con tiras de cinta adhesiva se consiguen líneas de pintura totalmente rectas.

1

Diluir la pintura marfil con agua y, con la brocha plana, extender una capa uniforme de la mezcla por toda la bandeja. Mientras se seca la pintura, marcar con lápiz el centro de cada lado de la primera baldosa cuadrada.

2

Unir entre sí los puntos marcados con 4 tiras de cinta adhesiva, formando un rombo, y comprobar que la cinta haya quedado bien pegada, para evitar que la pintura se filtre por debajo.

3

Colocar otras cuatro tiras de cinta adhesiva paralelas a las anteriores, a 1 cm de distancia por el interior. A continuación, mezclar pintura negra y blanca hasta obtener la tonalidad de gris deseada y, con el pincel fino, aplicar la pintura en el espacio creado, pintando los lados del rombo. Retirar la cinta adhesiva y dejar secar la pintura.

4

Tapar las bandas grises con cinta adhesiva y pintar el centro del rombo de blanco. Quitar la cinta intentando no levantar la pintura y dejarla secar.
Pintar otras 3 baldosas de la misma manera y otras 4 sólo con las bandas grises.

5

Pegar en la bandeja las baldosas de 10 x 2 cm y las que se acaban de pintar, disponiéndolas como se muestra en la fotografía. Por último, pegar el listón de madera en el espacio central, entre las dos filas de baldosas, para realzar el contraste entre los dos materiales.

6

Cuando la cola esté seca, aplicar con la brocha plana una mano uniforme de barniz de acabado. El barniz protegerá la madera y la pintura de las baldosas.

MARCO "AL AROMA DE ROSAS"

Un vistoso tono de verde y rosas amarillas modeladas con Cernit... así se transforma un marco de cerámica blanca en un regalo realmente romántico.

MATERIAL NECESARIO

- 1 marco de fotos de cerámica blanca de 9 x 6 cm
- pintura para cerámica en frío de color verde oscuro
- pincel fino plano
- *Cernit* amarillo, verde claro y verde oscuro
- cúter
- pinzas

Una vistosa decoración que se realiza en muy poco tiempo y reporta una gran satisfacción. Sólo hay que pintar la cerámica con una pintura especial en frío y modelar el *Cernit* formando 3 capullos de rosa, una rosa abierta y unas cuantas hojitas. Para pegarlos al marco no se necesita cola; la propia pintura fijará los adornos durante la cocción en el horno. Como siempre, hay que preparar antes el *Cernit*, separando 2 ó 3 trocitos de cada bloque y trabajándolos con las manos para ablandarlos.

1

Pintar el marco de verde, mojando el pincel directamente en el frasco. Aplicar la pintura a pinceladas irregulares para obtener una superficie ligeramente estriada.

2

Con los trozos de *Cernit*, formar una serie de rulos de 10 cm de largo y 5 mm de grosor. Aplastar con el dedo gordo un rulo amarillo y, con el cúter, recortar una tira fina de 3 cm de largo, que luego se enrollará para crear el primer capullo de rosa.

3

Con las pinzas, colocar el capullo en una esquina del marco, haciendo una ligera presión para que se adhiera. Repetir la operación para crear otros dos capullos y colocarlos al lado del primero.

4

Aplastar otros dos rulos de *Cernit*, uno verde claro y otro verde oscuro y, con el cúter, recortar las hojas. Con las pinzas, colocarlas alrededor de los capullos ejerciendo una ligera presión.

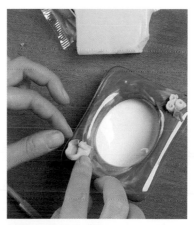

5

A continuación, se hará la rosa abierta. Poner en el marco una primera tira de *Cernit* amarillo de 1 x 6 cm para formar la corola y, a continuación, en el centro de ésta, una segunda tira de 1 x 3 cm.

6

Para reproducir el tallo de la rosa, fijar un rulo verde oscuro de 5 cm de largo y decorarlo con 2-3 hojitas. Una vez hecho esto, meter a cocer el marco en el horno a 100-130 °C durante 8-10 minutos.

MATERIAL NECESARIO

- maceta de cerámica blanca con lazada en relieve
- pintura para cerámica en frío azul y dorada
- 1 brocha plana y 2 pinceles planos finos
- aguarrás
- papel de cocina
- cinta adhesiva de papel
- barniz de acabado al aceite

CINTA CON LAZADA

La lazada ya está, blanco sobre blanco en relieve... sólo falta la cinta. Hay que pintarla con pinturas para cerámica en frío y la maceta parecerá otra.

Casi un trampantojo, la decoración de esta maceta realza la lazada en relieve, haciéndola destacar sobre el blanco de la cerámica. Para lograr un resultado más esmerado, pintar primero la lazada y luego la cinta dorada, aplicando primero la pintura dorada y reproduciendo luego las sombras con pinceladas de azul. El fondo blanco resalta el efecto tridimensional del adorno. Para que pintar la cinta resulte más fácil y los contornos queden más nítidos, fijar 2 tiras de cinta adhesiva de papel alrededor de toda la maceta, partiendo de la lazada, a la distancia deseada, según el ancho deseado de la cinta. Usar un pincel para cada color y, si las cerdas tienden a endurecerse durante el trabajo, sumergir el pincel en aguarrás durante unos segundos y escurrirlo luego en papel de cocina.

1

Mojar uno de los pinceles directamente en el frasco de la pintura dorada y pintar la parte externa de la lazada, procediendo con mucho cuidado para no salirse del contorno.

UNA IDEA

Si no se consigue dar dinamismo a la cinta a mano alzada, enrollar una cinta de verdad, retorciéndola, alrededor de la maceta y trazar su contorno sobre la cerámica con un lápiz graso.

2

Con otro pincel, aplicar el azul en el interior de la lazada, para reproducir los frunces que se forman en la cinta cerca del nudo.

3

Volver a mojar el primer pincel en el dorado y pintar la cinta, intentando conferir dinamismo a la banda de pintura.

4

Sugerir las sombras y el sentido de profundidad con toques de azul en los puntos donde la cinta se retuerce.

5

Dejar secar del todo la pintura y, después, con una brocha grande, aplicar una mano de barniz de acabado.

MATERIAL NECESARIO

● paragüero de cerámica
blanca ● pinturas para
cerámica en frío: verde,
amarilla, lila, marrón y dorada
● 2 pinceles para estarcido (nº
6 y 8), 1 pincel de punta fina y
1 brocha plana mediana ●
1 lámina de acetato, cúter y
rotulador ● papel de cocina ●
cola en spray de adhesión
temporal y cinta adhesiva de
papel
● barniz de acabado al aceite

Paragüero con Cascada de Glicinias

Bonitos "racimos" de glicinias con sus características flores azul-violáceas para alegrar un objeto que es muy práctico, pero a menudo anodino.

Redescubrimos un artículo de decoración prácticamente indispensable pero que, sin embargo, no destaca por la originalidad de su diseño, decorándolo con un motivo floral estarcido. Hemos elegido un paragüero de cerámica blanca porque, además de ser intemporal, este material se adapta fácilmente a cualquier estilo de decoración. Además, un fondo de este color es ideal para las delicadas tonalidades de las flores de glicinia. Preparar una plantilla pintando con un rotulador en la lámina de acetato los elementos que componen el motivo (flores, hojas y ramas). Para ello, guiaos por las fotografías, que se pueden fotocopiar y ampliar. Después, fijar la lámina en una tabla y recortar el contorno de los dibujos con un cúter. Si se prefiere, se puede hacer una plantilla para cada elemento del motivo.

1

Sosteniendo el spray a 20-30 cm de distancia, aplicar la cola por el revés de la plantilla y fijarla en el paragüero.

UN CONSEJO

Para que las pinturas para cerámica en frío se adhieran mejor a la superficie, añadir a cada una una pizca de gel alquídico. Este preparado confiere a las pinturas una consistencia gelatinosa, incrementando su densidad.

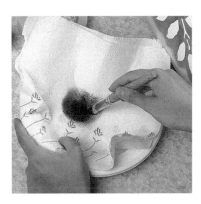

2

Mojar el pincel para estarcido n° 6 directamente en el frasco de pintura verde y eliminar el exceso de pintura restregando las cerdas en papel de cocina.

3

Con movimientos circulares, empezar a pintar las hojas. Para obtener una tonalidad más clara, mezclar el verde con una pizca de amarillo.

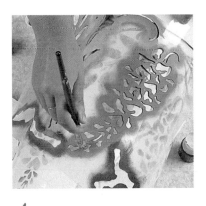

4

Retirar la plantilla y volverla a colocar al lado de las hojas, ligeramente superpuesta. Con el pincel n° 8, pintar las flores de glicinia de lila, difuminando el color, y las ramas de marrón.

5

Seguir colocando la plantilla, superponiéndola siempre ligeramente al motivo anterior, y pintando los distintos elementos, procediendo como en los pasos anteriores, hasta completar la decoración.

6

Cuando se haya acabado de pintar el motivo, rematar el borde con una línea dorada fina, trazada con un pincel de punta fina. Dejar secar la pintura y tratar toda la superficie con el barniz de acabado, aplicándolo con una brocha plana mediana.

MATERIAL NECESARIO

● lápiz graso ● pinturas para cerámica en frío: verde, roja, azul y negra ● 2 pinceles: mediano y fino

TETERA CAMPESTRE

Para las relajantes tardes en la casa de campo, reinventamos una tetera de cerámica blanca, decorándola con un tierno motivo floral.

El proyecto que se propone a continuación es muy divertido y sencillo. Consiste en copiar fielmente el dibujo de la derecha. La única dificultad surge en el momento de aplicar la pintura, porque en las superficies curvas es fácil que gotee.

Además de las delicadas hierbas, entre las que se entreven flores de vivos colores, en la decoración vemos también una simpática mariquita, símbolo de buena suerte. El mismo motivo se pinta en la tapa. Una vez terminada la deco-

ración, se pueden pintar con el mismo motivo las tazas y los platos para crear un original juego de té campestre.

Antes de empezar, limpiar cuidadosamente la cerámica con un trapo de algodón mojado en un poco de alcohol.

1

Con el lápiz graso, esbozar alrededor de la base de la tetera el dibujo de la página anterior.

2

Trabajando en la parte inferior de la tetera, pintar el prado con el verde, con pinceladas breves y enérgicas.

3

A continuación, diluir la pintura con un poco de agua y aplicar esta tonalidad más clara con pinceladas más largas y finas por la parte alta del prado, para reproducir la hierba más alta y los tallos de las flores.

4

Alegrar el prado pintando pequeños grupos de florecillas azules y rojas.

5

Dejar secar la pintura y pintar la mariquita con el rojo y el negro, con el pincel fino.

6

Decorar la tapa de la tetera de la misma manera, hasta crear una banda de prado alrededor de todo el borde.

EL AGUAMANIL DE LA ABUELA

Jarra, palangana y jabonera para colocar encima de la encimera del baño o, siguiendo el ejemplo de nuestras abuelas, en la clásica estructura de metal.

MATERIAL NECESARIO

● jarra, palangana y cuenco de cerámica blanca
● pinturas en polvo para cerámica en caliente: verde óxido de cromo, rosa claro, amarillo de cadmio oscuro, sombra natural y violeta cobalto ● 3 pinceles finos (001), esencia grasa y esencia de trementina ● baldosa de cerámica blanca de 10 x 10 cm
● espátula pequeña, cuenta-gotas y lápiz graso

Las pinturas en polvo para cerámica en caliente son pigmentos que, mezclados entre sí, ofrecen la posibilidad de crear una gama cromática prácticamente infinita. El paso siguiente, indispensable para fijar la pintura y para que adquiera la dureza y la resistencia de la cerámica, consiste en la cocción en un horno especial. Una vez cocido, el aguamanil se podrá lavar con agua y detergente (evitad, no obstante, el uso de estropajos abrasivos). Para decorar estos sencillos objetos que se venden en cualquier mercadillo, servirá cualquier motivo floral. En la página siguiente se proponen algunos en los que inspirarse, pero la elección final depende, como es lógico, de vuestro gusto personal, así como del estilo y los colores de la decoración del baño. A continuación se demuestra cómo decorar la jarra. El proceso es el mismo para la palangana y la jabonera, sólo que adaptando las dimensiones del dibujo.

1

Con el lápiz graso, esbozar en la jarra el motivo elegido. Después, echar en la baldosa 1/2 cucharadita de pigmento para cada color.

2

Con un pincel fino, mezclar por separado las pinturas con 2 gotas de esencia de trementina (con el cuentagotas) y un poco de esencia grasa (con la punta de la espátula).

3

Empezar a pintar las hojas, reproduciendo con esmero los juegos de luces y sombras y la nervadura.

4

Pintar el contorno de los pétalos de la rosa, dosificando la pintura para crear delicadas gradaciones tonales.

5

Crear gradaciones tonales también en los pétalos de las flores azules, con pinceladas más oscuras hacia el centro para dar a las flores profundidad.

6

Por último, retocar la composición con breves pinceladas más oscuras para animarla... y la pieza ya está lista para cocerla en el horno.

EFECTO TARACEA

La taracea requiere una notable destreza, pero es una técnica con la que se consiguen efectos extraordinarios. Veamos un sencillo "truco" para sortear los obstáculos y obtener similares resultados.

MATERIAL NECESARIO

- caja de madera sin tratar
- papel de calco y papel carbón ● bisturí ● pintura acrílica ● 2 pinceles redondos, (n° 0 y 00)
- rotulador de punta fina
- goma laca de color ámbar lista para usar
- brocha plana
- cera de abeja semisólida
- trapo húmedo

Utilizada por las más antiguas civilizaciones orientales y mediterráneas para la decoración de pequeños y refinados objetos decorativos y muebles preciosos, es a partir del siglo XII cuando la taracea se establece en Europa, como respuesta a la demanda de superficies de muebles y objetos decorativos naturales, sin revestir de estuco o pintura. Los taraceadores dominaron enseguida el arte de cortar en finas láminas las maderas disponibles, como el boj, el nogal, el ciprés e incluso el exótico ébano, jugando con sus variaciones cromáticas para obtener múltiples efectos decorativos. El proyecto permite lograr resultados similares sin necesidad de ser expertos ebanistas ni hábiles dibujantes a mano alzada. Sólo hay que calcar el motivo y colorearlo con tonalidades cálidas que recuerden a los matices tonales de la madera.

1

Calcar el motivo elegido en papel de calco y, después, calcarlo sobre la caja con papel carbón.

2

Grabar con el bisturí las líneas del contorno para evitar que luego la pintura se desparrame.

3

Diluir la primera pintura acrílica con abundante agua y aplicarla con uno de los pinceles redondos, procediendo siempre en el sentido de la veta de la madera. Aplicar del mismo modo los demás colores. Dejar secar la pintura y repasar con el rotulador las líneas del contorno, sin cargar demasiado.

4

Con la brocha plana, extender una fina capa de goma laca por toda la superficie de la caja. Dejarla secar y después, con un trapo, aplicar la cera de abeja para conseguir un acabado mate. Si se prefiere un acabado brillante, en vez de cera, aplicar una segunda mano de goma laca.

ALEGRES SALVAMANTELES

Prácticos accesorios que son tan alegres que merece la pena tenerlos expuestos en la cocina. Así estarán siempre a mano y llenarán de colorido la cocina.

MATERIAL NECESARIO

- tabla de conglomerado de 21 cm de lado y 1 cm de grosor
- sierra
- lija
- lápiz
- pinturas alquídicas
- gel alquídico
- baldosa
- 3 pinceles planos: fino, mediano y grande
- barniz de acabado al aceite

Para hacer menos "anónimos" y más objetos sencillos de decoración como un salvamanteles, no hace falta ser un artista consumado: basta serrar en forma de hoja una tabla de conglomerado y decorarla con flores, fruta, verduras o cualquier otro motivo que dicte vuestra imaginación. Calcar en una hoja de papel las imágenes de la fotografía inferior y agrandar el motivo hasta alcanzar las dimensiones deseadas. Luego, con la ayuda del papel carbón, pasarlo a la tabla.

Una vez pintado el salvamanteles, conviene tratar la superficie con tres manos de barniz al aceite para que la pintura brille más y no se estropee por efecto del calor.

1

Dibujar a lápiz en la tabla el contorno de las hojas que definen la forma del salvamanteles y serrar los lados dándole forma. Después, lijar los bordes hasta dejarlos lisos y uniformes.

2

A continuación, dibujar en el salvamanteles la nervadura de las hojas y calcar la composición elegida.

3

Después de mezclar las pinturas alquídicas con el gel alquídico en la baldosa, pintar el salvamanteles con el pincel fino para definir la nervadura de las hojas y los contornos del dibujo, y con el mediano para colorear los distintos elementos. Intentar dar la idea de perspectiva y de tridimensionalidad por medio del contraste cromático entre luces y sombras.

4

Dejar secar la pintura y, por último, dar a toda la superficie al menos tres capas uniformes de barniz al aceite con el pincel grande.

UN CONSEJO

Al aumentar la proporción de gel alquídico, las pinturas se hacen cada vez más fluidas y brillantes. En cambio, si se añade poca cantidad, la pintura queda mate pero también más densa y, por ello, cubre más.

MATERIAL NECESARIO

- huevos de madera
- lija • pintura al agua blanca
- pintura acrílica: verde ultramar y dorada
- 3 pinceles: uno plano mediano, otro redondo y otro fino • barniz de acabado acrílico

HUEVOS ESTILO FABERGÉ

Ahora aprenderemos a realizar una colección de espléndidos huevos "más acorde con los tiempos", nacidos de la imaginación del joyero de los zares.

Corría la Semana Santa de 1885 cuando el zar Alejandro III regaló a la zarina un huevo creado por el maestro de orfebrería Peter Carl Fabergé. Naturalmente, no se trataba de un huevo cualquiera: estaba elaborado con oro, piedras preciosas y esmalte translúcido. A la zarina le gustó tanto que desde entonces, cada año, con ocasión de la Pascua, los soberanos adoptaron la costumbre de intercambiar los denominados "huevos imperiales" de Fabergé.

La que os proponemos es una colección menos ambiciosa, pero no por ello menos decorativa, que aquellas obras de arte de orfebrería tan codiciadas hoy en día por coleccionistas de todo el mundo.

Un consejo: antes de poneros manos a la obra, lijar la madera para favorecer la absorción de la pintura al agua y eliminar cualquier resto de polvo limpiando la superficie con un trapo de algodón.

1

Diluir la pintura al agua blanca con un poco de agua y, con el pincel mediano, pintar el huevo sosteniéndolo por los extremos con dos dedos. Dejar secar la pintura y pintar las partes que falten.

2

En otro plato, diluir la pintura acrílica verde ultramar con unas gotas de agua y, con el pincel redondo, aplicar una capa uniforme que cubra todo el blanco.

3

Cuando el verde esté seco, pintar en el huevo el motivo principal, en este caso una flor de lis florentina, con la pintura acrílica dorada y el pincel fino.

4

Con el mismo pincel mojado en pintura dorada, trazar finas líneas que dividan la superficie del huevo en cuatro partes, al más típico estilo Fabergé.

5

Una vez terminada la decoración, dejar secar la pintura y pintar un círculo dorado en los dos extremos del huevo.

6

Dejar secar la pintura y tratar toda la superficie con una mano uniforme de barniz acrílico, aplicada con el pincel mediano.

MATERIAL NECESARIO

● caja de MDF de 16 x 26 x 10
cm ● pintura acrílica
● 2 pinceles planos de marta
sintética, nº 6 y 8, y 1 pincel
fino de Bellas Artes

ROSAS "TIROLESAS"

Lo que da profundidad a esta decoración es la diferente luminosidad de los pétalos y las hojas, que se obtiene por medio de las propias pinceladas.

El estilo tirolés, que deriva del gusto típicamente centroeuropeo por los objetos rústicos con motivos florales, es un apreciado ejemplo de pintura "popular".

Se ha desarrollado sobre todo en el Tirol (de ahí su nombre) y sus elementos decorativos, así como las técnicas de ejecución, han permanecido invariables a lo largo de los años, hasta el punto de que, por el tipo de dibujo, se puede saber la región de procedencia de las piezas. En la decoración tirolesa, las luces y las sombras se consiguen de una vez, en un solo paso: un lado del pincel se moja en un color oscuro, el otro en uno más claro, y se pinta con un único movimiento. Se ejerce una presión firme para producir un trazo marcado y, para obtener líneas finas, se pinta sin cargar demasiado, girando el pincel sobre sí mismo. Antes de acometer el proyecto propiamente dicho, es recomendable hacer algunas pruebas sobre una superficie de madera completamente horizontal.

1

Mojar un lado del pincel en el tono oscuro y otro en el claro.

2

Manteniendo el pincel perpendicular a la caja, trazar una serie de líneas curvas como las que figuran en la fotografía. Al estar ambas pinturas frescas, los dos tonos tenderán a amalgamarse.

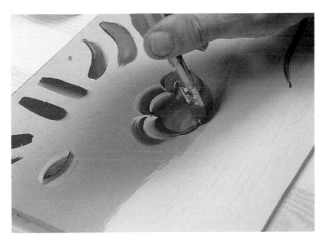

3

Seguir trazando líneas en varias direcciones, pintando como se ha indicado con anterioridad. Practicar los trazos curvos, cóncavos y convexos, con los que se formarán los pétalos, procediendo de abajo arriba y viceversa, y combinarlos hasta crear la corola de una rosa.

4

Pintar la caja con una pintura acrílica verde oscura. Cuando esté seca, trazar en el centro de la tapa dos líneas curvas formando una pequeña elipse.

5

Terminar la primera rosa pintando una serie de pétalos por encima y por debajo de la elipse anterior, y pintar otra rosa a su derecha de la misma manera.

6

Por último, pintar un capullo y las hojas, y marcar las luces y sombras retocándolas con el pincel fino de Bellas Artes.

MATERIAL NECESARIO

- caja de madera de 40 x 20 x 22 cm ● lija ● vaso de plástico
- pintura acrílica: blanca, ocre amarillo, sombra y verde aceituna
- pinceles planos, n° 4 y 30, y pincel fino de Bellas Artes
- cinta adhesiva de papel
- recortes de grecas y adornos en blanco y negro
- cola vinílica
- barniz de acabado al agua
- barniz de acabado al aceite en gel

UN CÓMODO COFRE

Los amantes de las labores de punto podrán guardar todo el material en esta caja que, además, dadas sus dimensiones, se presta a muchos otros usos: para guardar papel de cartas, fotografías de familia, agendas, etc.

Si encontráis una caja de MDF en lugar de madera, ahorraréis algo de dinero y de tiempo a la hora de trabajar. Conocido también como *mediodensit*, este material –que es una pasta prensada a base de derivados de la madera– es más pesado y mucho más barato. Su superficie, al ser lisa, no hace falta lijarla previamente y con una mano de pintura de fondo es suficiente, ya que es menos poroso que la madera. Sin embargo, en lo que respecta a los pasos siguientes, no hay diferencia alguna. Decorar los lados de uno en uno, colocando la caja en la superficie de trabajo de forma que la cara que se va a decorar quede horizont[al. Un último consejo: para pintar el marco exterior, diluir el verde aceituna con muy poca agua para evitar que la pintura se filtre por debajo de la cinta adhesiva, pero para colorzear los recortes utilizar mezclas muy fluidas, para crear un efecto de acuarela.

1

Mezclar 3 partes de blanco, 1/2 de ocre amarillo y 1/2 de sombra y, con el pincel más grande, aplicar dos manos uniformes de la tonalidad marfil obtenida por toda la superficie, después de lijarla con esmero. Cuando la pintura esté seca, trazar a lápiz el contorno del marco exterior (para hacer las esquinas redondeadas, usar un vaso de plástico).

2

Aplicar por los bordes la cinta adhesiva de papel para que el marco quede recto y, con el pincel n° 4, pintar el marco con el verde accituna diluido en muy poca agua.

3

Pintar el fino marco interior con el pincel fino de Bellas Artes mojado en verde aceituna y, a continuación, pintar el marco con una mezcla formada por 3 partes de blanco, 1/2 de verde aceituna y 1/2 de sombra. Pintarlo con mucho cuidado.

4

A continuación, colorear los recortes con tres mezclas distintas de verde –claro, intermedio y oscuro– diluidas con abundante agua, usando como guía las gradaciones tonales del dibujo en blanco y negro

5

Aplicar una fina capa de cola por el revés de los recortes y pegarlos en los lados y en la tapa de la caja, frotando con un trozo de papel de cocina para favorecer la adhesión y eliminar las burbujas de aire. Por último, aplicar por toda la caja una mano de barniz al agua y tres de barniz al aceite.

MATERIAL NECESARIO

- portacartas de pared de madera sin tratar
- pintura acrílica: roja, azul, verde, amarilla y blanca
- 2 brochas planas y 1 pincel fino (001)
- hoja en blanco y lápiz
- emulsión acrílica
- barniz de acabado al aceite

EL RINCÓN DE LAS NOTAS

Ya no tenéis excusa para ir dejando mensajes, notas y recordatorios por toda la casa: este simpático accesorio os ayudará a poner algo de orden en vuestros papeles.

A menudo no recordamos donde pusimos ese "valioso" papel en el apuntamos un recado. ¿Nunca habéis tenido que buscar por toda la casa una dirección importante que dejasteis distraídamente en el sitio menos pensado? Pues bien, este bonito portacartas de madera puede convertirse en un útil "aliado" y, además, en un original y bonito elemento decorativo para la pared de la cocina. La elección de flores tan delicadas y fáciles de pintar como los lirios acentúa el carácter informal de esta pieza. Es aconsejable pintar antes las flores a lápiz en una hoja, para así disponer de una valiosa referencia cuando las pintéis a mano alzada.

2

A continuación, añadir al verde una pizca de amarillo, para obtener una tonalidad más clara, y diluir la pintura con un poco de agua. Con el pincel fino, empezar a pintar los tallos y las hojas.

1

Diluir con un poco de agua partes iguales de pintura acrílica azul y roja, y mezclarlas hasta obtener un tono morado intenso. Con la brocha mediana, extender una capa homogénea de pintura por toda la superficie de la pieza.

3

Para obtener una tonalidad más oscura, añadir al verde unas gotas de azul. Diluir la pintura con un poco de agua y, con el mismo pincel fino, pintar la nervadura de las hojas.

5

Acentuar la forma acampanada de las flores retocándolas con leves pinceladas de amarillo. Dejar secar la pintura.

4

Después, mojar el pincel fino directamente en el frasco de blanco y pintar las flores a toquecitos.

6

Por último, tratar toda la superficie con una mano de emulsión acrílica y, una vez seca, con una capa de barniz de acabado, aplicándola con la brocha plana.

MATERIAL NECESARIO

- banqueta esmaltada blanca
- pinceles finos
- pinturas para cerámica en frío (roja, amarilla, azul, blanca, verde y negra) y el correspondiente disolvente
- papel de calco ● lápiz blando
- brocha plana
- resina acrílica ● barniz de acabado al aceite

BANQUETA CON MANZANAS

Una técnica sencilla, un diseño divertido y colores vivos e intensos: eso es todo lo que se necesita para dar un nuevo look *a una clásica banqueta esmaltada.*

El trabajo será mucho más sencillo y rápido si contáis de antemano con una banqueta esmaltada blanca. En tal caso, no tendréis que preocuparos de preparar el fondo y podréis empezar enseguida con la decoración.

Para reproducir en la banqueta el contorno de los dibujos, utilizar una hoja de papel de calco. Es la forma más rápida y, además, os permite crear distintos tipos de composiciones, calcando motivos que os gusten de libros o revistas. Una vez pintado el motivo, proteger la superficie con una mano de resina acrílica y dos de barniz al aceite, dejando secar cada mano antes de aplicar la siguiente.

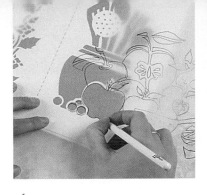

1

Poner el papel de calco encima del dibujo y calcar los contornos cargando un poco con el lápiz.

2

Colocar el papel de calco encima de la banqueta con la parte calcada en contacto con la superficie esmaltada y repasar a lápiz los contornos con decisión.

3

Levantar el papel de calco y comprobar que todo el motivo haya quedado impreso en la banqueta. Si no fuera así, completar el diseño a mano alzada.

4

Mojando los pinceles finos, uno en cada color, directamente en los frascos, empezar a colorear los distintos elementos. Para mantener blandas las cerdas, sumergir el pincel a menudo en el disolvente.

5

Mojar otro pincel fino en el blanco y sugerir los reflejos en las manzanas. Después, con la brocha plana, aplicar una capa uniforme de resina acrílica, dejarla secar y dar dos manos de barniz al aceite.

Ésta es la imagen del dibujo. Al apoyar en la banqueta el papel de calco con el motivo calcado, obtendréis exactamente el motivo de la fotografía de la página anterior.

MATERIAL NECESARIO

- caja de madera sin tratar
- lápiz y rotulador de punta fina ● papel de calco y papel carbón
- pintura acrílica: roja, negra y blanca
- pinceles redondos, nº 00 y 0, y brocha plana
- goma laca transparente (lista para usar)
- cera de abeja semisólida incolora
- trapo húmedo

Una Caja para las Barajas

Una decoración muy apropiada para este elegante estuche de madera, perfecto para el tapete verde de la mesa de juego.

Clásica pero muy apreciada incluso como regalo, esta caja para guardar los naipes se realiza en un santiamén gracias a la técnica utilizada. Nos hemos concentrado especialmente en la tapa, ya que los lados, que contribuyen a embellecer la pieza, pueden considerarse como un elemento opcional. Si tenéis un poco de tiempo, os recomendamos elegir un motivo que recuerde a los típicos adornos de taracea y lo calquéis en los lados. Colorearlo con tonalidades cálidas que realcen los matices de la madera sin tratar y conseguiréis crear un regalo muy especial.

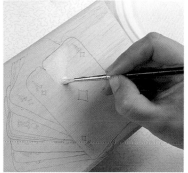

1

Después de calcar el dibujo elegido en el papel de calco, calcarlo sobre la tapa de la caja con papel carbón.

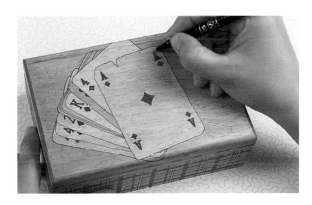

2

Empezar a colorear las cartas de blanco con el pincel n° 0, pintando siempre en el sentido de la veta de la madera. Para obtener tonalidades que cubran más o menos y, con ello, sugerir juegos de luces y sombras, variar la cantidad de agua utilizada para diluir las mezclas.

3

A continuación, reproducir los símbolos y números de las cartas con el pincel n° 00 y las pinturas roja y negra. Cuando la pintura esté seca, repasar con el rotulador las líneas del contorno, sin cargar demasiado (si se quiere obtener una imagen menos definida, prescindir de este último paso).

4

Una vez decorados los lados, extender con la brocha una fina capa de goma laca por toda la superficie de la caja. Dejarla secar y luego, con un trapo, aplicar la cera de abeja para obtener un acabado mate. Si se prefieren más las superficies brillantes y "aterciopeladas" al mismo tiempo, en vez de cera aplicar otras dos manos de goma laca, dejando secar el producto entre mano y mano.

CUBO PARA LA LEÑA

Los objetos de metal parecen a menudo fríos y poco decorativos. Divertíos transformando este cubo para poner en vuestro hogar una nota de color y... de calor.

MATERIAL NECESARIO

- cubo de metal
- lija de grano grueso
- esmalte blanco
- óleos verde oscuro y azul noche
- aguarrás
- pinturas para cerámica en frío: roja oscura, rojo rubí, rosa, verde y verde oscuro
- barniz de acabado al aceite
- 2 pinceles de punta fina y 1 brocha plana mediana

Esta técnica se presta a la decoración de objetos tanto nuevos, como este cubo, como "reciclados" (en este caso, si el metal estuviera oxidado, convendría aplicar antes una capa uniforme de antioxidante y dejarla secar). Ya sea nuevo o usado, para garantizar un buen resultado debéis preparar de antemano la superficie de metal dándole una mano de esmalte y lijándola ligeramente para que las pinturas se adhieran bien. Para el fondo, lo mejor es que utilicéis esmaltes a base de aceite, ya que los esmaltes a base de agua se agrietan con facilidad una vez secos. El único inconveniente de los esmaltes a base de aceite es que tardan mucho en secarse (unas 24 horas). Si queréis acelerar el proceso, podéis usar pigmentos acrílicos, siguiendo el procedimiento siguiente: preparar el metal con una mano de pintura acrílica en spray, aplicar con una brocha la pintura de fondo diluida con un poco de agua para hacer que cubra más y, por último, realizar la decoración con pinturas para cerámica en frío, terminando con al menos diez manos de barniz al aceite para proteger la superficie.

1

En un plato, mezclar partes iguales de esmalte blanco y óleos verde oscuro y azul noche, diluyendo la mezcla con muy poco aguarrás para que cubra lo máximo posible. Después, aplicar una capa uniforme de esta mezcla por toda la superficie con ayuda de una brocha plana mediana. Dejar secar la pintura.

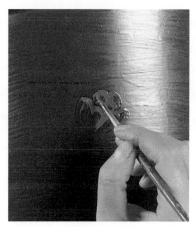

2

Mojar el pincel de punta fina directamente en la pintura para cerámica en frío y empezar a pintar las rosas. Mientras se van pintando, mojar de vez en cuando el pincel en aguarrás para mantener blandas las cerdas.

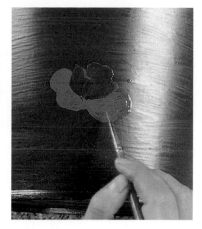

3

Para sugerir los reflejos y la sensación de perspectiva, pintar algunos pétalos de rosa y otros de una tonalidad más oscura, que se obtiene mezclando el rosa con un poco de rojo rubí y de rojo oscuro.

UNA IDEA

A los dibujantes menos expertos les convendrá fotocopiar el motivo (ampliándolo si es necesario), recortarlo, fijarlo encima del área que se va a decorar y trazar los contornos del dibujo con una tonalidad más clara con respecto al tono definitivo.

4

Alegrar la composición alternando rosas abiertas con capullos. Luego, rodear y unir las flores con una delicada composición de tallos y hojas, que se pintarán utilizando el verde y el verde oscuro.

5

Cuando la pintura esté seca, aplicar una mano de barniz al aceite por toda la superficie con la brocha plana mediana y dejar secar el barniz por completo.

MATERIAL NECESARIO

● moldura de pared de
escayola con bajorrelieves
● pintura acrílica: beis, blanca,
siena y verde óxido
de cromo
● 4 pinceles finos
● plato

MOLDURAS PARA LA PARED

Las molduras confieren un toque refinado a las habitaciones. Y si están pintadas con tonalidades tenues y delicadas, las hacen todavía más elegantes.

En la mayoría de las casas, las molduras de escayola se dejan de su color original, normalmente el blanco. Pero nada impide que se puedan animar decorándolas con alguna variante cromática.

Desde el punto de vista técnico, pintar la escayola es muy sencillo, ya que sólo hay que aplicar la pintura siguiendo con paciencia los motivos de la moldura.

El secreto para realzar el motivo decorativo consiste en la elección de tonos que combinen con la decoración de la estancia, inclinándonos por las tonalidades tenues, elegidas, si cabe, de entre las menos "llamativas" de la tapicería.

1

Diluir en el plato partes iguales de siena y blanco con un poco de agua y, con uno de los pinceles finos, pintar el lazo con esta mezcla, con cuidado de no salirse de su silueta.

2

A continuación, diluir el verde óxido de cromo con un poco de agua y, con un pincel limpio, pintar las hojas de laurel, con cuidado de no salirse.

3

Pintar las bolitas que separan las hojas mojando otro pincel en el beis y luego en el agua, para diluir la pintura directamente en las cerdas.

4

Mojar en agua el último pincel y, con cuidado, eliminar con él las posibles manchas de pintura que se salgan de los contornos de los elementos anteriores.

UN CONSEJO

Cómo preparar la escayola

Si al aplicar la pintura acrílica se ve que no se adhiere de modo uniforme, frotar ligeramente la escayola con una lija. Así se vuelve más rugosa y, en consecuencia, retiene mejor la pintura.

LA TÉCNICA

"Borrar" los errores

Para eliminar posibles manchas de pintura, cubrirlas con una ligera capa de pintura acrílica blanca aplicada con un pincel.

5

Repasar con cuidado los bordes de los distintos elementos con el pincel limpio.

MATERIAL NECESARIO

- moldura de escayola para puerta
- bayeta
- lija de grano fino
- pintura acrílica: azul, gris y blanca
- lápiz ● pincel fino

MOLDURA PINTADA

Para realzar aún más una moldura de escayola, pintarla con motivos florales tono sobre tono.

En general, las molduras para puertas, elementos decorativos muy en boga en la época barroca, son paneles que se colocan encima del dintel y están decorados con una pintura o un bajorrelieve. Con su forma arqueada, el modelo que os proponemos es el marco ideal para una delicada composición de rosas pintadas en azul y gris. Antes de empezar, limpiar la moldura con una bayeta húmeda para eliminar los restos de polvo. Pintarla manteniendo el pincel ligeramente inclinado con respecto a la superficie y, para trazar una línea fina que se va haciendo más gruesa, ejercer una presión cada vez mayor. Un consejo: para realzar aún más la moldura, colocarla encima de una puerta totalmente blanca.

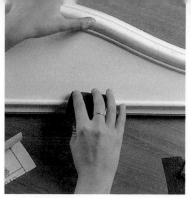

1

Lijar con delicadeza la superficie para que se vuelva más rugosa y, en consecuencia, retenga mejor la pintura.

2

Pasa la bayeta húmeda por encima para eliminar cualquier resto de polvo producido por la lija y dejar secar la moldura.

3

Trazando la silueta sin marcar demasiado, pintar a lápiz la composición floral en el centro de la moldura.

4

Diluir el azul con abundante agua, añadir a la mezcla una pizca de gris y, con el pincel, pintar el motivo empezando por los tonos más claros, que deberán quedar casi "acuarelados".

5

Reproducir la nervadura de las hojas y las estrías de los pétalos con la pintura menos diluida y, después, difuminar la pintura para obtener tonalidades más claras y, al mismo tiempo, dar profundidad al dibujo.

EL TOQUE FINAL

Cuando la pintura esté seca, definir algunos detalles con el pincel mojado directamente en el frasco de pintura para obtener una tonalidad más intensa.

6

A continuación, repasar los contornos con las mezclas más densas, reforzando con más pinceladas las áreas en sombra. Dejar secar la pintura.

PIEDRAS PAISAJE

MATERIAL NECESARIO

- piedra plana
- 2 pinceles finos (uno plano y otro redondo) y 1 brocha plana mediana
- pintura acrílica: azul, blanca, rojo de Marte, verde esmeralda y verde de cadmio claro ● gel retardante para pintura acrílica
- medium para pinturas acrílicas ● barniz de acabado para cerámica en frío

Confiar al pincel vuestra imaginación o vuestros recuerdos para dar vida a una piedra con un bonito paisaje.

Paseando por la orilla de un lago o de un río, a menudo encontramos piedras de formas estrafalarias. Muchas tienen la superficie tan lisa y uniforme que parecen hechas a propósito para pintarlas. La técnica es sencilla. Sólo tenéis que elegir la piedra más plana, lijarla para eliminar las irregularidades y pintar en ella el paisaje del lugar en el que la habéis encontrado, por ejemplo. En cuanto a su uso, según las dimensiones de la piedra, podréis utilizarla como un original tope para una puerta, un adorno para la estantería o un original sujetapapeles para el escritorio.

1

Diluir en un plato el verde de cadmio claro con un poco de agua, para obtener una pintura que cubra bastante, y aplicarla sobre la piedra como se muestra en la fotografía.

2

Mezclar partes iguales de azul y blanco y, con el delicado tono de azul obtenido, pintar el lago con un pincel plano fino. Después, pintar el cielo de un azul más intenso.

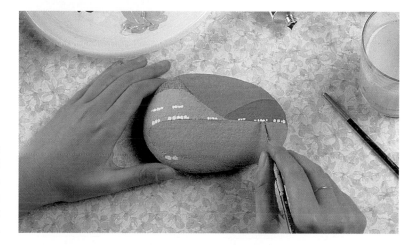

3

A continuación, pintar las colinas con el verde de cadmio claro y el verde esmeralda. Con el blanco un poco diluido y el pincel fino redondo, pintar casitas alrededor del lago y en las colinas.

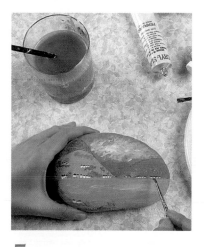

4

Mezclar partes iguales de blanco y de gel retardante, y aplicar esta mezcla por el cielo, en delicadas pinceladas para crear las nubes.

5

Completar el paisaje pintando los tejados de las casitas con el rojo de Marte y algunos árboles en la orilla del lago y en las colinas con el verde esmeralda. Para todas estas operaciones, usar siempre el pincel fino redondo.

6

Con una brocha plana mediana, aplicar una capa de medium por toda la superficie y, después, una mano de barniz de acabado con efecto abrillantador.

GIRASOL "ESTAMPADO"

Un alegre plato para colgar en una pared de la cocina o para usar como bandeja en la que servir el primer café de la mañana y empezar el día con buen humor.

MATERIAL NECESARIO

- barnices para cerámica en frío: blanco, amarillo, verde y marrón
- plato de cerámica blanco
- sellos de estampación
- papel de cocina
- pincel fino de Bellas Artes

La comercialización de barnices que se pueden cocer sin problemas en el horno de casa ha revolucionado literalmente la decoración de objetos de cerámica. Son pinturas perfectamente resistentes al lavado con agua y detergentes líquidos y, aunque no es aconsejable servir alimentos en un plato como éste, podéis dar rienda suelta a vuestra creatividad en un proyecto fácil de llevar a cabo que comporta grandes satisfacciones. El aspecto quizá menos "inmediato" es el de conseguir sellos de estampación que reproduzcan los distintos elementos del girasol (o de la flor que más os guste), pero la visita a una tienda de artículos de manualidades o bricolaje seguro que os solucionará el problema.

1

Preparar dos tonos distintos de amarillo, uno más claro, añadiendo blanco, y otro oscuro, que se obtiene mezclando el barniz amarillo con unas gotas de marrón. Repetir la operación para obtener dos tonos de verde, añadiendo amarillo para conseguir un tono brillante y una pizca de marrón para el tono más oscuro. Mojar en el barniz marrón el primer sello, eliminar el exceso de barniz con un trozo de papel de cocina y estampar el centro de la flor en el centro exacto del plato.

2

A continuación, mojar los sellos en los dos tonos de amarillo y empezar a reproducir los pétalos, de modo que los más luminosos queden en primer plano.

3

Al hacer las hojas, debéis dar la impresión de que se abren paso casi "luchando" con el peso de la flor. Para ello, usar el verde más claro para las partes en contacto con los pétalos e ir utilizando la tonalidad más oscura a medida que se avanza hacia el borde del plato.

4

Por último, pintar la nervadura de las hojas y añadir algunos "tallos rizados" aquí y allá con un pincel fino de Bellas Artes para dar cohesión a los elementos de la composición.

BANDEJA CON HOJAS

En una cocina nunca hay bandejas suficientes. Colocada encima de una repisa, ésta es perfecta para poner en ella tarros a juego con galletas, azúcar o café.

MATERIAL NECESARIO

- madera MDF
- sellos de estampación con siluetas de diferentes hojas
- pintura acrílica: blanca, sombra y siena tostado
- pinceles planos, nº 4 y 30
- papel de cocina
- barniz de acabado al agua

En relajantes tonos beis y marrones, esta pequeña bandeja es perfecta para colocarla en una repisa. Para lograr un efecto aún más delicado, hemos decidido no pintar la nervadura de las hojas, que quedan como "en negativo" al no penetrar la pintura en los surcos de los sellos. Un diseño sobrio y las tonalidades elegidas no cansan si se repiten en otros elementos decorativos. Además, pueden convertirse en una especie de motivo recurrente en la cocina. Reproducir las hojas en las puertas de la despensa, o usarlas como cenefa para los visillos (para éstos o para las cortinas, debéis utilizar pinturas especiales para tela).

1

Antes de nada, pintar la bandeja de un tono de beis claro, que se obtiene mezclando 3 partes de blanco y 1/2 de sombra, aplicado con el pincel n° 30. Aplicar una capa uniforme con pinceladas en la misma dirección. Al tratarse de un tono claro, se puede dar una segunda mano, si se considera oportuno, después de que se haya secado la anterior. Preparar las tres mezclas que se utilizarán para reproducir las hojas: pintura siena pura; 2 partes de pintura blanca y 1 de sombra; y 2 partes de pintura blanca y 1 de siena. Mojar los sellos de estampación en las mezclas, eliminar el exceso de pintura en un trozo de papel de cocina y reproducir las hojas, alternando tonos claros y oscuros.

2

"Estampar" las hojas con mano firme y, si la imagen queda poco definida, volver a poner en el mismo sitio el sello con pintura y ejercer mayor presión.

3

Terminada la decoración, pintar el borde de la bandeja con el pincel n° 4 mojado en el tono siena. Dejar secar y tratar la superficie con una mano de barniz al agua.

... ENTRE NUBES DE HORTENSIAS

MATERIAL NECESARIO

- revistero de MDF
- sellos de estampación con hojas y flores de hortensias
- pintura acrílica: blanca, ocre amarillo, rosa, lila, azul de Prusia y verde aceituna
- brochas planas, nº 10 y 30, pincel redondo nº 6 y pincel fino de Bellas Artes
- papel de cocina
- barniz de acabado al agua

Delicadas, vaporosas... y dificilísimas. ¿Hay algún método para no tener que renunciar a flores como las hortensias? Sí, y os lo enseñam

Muy apreciadas por su exuberante masa de flores y sus hojas carnosas, la hortensia es una de las flores más difíciles de reproducir, incluso para los artistas con cierta experiencia. Además de por la excelente aceptación que tienen, y quizá precisamente por este motivo, son motivos recurrentes en la fabricación de plantillas de estarcido y sellos de estampación. Sin duda, en las tiendas de artículos de manualidades y bricolaje os ayudarán a solventar todas las dificultades que presenta un proyecto como el que os proponemos. Eso sí, tener mucho cuidado al aplicar la pintura, sobre todo al reproducir las flores. Preparar mezclas tenues y descargar con delicadeza el sello antes de aplicarlo sobre la superficie para eliminar el exceso de pintura (hacer algunas pruebas sobre un trozo de MDF sobrante, para conseguir así la "consistencia" exacta de la pintura).

1

Pintar toda la superficie del revistero de una tenue tonalidad turquesa, que se obtiene mezclando 3 partes de blanco, 1/2 de ocre amarillo y una pizca de azul. Aplicar una capa uniforme de pintura con pinceladas en la misma dirección, usando la brocha n° 10 para los ángulos interiores (a los que es más difícil llegar). Después, empezar con la decoración mojando los sellos en una mezcla de verde aceituna y pintando las primeras tres hojas en el centro exacto de uno de los lados largos del revistero.

2

Después, pasar a las flores. Preparar tonos evanescentes de rosa, lila y azul mezclados con blanco, mojar el sello más pequeño en la pintura y reproducir las flores superponiendo en parte unas a otras. Antes de estampar el sello, eliminar el exceso de pintura con un trozo de papel de cocina. Si el sello está demasiado cargado de pintura, las hortensias perderán su vaporosidad natural.

3

Seguir creando la composición añadiendo más hojas y más flores (alternar flores rosas, lilas y azules para lograr un conjunto armonioso desde el punto de vista cromático).

4

Reproducir la nervadura de las hojas con el pincel fino de Bellas Artes y un tono verde ligeramente más oscuro que el utilizado para las hojas. Las nervaduras contribuirán a indicar la orientación de las hojas y a unir los distintos elementos de la composición. Después, decorar de la misma manera los otros lados del revistero.

5

Con el pincel redondo, pintar los bordes con una mezcla poco diluida de verde aceituna. Cuando la pintura esté seca, aplicar por toda la superficie del revistero una mano de barniz de acabado.

MATERIAL NECESARIO

● sellos de estampación con
hojas de hiedra ● barnices para
cerámica en frío: amarillo y
verde oscuro ● plato de
cerámica blanco ● pincel fino
nº 3 ● papel de cocina

COMO LA HIEDRA

*Barnices para cerámica de los que se pueden cocer tranquilamente
en el horno de casa, unos sellos de estampación, un poco de
creatividad... y ya tenéis platos nuevos.*

A partir de platos de cerámica
normales y corrientes, se puede crear un servicio completo con
una inversión mínima de tiempo y
dinero. Echar un vistazo al material necesario y a los pasos
precisos para elaborar este
proyecto y os daréis cuenta
de que no sólo los artistas

virtuosos pueden crear grandes
cosas. El único inconveniente es
que, por claros motivos de seguri-
dad, los platos no se pueden llevar
a la mesa, pero podéis exhibir
vuestra creación colgándolos en
una pared de la cocina para disfrutar de vuestra propia hiedra dentro
de casa.

1

Preparar dos tonos distintos de verde, uno claro
y otro oscuro, mezclando el barniz amarillo con
unas gotas de verde, y el barniz verde con unas
gotas de amarillo. Después, mojar los sellos en
las mezclas, eliminar el exceso de pintura con
un trozo de papel de cocina y reproducir dos
hojas en el centro exacto del plato.

2

Formar la composición avanzando del centro hacia
el exterior. Alternar hojas claras y oscuras,
superponiendo algunas, si se desea, y uniendo unas a
otras con un fino tallo de hiedra pintado con el
pincel fino de Bellas Artes.

3

También con el pincel fino, pintar la
nervadura de las hojas de un tono un poco
más oscuro y añadir algunos "tallos rizados"
aquí y allá, para dar cohesión a los
elementos de la composición. A
continuación, fijar la pintura metiendo el
plato en el horno durante unos minutos,
siguiendo las instrucciones del envase de los
barnices.

MATERIAL NECESARIO

- sopera de barro
- lápiz
- pintura acrílica: blanca, amarillo de Nápoles, rojo indiano, sombra, gris y negra
- pinceles finos de Bellas Artes, nº 2 y 3
- barniz de acabado al agua

SOPERA RÚSTICA

Como si de un juego se tratase, ponemos una nota divertida a la sopera de siempre .

Si a vuestro hijo no le gustan ni la crema de champiñones ni la sopa de fideos, intente servirla en una sopera como ésta. A menudo, para distraer a un niño y obtener su "colaboración" hay que estimular un poco su imaginación. El motivo propuesto es perfecto para un frío día de invierno, pero si en lugar de setas elegís motivos marinos, la sopera se transformará en el recipiente ideal para una bullabesa (recordar que las vasijas de barro de este tipo no se pueden lavar en el lavavajillas). Como alternativa, colocar un ramo de flores secas y usarla como centro de mesa.

1

Decorar toda la sopera con una composición de distintos tipos de setas, esbozando primero los dibujos a lápiz para poder hacer las rectificaciones oportunas en las fases preliminares.

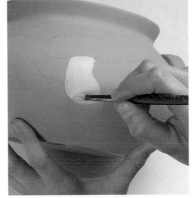

2

Empezar a pintar los lados de las dos setas aplicando con el pincel n° 3 una tonalidad amarillenta, que se obtiene mezclando blanco y amarillo de Nápoles, sin añadir agua.

3

Cuando la pintura esté seca, reproducir las áreas en sombra con una mezcla de gris y sombra: en este caso, la luz procede de la derecha, por lo que el lado izquierdo del tallo debe quedar más oscuro.

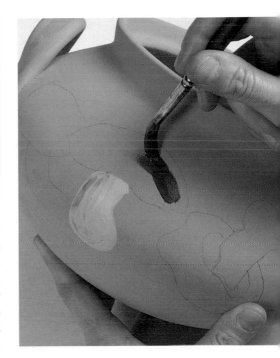

4

A continuación, pintar los sombreros con el sombra puro. En la parte superior da la luz, mientras que el lado izquierdo y la base son más oscuros. Para pintar estas partes, añadir a la mezcla una pizca de negro.

5

Pintar las setas rojas con puntitos blancos para crear llamativos contrastes cromáticos. Para los tallos, proceder como en los pasos anteriores; para los sombreros, aplicar el rojo indiano y el blanco (también en este caso sin diluirlo con agua) con el pincel n° 2.

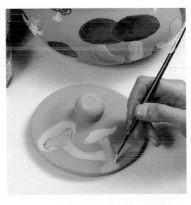

6

Pintar las dos setas de la tapa con el amarillo, disponiéndolas de tal forma que se obtenga una composición dinámica y armoniosa. Sugerir las láminas y las áreas en sombra que hay bajo el sombrero con ligeros toques de gris. Finalizada la decoración, tratar la superficie con una mano de barniz de acabado.

PERFUMADOR DE BARRO

La cálida tonalidad de la arcilla, la "magia" de una vela encendida y el placer de un aroma

MATERIAL NECESARIO

● portavelas y platitos
de barro
● barniz blanco para cerámica
en frío ● pincel fino de Bellas
Artes nº 2
● barniz de acabado al agua
mate

Como todos sabemos, los aromas tienen una gran influencia sobre el ánimo y el humor, ya se trate de fragancias embriagadoras o de aromas delicados con los que crear una atmósfera relajante para cuando volvemos a casa después del trabajo. Os proponemos un conjunto de piezas de barro, muy sencillo y decorativo al mismo tiempo, con el que perfumar una estancia. Basta con conseguir un portavelas como el que aparece en la fotografía y un par de platitos. En la parte superior del portavelas se coloca un popurrí de flores secas, hojas y cortezas, y se les echa de vez en cuando unas gotas de aceite esencial para que no pierdan aroma. Al encender la vela colocada en el interior, se desprenderá un delicioso aroma. En cuanto a los platitos, elegir velas con el mismo aroma. Decorar el barro con motivos estilizados con un barniz para cerámica en frío, del que sólo hay que aplicar una mano (si utilizáramos pinturas acrílicas habría que aplicar varias capas). Una vez decorado, preparaos para disfrutar de un magnífico aroma.

1

Empezar a decorar el portavelas, pintando con el barniz blanco el contorno de los pétalos y el del agujero central que componen el motivo floral. Después, pintar de la misma manera los bordes y los demás orificios laterales.

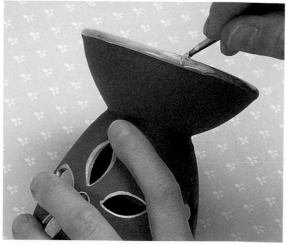

2

Pintar también el contorno de la parte superior, donde se colocará el popurrí.

3

Luego, decorar el primer platito. Con el barniz blanco, pintar hojas diminutas por todo el borde y colorearlas. Después, dibujar un círculo en el centro del plato y las cuatro hojas que salen del mismo.

4

Colorear bien las hojas del primer plato y decorar el segundo de la misma manera. Dejar secar el barniz y fijar toda la decoración de los platos y del portavelas con una mano de barniz de acabado uniforme.

MATERIAL NECESARIO

- óleos: verde veronés, azul ultramar y sombra
- pintura al agua blanca
- cartulina
- esponja sintética plana
- 3 brochas, una para mezclas

Rosas de Malaquita

Un fondo relativamente fácil de conseguir y de gran efecto. Imita las típicas "rosas" de la malaquita, una piedra dura usada en las mansiones de los zares.

Muy utilizada en la creación de joyas y accesorios preciosos, la malaquita es una espléndida piedra dura de color verde esmeralda que, al encontrarse en abundancia en los Urales, se utilizó mucho en Rusia para la decoración de iglesias ortodoxas rusas y de los palacios y mansiones de los zares. Los fondos que reproducen su aspecto son muy decorativos e ideales para trabajos con *découpage*, marcos o marqueterías. Para aplicar la pintura y producir las características "rosas", el movimiento debe ser amplio y continuo. Si queréis decorar un objeto de pequeñas dimensiones, os conviene colocarlo encima de una cartulina tan grande como la superficie de trabajo para protegerla y poder trabajar sobre una superficie amplia.

1

Tratar el fondo con una mano de pintura al agua blanca y preparar 3 mezclas: verde puro, verde mezclado con azul ultramar a partes iguales y una mezcla de 2 partes de verde y 1 de sombra.

2

Aplicar primero la mezcla de verde puro, moteando la superficie con la brocha, y luego los otros dos tonos de la misma manera. La tonalidad dominante debe ser el verde.

3

Cubrir toda la superficie sin dejar espacios en blanco.

4

A continuación, dar ligeros toques con la esponja para eliminar el exceso de pintura y obtener una superficie homogénea.

5

Cortar trozos de cartulina de distintas medidas, que tengan bordes rectos y, antes de que se seque la pintura, ir retirando la pintura con toquecitos para crear las típicas "rosas".

6

Intercalar rosas grandes con otras más pequeñas hasta cubrir en torno al 80% de la superficie.

MÁRMOL BRECHA VERDE ANTIGUO

MATERIAL NECESARIO

- pintura al agua negra
- óleos: verde veronés, tierra verde y blanco
- medium (partes iguales de aguarrás y aceite de linaza con 1 cucharadita de preparado secativo)
- papel de periódico
- brocha
- pluma para producir las vetas
- esponja natural
- barniz de acabado al aceite

Este tipo de marmoleado es muy popular, no es difícil de reproducir, presenta una amplia variedad cromática y se presta a prácticamente cualquier ambiente.

De origen griego, este mármol, cuya extracción se remonta a tiempos muy antiguos, se utilizaba en la época romana para crear elementos decorativos y, por lo compacto que era, también para co lumnas. Para preparar la capa de fondo, basta con aplicar una mano de pintura al agua. Lograr el efecto "mármol", en cambio, es más laborioso, por lo que conviene limitarse a superficies no muy amplias.

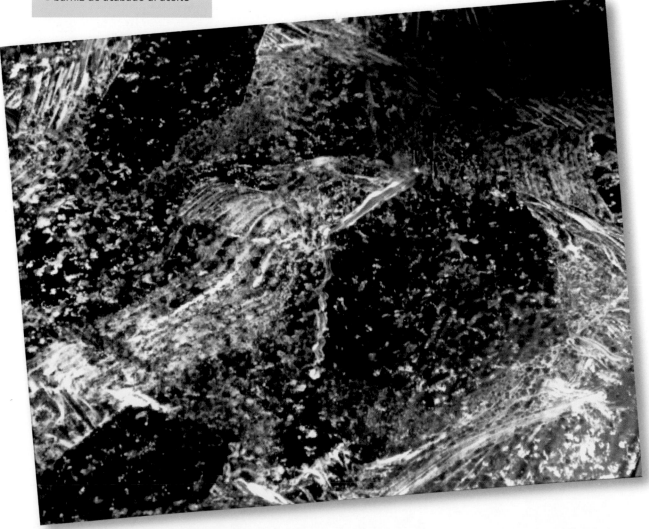

1

Después de aplicar sobre el fondo una mano de pintura al agua negra, preparar una mezcla de verde veronés, tierra verde y unas gotas de medium, y aplicarla con la esponja por toda la superficie.

2

Repetir la operación con la esponja mojada en blanco puro diluido con el medium.

3

Recortar trozos de papel de periódico a modo de brecha, de distintas formas y dimensiones y con contornos angulosos, y colocarlos sobre la superficie, fijándolos a ésta con unas gotas de aceite de linaza.

4

Volver a aplicar óleo blanco con la esponja por la superficie, sobre todo por los bordes de las brechas.

5

Con ayuda de la brocha, extender una abundante capa de blanco sobre la pluma y aplicar la pintura con movimientos en diagonal, todos en la misma dirección.

6

Retirar los recortes de periódico para que salgan a relucir las zonas negras de debajo y rociar la superficie con aguarrás para crear el efecto de colores "rotos".

MATERIAL NECESARIO

- pintura acrílica: blanca, terracota, gris y negra
- brocha plana nº 30
- esponja natural
- barniz de acabado al agua

DURO COMO EL GRANITO

Un fondo muy versátil, que se obtiene aplicando la pintura en tres fases.

En la Roma del siglo XVI se vivió un fuerte renacimiento del culto por la Antigüedad y los nuevos estudios de los restos arqueológicos favorecieron el auge de un creciente interés por el mármol y la piedra, de los cuales la Roma imperial ya estaba "revestida". Casi al mismo tiempo, en el Norte de Europa, se empezaron a decorar las maderas imitando al mármol o a la piedra, por ejemplo en las balaustradas de algunas iglesias, hasta el punto de que una técnica nacida como imitación se convirtió en una forma de decoración por sí misma. La que os proponemos es una imitación del granito, roca ígnea con una estructura granular, de color que va del blanquecino al rosado, con tintes rojizos, como en este caso. De fácil ejecución, es un fondo que se presta a cualquier tipo de decoración.

1

Con la brocha plana, aplicar una oscura tonalidad de fondo compuesta por 2 cucharadas de terracota y 2 cucharaditas de negro. Cuando la pintura del fondo esté completamente seca, aplicar con la esponja (con toquecitos) óleo gris, distribuyendo el color de modo uniforme.

2

Dejar secar durante 5 minutos y, con la esponja, aplicar el segundo tono, una mezcla de 3 partes de negro y 1 de gris.

3

Dejar secar y aplicar con la esponja la última mezcla, compuesta por 3 partes de blanco y 1 de gris. En este caso, no se aplica de manera uniforme: hay que "sugerir" aquí y allá el típico resplandor del granito. Por último, aplicar dos manos de barniz al agua.

MATERIAL NECESARIO

- pintura acrílica: blanca, ocre amarillo y negra
- medium retardante para pinturas acrílicas
- brocha plana nº 30 y pinceles finos de Bellas Artes, nº 2 y 3
- papel de cocina
- barniz de acabado al agua

MÁRMOL DE LA SPEZIA

Dotado de un fuerte y vistoso efecto de contraste, combina a la perfección con la mayoría de los materiales. Además, se usa mucho en las marqueterías de imitación de mármol.

Antes de emprender una decoración con falso mármol como ésta, es fundamental documentarse sobre el tipo de mármol que se quiere reproducir para lograr recrear todos los matices cromáticos y tonales. Este mármol, caracterizado por un intenso color negro atravesado por grandes vetas blancas y pequeñas vetas "doradas", es muy decorativo. Conocido como mármol de La Spezia, en la actualidad es difícil de encontrar, ya que se dejó de extraer, factor que constituye otra buena razón para aprender a imitarlo. Antes de embarcaros en este proyecto, estudiar con atención el modelo real y fijaros especialmente en la disposición natural de las vetas (para ello, consultar catálogos o libros antiguos, por ejemplo).

1

Aplicar sobre la superficie dos manos de pintura acrílica negra con la brocha n° 30. Cuando la pintura del fondo esté seca, extender una capa uniforme de medium retardante con un trozo de papel de cocina.

2

Preparar por separado las 3 mezclas que se usarán para las vetas, diluyendo cada pintura acrílica con 3 gotas de medium. Después, con el pincel n° 3, trazar la primera veta blanca en diagonal, alternando trazos finos con otros más gruesos (difuminar el color antes de que la pintura se seque, aprovechando la acción del medium retardante).

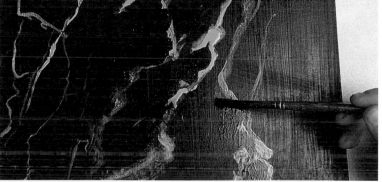

3

Una vez que el blanco esté seco, trazar vetas amarillas que atraviesen la superficie cruzándose entre sí con el pincel n° 2, y dejar secar la pintura.

4

Después, utilizar la pintura acrílica negra para tapar algunas áreas de las vetas amarillas, para recrear el dibujo característico de este tipo de mármol. A continuación, añadir algún trazo blanco difuminado con el pincel n° 3. Dejar secar por completo la pintura y, para terminar, aplicar dos manos de barniz al agua.

MATERIAL NECESARIO

- caja de madera
- óleos: blanco, azul ultramar y sombra
- polvo metálico dorado
- aguarrás, aceite de linaza y preparado secativo
- brocha plana nº 10 y pinceles finos de Bellas Artes, nº 3 y 4
- esponja ● barniz de acabado al aceite en gel

CAJA DE LAPISLÁZULI

De imponente efecto, la decoración imitando al lapislázuli es perfecta para embellecer objetos viejos con los que decorar cualquier ambiente clásico.

Usado en la Antigüedad como amuleto, como remedio medicinal y, finamente triturado, como pigmento, el lapislázuli, de un intenso color azul ultramar, se utiliza como piedra preciosa y para fabricar variados objetos ornamentales. Ahora veremos cómo obtener efectos similares sin necesidad de recurrir al mineral auténtico. La técnica para imitar su tonalidad y sus juegos de luces y sombras es muy sencilla. Nos hemos decidido por una caja de madera, pero podéis aplicarla a cualquier otro elemento decorativo, desde un marco a una lámpara o un jarrón de barro.

1

Pintar toda la superficie de la caja de blanco y, mientras se seca la pintura, preparar tres mezclas distintas: azul ultramar puro; 3 partes de azul ultramar y 1/2 de blanco; 3 partes de azul ultramar y 1/2 de sombra. Diluir cada mezcla con tres gotas de medium, que se obtiene mezclando aguarrás y aceite de linaza a partes iguales, con 1 cucharadita de preparado secativo.

2

Con la brocha plana, aplicar los tres tonos con toquecitos, de forma que predomine claramente el azul ultramar sobre los otros dos.

3

"Retirar" parte de la pintura con una esponja húmeda hasta obtener un fondo homogéneo.

4

Mojar el pincel n° 4 en la mezcla de azul ultramar y blanco y, con el otro pincel fino de Bellas Artes, dar una serie de golpes suaves en el mango para salpicar ligeramente de pintura la superficie. Distribuir el color con el pincel n° 3 para obtener áreas difuminadas

5

Repetir la operación, pero esta vez mojando el pincel en el polvo dorado y distribuir el pigmento, como antes, con el pincel n° 3. Por último, aplicar una mano de barniz al aceite.

MATERIAL NECESARIO

- tablero de aglomerado
- pintura al agua amarilla clara
- aguarrás, aceite de linaza y preparado secativo
- brocha blanda de marta y brocha
- mordiente color teca
- óleos: sombra y negro
- barniz de acabado al aceite en gel

IMITANDO AL CAREY

Con un poco de imaginación, un tablero de aglomerado se puede transformar en una cómoda bandeja o en un original cartapacio para el escritorio.

Un tono cálido anaranjado tirando a marrón tostado y evanescentes juegos de transparencias son quizás las características más apreciadas del material obtenido del caparazón de las tortugas. En los últimos años, la dificultad de conseguirlo (en muchos países, estos reptiles marinos son especies protegidas) ha fomentado el desa-

rrollo de técnicas que lo imitan, sobre todo en la elaboración de objetos de uso doméstico. Un consejo: si vais a decorar un marco o un objeto de pequeñas dimensiones, proteger la superficie de trabajo con una lámina de acetato: tendréis mayor libertad de movimientos y podréis aplicar la pintura con movimientos amplios y continuos.

1

Extender la pintura al agua por toda la superficie del tablero y preparar el medium que se añadirá a los dos óleos. El medium se obtiene mezclando aguarrás y aceite de linaza a partes iguales, y añadiendo después 1/4 parte de preparado secativo.

2

Con un trozo de papel de cocina, aplicar al tablero una capa uniforme de aceite de linaza.

3

Con la brocha de marta, aplicar con toquecitos el mordiente y el tono sombra sobre la superficie, de modo que las manchas de pintura formen varias diagonales.

4

A continuación, con la otra brocha, difuminar el color, primero con movimientos en una dirección, después en la dirección contraria y, por último, de nuevo en la dirección inicial. El objetivo es crear un fondo como con vetas, con áreas claras y áreas oscuras.

5

Repetir las operaciones del paso 4, añadiendo más mordiente y sombra si es necesario. Después, dar algunos toques de óleo negro con la brocha y difuminarlos como en pasos anteriores, hasta obtener un vistoso "efecto carey".

6

Una vez seca la pintura, aplicar dos manos de barniz de acabado.

MATERIAL NECESARIO

- 2 garrafas pequeñas sin el revestimiento de paja
- barniz para cerámica en frío de color bronce
- pintura acrílica: bronce claro y oscuro, oro antiguo y turquesa claro
- esponja natural
- brocha plana nº 10
- alcohol
- papel de cocina
- barniz de acabado al aceite

CANDELABROS RÚSTICOS

Un original par de candelabros para una cena rústica en la cocina de una casa de campo.

Si bien los utensilios de cocina de cobre son desde hace tiempo cosa del recuerdo o artículos de exposición, todos sabemos reconocer la pátina verde que se forma con el tiempo en la superficie de las aleaciones de cobre, como el bronce o el latón, a causa de lentos procesos de corrosión. Hemos decidido imitar dicho efecto con una paciente operación de pintura a la esponja sobre un soporte insólito: 2 garrafas pequeñas de vino tinto que, colocadas sobre originales pedestales, se transforman en originales candelabros. El trabajo en sí no requiere habilidad especial alguna. Lo que sí es necesario es preparar el fondo previamente (aunque tarde más en secarse, usar un barniz para cerámica en frío, que se adhiere mejor al vidrio que las pinturas acrílicas) y trabajar con cierta cautela al usar alcohol para difuminar el color.

1

Agitar el frasco del barniz para cerámica para obtener un pigmento homogéneo y aplicar con la brocha una capa uniforme.

2

Dejar secar la pintura durante 2 días y dar una mano de pintura acrílica de color bronce oscuro.

3

Dejar secar la pintura unos 10 minutos y, con la brocha, cargar la esponja con la pintura dorada (no se debe mojar la esponja directamente en la pintura o absorberá demasiada, dando lugar a antiestéticas manchas al aplicarla).

4

Salpicar de pintura toda la superficie de la garrafa con la esponja sin apenas hacer presión, rotando varias veces la esponja para crear un "dibujo" dinámico y alegre. Dejar secar y aplicar con la esponja el bronce claro del mismo modo que se aplicó el dorado.

5

A continuación, aplicar con la esponja la pintura turquesa formando pequeñas manchas. Después, antes de que la pintura se seque, pasar un trozo de papel de cocina mojado en alcohol por la superficie realizando movimientos circulares para difuminar el color y recrear el típico efecto de la pátina de cardenillo. Para terminar, aplicar una mano de barniz al agua.

UNA PÁTINA ANTIGUA

Un útil y "moderno" accesorio de escritorio puede convertirse en un cartapacio como los de antaño con efectos muy sugestivos.

Envejecer una superficie de madera utilizando un barniz craquelador es una operación que requiere tiempo y paciencia, si bien no plantea especial dificultad. No obstante, os aconsejamos hacer antes alguna prueba, ya que hay productos con los que se obtienen grietas demasiado marcadas y otros que dejan unos surcos apenas visibles. Además de al cartapacio, podéis dar también una pátina antigua al portalápices y al portacartas, para así tener todo el material de escritorio a juego.

1

Con la brocha más ancha, aplicar una capa de cementite por un lado de la base de *Masonite* y dejarla secar. A continuación, lijar con cuidado la superficie pintada para eliminar las posibles irregularidades.

2

Colocar cinta adhesiva de papel por los bordes. En un plato, diluir el verde amarillento y una pizca de amarillo primario con agua y aplicar una generosa mano de esta mezcla sobre la base.

3

Mientras la pintura esté fresca, ir dando toquecitos por toda la superficie con un trapo de algodón hecho una bola, cambiando la posición e inclinación de la mano para ir dejando huellas distintas. Al terminar, quitar la cinta adhesiva.

4

Diluir el verde hierba con agua y, con la brocha pequeña, aplicarlo por el borde que quedó al retirar la cinta adhesiva. Dejar secar la pintura y, con una brocha mediana, dar por toda la superficie una mano de barniz acrílico y otra de barniz craquelador.

5

Secar la última capa de barniz con el secador, manteniéndolo a 20 cm de distancia. Diluir con un poco de agua el tono sombra y aplicarlo con la mano por la superficie, haciéndolo penetrar en las grietas creadas con el secador.

6

Pasar por la superficie un trapo de algodón para eliminar el exceso de pintura, frotando bien hasta que las grietas queden bien a la vista, y dejar secar la pintura.

MATERIAL NECESARIO

- preparado para grietas maxi (*crackle medium* y barniz)
- pintura acrílica: blanca, gris, azul de Prusia y sombra
- brocha plana n° 6
- esponja
- lija 01
- barniz de acabado al agua

LA TÉCNICA DE LAS GRIETAS

Método muy apreciado para envejecer superficies exagerando la huella que deja el tiempo en ellas.

La idea de este proyecto se nos ocurrió cuando encontramos en el trastero un marco viejo, demasiado grande para poner en él una foto o un cuadro.

La mejor solución era envejecerlo, recurriendo para ello a un preparado específico, para después acentuar las grietas por medio de la pintura. Podéis colgarlo en una pared como si fuera una escultura abstracta o ponerle unos ganchos y usarlo de perchero de emergencia.

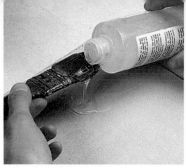

1

Preparar una tonalidad gris piedra mezclando 3 partes de blanco, 1/2 de sombra y 1/2 de gris, y aplicar dos capas uniformes con pinceladas regulares. Una vez que la pintura haya secado, lijar con cuidado la superficie para conseguir un fondo homogéneo y sin asperezas.

2

Después, con pinceladas siempre en la misma dirección, aplicar una capa densa de *crackle medium*, echándolo directamente en la brocha. Dejarla secar durante 45 minutos. Luego, coger el barniz, echarlo directamente sobre la brocha y aplicar una mano generosa por encima del *crackle medium*, con cuidado de no pasar dos veces por el mismo sitio para no estropear el efecto final. Rápidamente aparecerán vistosas grietas. Dejar secar el barniz durante aproximadamente 1 hora.

3

Diluir el azul de Prusia con agua a partes iguales, mojar la esponja en la mezcla y aplicar la pintura sin apenas ejercer presión, de modo que penetre en las grietas pero, eso sí, con cuidado de no pasar dos veces por el mismo sitio.

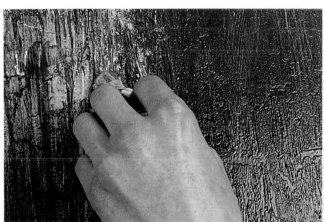

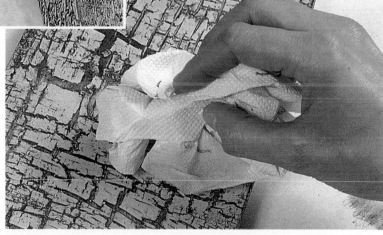

4

Al cabo de 5 minutos, eliminar el exceso de pintura frotando la superficie con la esponja, después de lavarla con agua corriente y escurrirla con cuidado o, si se preferiere, con un trozo de papel de cocina húmedo. Por último, aplicar dos manos de barniz al agua.

MATERIAL NECESARIO

- 2 pies de lámpara de madera
- lija (si procede)
- mordiente acrílico color teca
- pincel plano n° 4 y brocha plana n° 10
- pintura acrílica: verdosa y dorada ● parafina ● lana de acero ● barniz de acabado al aceite en gel

DECORACIÓN CON PARAFINA

Dos variantes en las que inspirarse para simular los efectos del paso del tiempo en las superficies de madera con resultados muy realistas.

PIES DE LÁMPARA

La técnica de la parafina es, sin duda, uno de los métodos más simples y eficaces para envejecer una superficie, pero se necesita un mínimo de práctica para saber en qué momento hay que intervenir con la lana de acero, sobre todo al usar pinturas acrílicas, que se secan muy deprisa. Así que no os desaniméis si las primeras veces no os sale bien. Con un poco de práctica, enseguida seréis capaces de lograr el efecto deseado.

En este caso se trata de dos "ambientaciones" específicas, con las que comprobamos que, una misma técnica, puede aplicarse a la mayor parte de los objetos y fondos de madera. Si no tenéis parafina en casa, podéis utilizar una vela normal. Un consejo: si la madera presenta alguna irregularidad, antes de aplicar el mordiente, lijarla con cuidado hasta obtener una superficie lisa y homogénea.

1

Aplicar con la brocha n° 10 una capa uniforme de mordiente por toda la superficie y, una vez seca, frotar el pie de lámpara con la parafina, con movimientos en una misma dirección y deteniéndose especialmente en los "anillos" y las partes talladas.

2

Con la misma brocha, pintar la lámpara con el tono verdoso (si en algunos puntos no se adhiere la pintura, dejar secar y aplicar una segunda mano).

3

Antes de que la pintura se seque del todo, es decir, cuando algunas partes del objeto estén brillantes y otras mate, frotar la superficie con la lana de acero hasta eliminar parte de la pintura. Ejercer una presión firme, sobre todo en la parte de las anillas y en las zonas más propensas al desgaste porque se tocan con más frecuencia.

4

A continuación, con el pincel n° 4, aplicar la pintura acrílica dorada diluida con agua a partes iguales, aplicándola con pinceladas irregulares que dejen entrever el verde de fondo. Para terminar, aplicar dos capas de barniz al aceite, dejando secar el barniz entre mano y mano.

193

BANDEJA

MATERIAL NECESARIO

- bandeja de madera sin tratar
- lija (si procede)
- mordiente acrílico color teca
- brocha plana nº 10
- parafina
- pintura acrílica color plata
- lana de acero
- óleo color sombra en tubo
- aguarrás
- papel de cocina
- barniz de acabado al aceite en gel

1

Aplicar una capa uniforme de mordiente por toda la superficie, con pinceladas en el sentido de la veta de la madera. Si se ve que el color del fondo no queda perfectamente homogéneo, dar una segunda mano. Una vez seco el mordiente, frotar la bandeja con la parafina con movimientos en una misma dirección.

2

Diluir la pintura acrílica plateada con un poco de agua y pintar la bandeja, procediendo con especial cuidado por el borde (para esta zona, se puede utilizar una brocha más pequeña o un pincel).

3

Antes de que la pintura se seque por completo (las zonas "frescas" estarán brillantes, a diferencia de las secas, que estarán sin brillo), frotar la superficie con la lana de acero para eliminar parte de la pintura. En los puntos en los que la pintura esté más adherida a la bandeja, ejercer una mayor presión.

4

A continuación, envejecer el borde con el óleo sombra diluido con aguarrás (en una proporción de 3 partes de óleo y 1 de aguarrás), aplicándolo con un trozo de papel de cocina.

5

Dejar secar la pintura y, si se desea, "embellecer" la bandeja con un adorno mediante la técnica del *découpage*, como el motivo de frutas utilizado en este caso. Para terminar, tratar toda la superficie con una mano de barniz de acabado al aceite.

MATERIAL NECESARIO

- cera en crema color nogal
- marco de madera
- pincel de cerdas cortas
y pincel fino para detalles
- mordiente al aceite para
madera
- óleos: sombra y amarillo
de cadmio
- medium ● esponja
- barniz de acabado al aceite
en gel

MARCOS DE IMITACIÓN

Para conseguir una imitación de madera convincente, es fundamental estudiar la veta y la amplia variedad de matices de colores de la madera.

De forma análoga a la difusión de la técnica del falso mármol, hacia la primera mitad del siglo XVII, la escasez de materiales y el aumento de los precios estimularon la imitación de la madera, con el fin de transformar maderas menos preciadas (con poca veta) en maderas más nobles. Es espe-

cialmente decorativa la raíz (la madera que se obtiene de la raíz del árbol), característica por sus vetas e innumerables nudos, cuyos matices de colores dependen de la madera (en este caso, raíz de nogal). Para reproducir la exacta tonalidad de la madera a imitar, es aconsejable tener una muestra.

1

Aplicar una capa uniforme de cera por todo el marco con un trozo de papel de cocina, con movimientos circulares.

2

Con el pincel de cerdas cortas, ir aplicando con toquecitos el mordiente, de manera que se vayan formando pequeñas manchas. Repetir la operación con una mezcla de sombra y amarillo de cadmio diluida con 1/2 cucharadita de medium.

3

Para obtener una tonalidad de fondo homogénea, pasar la esponja por el marco con toquecitos.

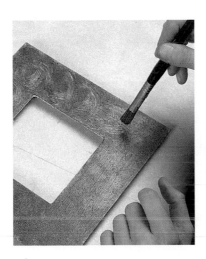

4

Con el pincel de cerdas cortas, trazar círculos de forma más o menos regular.

5

Antes de que el pigmento se seque y con la esponja limpia, retirarlo en algunos puntos para crear zonas más claras, con una mayor transparencia del fondo.

6

A continuación, con el pincel fino mojado en mordiente, pintar los nudos más pequeños de un tono oscuro. Una vez decorado el marco, aplicar dos manos de barniz de acabado.

MATERIAL NECESARIO

- 2 pinturas acrílicas al gusto, tono sobre tono, o que contrasten • alcohol
- brocha plana nº 30
- papel de cocina

FONDOS AL ALCOHOL

Al tratar con alcohol una superficie pintada con pintura acrílica se obtienen extraordinarios efectos y matices.

Por sus características sumamente decorativas y el brillo de los colores, un fondo tratado con alcohol es perfecto para proyectos de *découpage*. Como es fácil de imaginar, el resultado varía sensiblemente según los colores utilizados: si se prefiere un acabado sobrio y elegante, optar por colores tono sobre tono; para un fondo más "naíf", elegir tonalidades que contrasten.

1

Aplicar el primer color dando todas las pinceladas en una misma dirección y dejar secar la pintura.

2

Aplicar el segundo color de la misma manera.

3

Tratar la superficie con alcohol antes de que la segunda pintura se seque por completo, es decir, cuando al mirar la superficie a contraluz algunas zonas estén sin brillo (casi secas) y otras brillantes (todavía frescas). Para ello, pasar un trozo de papel de cocina mojado en alcohol moviéndolo de arriba abajo para reproducir "rayas" de uno y otro color. Si la pintura se retira con facilidad, pasar el papel sin apenas ejercer presión; en caso contrario, ejercer una presión más firme.

REFINADOS JUEGOS DE TRAMA

OCCORRENTE

- caja de *Masonite*
- lija • pintura acrílica: bronce y verde
- 2 brochas planas blandas
- *crackle medium*

Os proponemos un fondo "discreto", pero no por ello sin personalidad, que se presta a delicadas decoraciones, tanto a mano alzada como con estarcido o découpage.

Una impalpable trama de grietas aflora a través de dos capas de pintura. El secreto para obtener juegos de este tipo consiste en aplicar sólo *crackle medium*, sin el consabido barniz, y en elegir tonalidades que contrasten para realzar la trama. Después de aplicar un color de fondo oscuro y por encima un color brillante, como en este caso, intentar hacer lo contrario: el resultado es sorprendente. El único truco consiste en lijar muy bien previamente la madera, porque esta técnica da "lo mejor de sí misma" sobre superficies lisas y uniformes.

1

Aplicar una capa uniforme de pintura color bronce por toda la superficie. Con 1/2 cucharadita de agua por cada 2 de pintura se obtendrá un color de fondo denso.

2

Echar el *crackle medium* en la brocha y aplicar una generosa capa por encima del color de fondo. Dejarla secar durante 1 hora, aproximadamente.

3

Aplicar la pintura acrílica verde dando todas las pinceladas en la misma dirección y evitando pasar dos veces por el mismo sitio. Rápidamente se formarán las grietas.

ARTES APLICADAS

CANDELABRO DE MADERA

Versátil y adecuada para cualquier estilo de decoración, la clásica corteza de madera puede convertirse en un original centro de mesa.

MATERIAL NECESARIO

- corteza de madera
- barniz al agua
- brocha plana n° 30
- papel de cocina
- polvo dorado
- hojas y ramas de muérdago doradas
- 2 velas pequeñas amarillas
- cola vinílica

L a luz de las velas es mágica y en los recuerdos de cada uno de nosotros está asociada a momentos de alegría: el discreto brillo de un candelabro que hace más solemne una celebración, las velas rosas o azules de una tarta de cumpleaños, el intercambio de regalos a los pies del árbol de Navidad... La idea de este proyecto se nos ocurrió pensando en las fiestas de Navidad, al ver una corteza de madera en la que el paso del tiempo había dejado su huella. Obviamente, el color más indicado es el dorado, usado tanto en forma de polvo, creando magníficos destellos, como para pintar el muérdago. Colocar encima dos velas amarillas pequeñas y conseguiréis un adorno muy económico que causará sensación.

1

Aplicar una mano de barniz al agua por toda la superficie. Con de papel de cocina, retirar (dando ligeros toquecitos) el exceso de barniz en las zonas en las que suele acumularse, (surcos, zonas irregulares).

2

Antes de que el barniz se seque, espolvorear el polvo dorado lo más "casualmente" posible.

3

Aplicar una gota de cola en un extremo de las hojas y de las ramitas de muérdago y empezar a colocarlas en la corteza, creando una composición dinámica y alegre. Por último, extender una fina capa de cola en la base de las velas y pegarlas a la corteza.

MATERIAL NECESARIO

- 2 velas blancas de 10 cm de alto ● lentejas
- cola vinílica
- pincel fino de Bellas Artes n° 3
- pintura acrílica dorada
- barniz de acabado al agua

FLORES DE LENTEJAS

Las posibilidades de personalizar la casa con velas son prácticamente infinitas: adornos con materiales frescos, secos, perfumados, colores chillones o tono sobre tono... Hasta con las triviales lentejas se consiguen resultados inimaginables.

Si recordamos la historia reciente de las velas, cuando con la aparición de la parafina a mediados del siglo XIX se convirtieron en la fuente de iluminación más extendida y al alcance de todos, no nos sorprenderá que hoy en día se utilicen materiales "pobres" en muchos adornos. Incluso las composiciones realizadas con un solo tipo de hojas, flores o semillas, como en este caso, resultan agradables y muy relajantes, gracias a su armonía cromática, sobre todo. Si lo preferís, en lugar de lentejas podéis utilizar granos de centeno o de comino para componer, por ejemplo, flores con pétalos formados por distintas semillas. En este caso, hemos "embellecido" las lentejas con una mano de pintura dorada.

1

Pegar las lentejas a la cera es muy sencillo: diluir 3 partes de cola con 1 de agua, aplicar una fina capa de cola en la zona de la vela que se desea decorar y, con el pincel mojado en cola, ir cogiendo cada lenteja y colocándola.

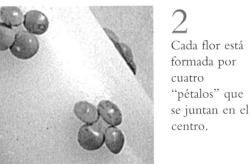

2

Cada flor está formada por cuatro "pétalos" que se juntan en el centro.

3

Seguir haciendo filas verticales de flores, centrando cada flor con respecto a la de encima. Hacer las distintas filas de tal forma que las líneas horizontales queden escalonadas.

4

Una vez decorada la vela, pintar las flores con la pintura dorada, sin diluirla con agua. Dejar secar la pintura y fijar la decoración con una fina capa de barniz de acabado.

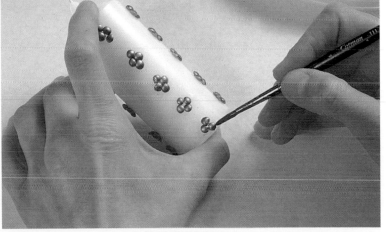

MATERIAL NECESARIO

- vela grande cuadrada
- plantilla de estarcido con motivo estilo Tudor
- barniz para cerámica en frío de color bronce
- pincel para estarcido n° 4 y brocha plana
- cola en spray
- cinta adhesiva de papel
- papel de cocina
- barniz al agua para acabados brillantes

VELA CON ESTARCIDO

Efecto brocado para embellecer una vela de otros tiempos.

La superficie lisa y totalmente homogénea de una vela es el soporte ideal para pintar con estarcido. Por sus dimensiones, esta vela es perfecta para la decoración elegida, un motivo en el típico estilo Tudor. Este estilo, que se impuso en tiempos de la dinastía inglesa homónima que comenzó a reinar en 1485, marcó el paso del gótico al Renaci-miento, adoptando elementos del arte francés e italiano. Utilizar pintura para cerámica en frío, que es muy fácil de aplicar, aunque conviene tener cuidado para no dejar manchas. Comprobar que la plantilla está bien pegada a la vela y aplicar la pintura con ligeros toquecitos en dos fases, mojando el pincel con muy poco pigmento cada vez.

1

Si se reproduce sólo la parte central del motivo, tapar con cinta adhesiva de papel las partes de la plantilla que no formen parte de la decoración.

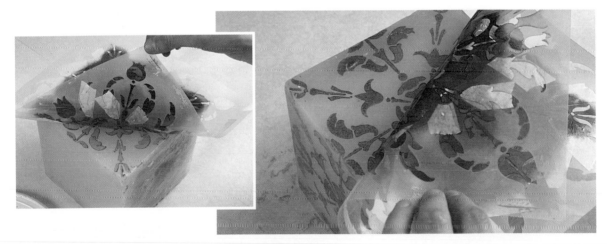

2

La superficie de la vela no requiere ningún tipo de tratamiento. Aplicar una capa de cola en spray por el dorso de la plantilla y colocarla, centrándola y fijándola con unos trozos de cinta adhesiva.

3

Aseguraos de que la plantilla está bien pegada para evitar que la pintura se filtre, mojar el pincel para estarcido en el barniz de color bronce, eliminar el exceso de barniz en papel de cocina y reproducir el motivo en el primer lado. Dejar secar el barniz durante 5 minutos y aplicar una segunda mano.

4

Dejar secar el barniz durante otros 5 minutos y retirar la plantilla con mucho cuidado para que no se produzcan manchas (si es necesario, corregir las líneas de contorno eliminando el barniz con la hoja de un bisturí). Decorar los otros tres lados de la misma manera. Para terminar, aplicar una mano de barniz de acabado con la brocha plana.

Caja Dorada con Angelotes

Un método "simplificado" para acercarse sin titubeos y con éxito a la técnica del dorado.

MATERIAL NECESARIO

- caja de MDF de 30 x 20 x 8 cm ● pintura acrílica rojo indiano ● láminas de pan de oro ● lija de grano fino
- barniz acrílico
- brocha ancha de marta plana y brocha normal
- recortes de querubines
- cola vinílica
- barniz de acabado al agua
- barniz de acabado al aceite en gel

La antiquísima técnica del dorado, que antaño estaba restringida a una élite de artistas, es hoy accesible a todos gracias a la comercialización del pan de oro, unas láminas metálicas más ligeras que las láminas de oro puro, cuyo manejo es más fácil y su coste claramente inferior. El procedimiento del dorado requiere, no obstante, cierta habilidad, por lo que hemos decidido simplificarlo aplicando esta técnica en un proyecto de *découpage*. El resultado que se obtiene es más que satisfactorio. Hay que tener mucho cuidado al manipular las hojas, ya que son muy delicadas y han de colocarse siempre sobre la superficie que se desee dorar con una brocha.

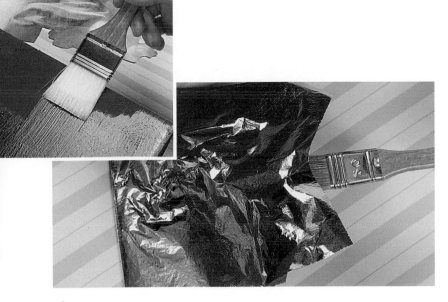

1

Pintar la caja de rojo indiano y, cuando la pintura esté seca, aplicar una mano de barniz acrílico en la mitad de la tapa. Apoyar la brocha en el borde de la primera lámina de pan de oro para que se adhiera a ella y, con movimientos lentos y cuidadosos, posarla encima del barniz, pasando la brocha por encima con delicadeza para que se adhiera a la tapa.

2

A continuación, extender el barniz acrílico por la otra mitad de la tapa y aplicar una segunda lámina de la misma manera que en el paso anterior.

3

Pegar encima los recortes de papel y pasar por encima un trozo de papel de cocina para que se adhieran bien y eliminar las burbujas de aire.

4

Para dar a la caja un aire antiguo, lijar delicadamente los bordes de la superficie dorada con la lija de grano fino, y que se entrevea el rojo indiano que está debajo.

5

Por último, aplicar una mano de barniz al agua y cuatro de barniz al aceite, dejando secar el barniz entre mano y mano.

PLATO CON "ANILLO"

Tres técnicas decorativas en una para realizar este insólito plato: pintura sobre cerámica, découpage y dorado con pan de oro.

MATERIAL NECESARIO

- barniz negro para cerámica en frío
- forro transparente adhesivo
- recorte con composición de frutas
- láminas de pan de oro
- brocha
- barniz de acabado al agua
- barniz de acabado al aceite en gel

En este caso, para favorecer la adhesión de las láminas no es necesario tratar previamente la superficie; al realizar el efecto dorado antes de que el barniz para cerámica se seque por completo, las láminas de oro se verán como absorbidas por la consistencia viscosa del barniz.

Si preferís obtener un borde con la "huella" del paso del tiempo, frotadlo ligera y delicadamente con lija de grano fino para eliminar parte del oro.

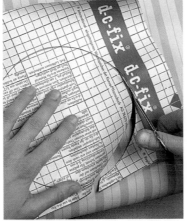

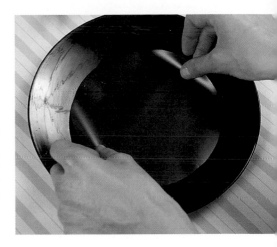

1

Pintar todo el plato con el barniz para cerámica y dejarlo secar durante 12 horas.

2

Recortar del forro transparente un círculo de las mismas dimensiones que el centro del plato.

3

Colocar el círculo de forro en el centro del plato y pegarlo, pero sin hacer demasiada presión, para que no se levante la pintura del fondo.

4

Con una brocha y con mucho cuidado, colocar las láminas de pan de oro por el borde, antes de que el barniz para cerámica esté seco del todo: se adherirán sin dificultad.

5

Recortar las láminas eliminando las partes que sobran por ambos lados, hasta obtener un "anillo" regular con un contorno limpio y definido.

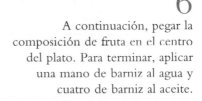

6

A continuación, pegar la composición de fruta en el centro del plato. Para terminar, aplicar una mano de barniz al agua y cuatro de barniz al aceite.

MATERIAL NECESARIO

- frasquito de cristal
- lápices de punta seca
con puntas de diamante
mediana y fina
- cinta adhesiva
- tijeras
- papel de calco
- papel carbón blanco
- rotulador de punta fina
- bolígrafo de punta fina
- alcohol
- trapo de algodón

VIDRIO DE AUTOR

Un regalo insólito y de gran efecto para el cumpleaños de una amiga: un refinado frasquito de cristal con sus iniciales grabadas.

Al ser tan frágiles y delicados, los objetos de vidrio infunden mucho respeto. Sin embargo, la técnica que os proponemos no es difícil de aprender. Se trata sólo de manipular con cuidado el objeto, trasladando al vidrio una antigua tradición, la de bordar iniciales en pañuelos, toallas y sábanas. Con un lápiz de punta seca con punta de diamante, hemos grabado una elegante "C" de estilo victoriano siguiendo las marcas dejadas por el papel carbón. Sólo tenéis que encontrar las letras adecuadas y seguir las instrucciones de la página siguiente. Un consejo: trabajar sobre una superficie estable y bien iluminada, colocando el frasquito sobre un fondo negro, a ser posible, para ver mejor el diseño al trasluz.

1

Con el bolígrafo, calcar la inicial sobre el papel de calco. Fijar con cinta adhesiva el papel carbón blanco sobre el frasco, superponer el papel de calco y repasar el contorno de la letra con el rotulador de punta fina.

2

Siguiendo las marcas del papel carbón, grabar el contorno de la inicial con el lápiz de punta seca de punta mediana y pasar un trapo mojado en alcohol por la superficie.

3

A continuación, ejerciendo una ligera presión, grabar el interior de la letra con el lápiz de punta de diamante fina, raspando las partes que deben quedar rellenadas.

4

Una vez grabada la letra, volver a pasar el trapo mojado en alcohol por el área decorada para eliminar el polvo de vidrio que se haya levantado con el grabado.

MATERIAL NECESARIO

● caja redonda (15 cm de diámetro) con una hendidura en la tapa de 2 mm de profundidad ● disco de cartón de 14 cm de diámetro ● trozos de cristal iridiscente blanco, rosa y azul ● alicates para mosaico ● escayola para mosaico ● cola para mosaico
● pigmento líquido azul
● cola de carpintero
● espátula ● pinzas
● trapo de algodón
● lana de acero
● barniz de acabado brillante
● brocha plana mediana

Caja Mosaico

Apoyada sobre una repisa, con sus colores iridiscentes, esta bonita caja con mosaico alegrará la decoración del cuarto de baño.

El mosaico es una técnica relativamente económica, que no comporta especiales dificultades y se presta a objetos de cualquier tipo y dimensiones. Por ejemplo, esta caja para el cuarto de baño, con la tapa decorada con variopintos fragmentos de cristal. Existen diversos tipos de cristal (transparente, opalescente e iridiscente), cada uno con un brillo característico.

En este caso, hemos elegido el tipo iridiscente, cuyos reflejos nacarados son perfectos para una cajita para el baño. Utilizar teselas totalmente planas y descartar los fragmentos demasiado gruesos.

1

Para cortar el cristal, colocar las teselas entre los dos filos cortantes de los alicates para mosaico y cerrar el mango haciendo palanca. Se deben obtener triángulos pequeños de, como máximo, 1,5 cm de lado.

2

Seleccionar con atención las teselas, comprobando que no presenten imperfecciones, aplicar una gota de cola para mosaico en cada una y colocarlas sobre el disco de cartón.

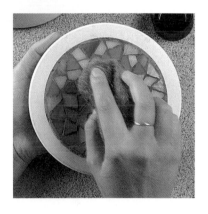

3

Antes de que la cola se seque, con ayuda de las pinzas, intentar hacer que encajen las teselas, dejando el menor espacio posible entre una y otra. A continuación, con cola de carpintero, pegar el disco en la tapa de la caja.

4

Echar en un cuenco 2 cucharadas de escayola, 2 gotas de pigmento azul y 1 cucharada de agua. Mezclarlo todo con la espátula hasta obtener una pasta totalmente homogénea y extenderla por encima del mosaico, haciendo que penetre bien en los resquicios que dejan las teselas.

5

Con el paño de algodón, eliminar el exceso de escayola de la superficie y, transcurridas 12 horas, pasar la lana de acero, frotando con cuidado para dar brillo a las teselas.

6

Por último, aplicar una mano de barniz de acabado con la brocha.

MATERIAL NECESARIO

- armario de madera octogonal para colgar llaves
- lápiz y escuadra
- cinta adhesiva de papel
- alicates para mosaico
- losetas de cristal de colores (de unos 20 x 15 cm)
- pinzas ● cola para mosaico
- escayola para mosaico y espátula
- pigmento líquido gris
- trapo de algodón
- lana de acero

MADERA Y TESELAS DE VIDRIO

Diminutas teselas de vidrio de muchos colores, dispuestas en un orden aparentemente casual, forman un alegre mosaico que embellece un pequeño armario de madera en el que colgar las llaves.

Todos mostramos sorpresa y admiración al contemplar objetos elaborados con vidrio: la versatilidad de este material, en cualquiera de sus versiones, despierta la imaginación y permite incluso a los más inexpertos embarcarse en proyectos sencillos pero de gran efecto, como el mosaico que decora este pequeño armario para guardar las llaves. Resulta estimulante crear con unos alicates múltiples teselas distintas entre sí, para luego armar con ellas un conjunto combinándolas. La forma octogonal del armario ha inspirado la disposición geométrica, que resulta menos rígida gracias a la forma irregular de los fragmentos de vidrio.

1

Después de desmontar el panel interior de la puerta del armario, cortar teselas triangulares a partir de las losetas de vidrio con ayuda de unos alicates para mosaico. A continuación, unir con 4 tiras de cinta adhesiva los ángulos opuestos del panel para definir el cuadrado central.

2

Coger las teselas de una en una con las pinzas, aplicar una gota de cola en el dorso de cada una y colocarlas en el cuadrado central muy juntas.

3

Una vez completado el cuadrado, retirar la cinta adhesiva y rellenar del mismo modo las otras secciones, como se muestra en la fotografía. Dejar secar la cola.

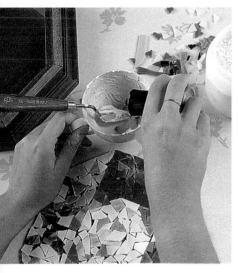

4

Echar en una taza 2 cucharadas de escayola para mosaico, 1 cucharada de agua y 2 gotas de pigmento líquido gris, y mezclarlo todo con la espátula hasta obtener una pasta homogénea y sin grumos.

5

Con la espátula, extender una capa uniforme de escayola por encima del mosaico, procurando que penetre bien en los resquicios que quedan entre una tesela y otra.

6

Eliminar el exceso de escayola con el trapo de algodón. Dejar secar la escayola durante al menos 12 horas y frotar el mosaico con la lana de acero para eliminar los restos de escayola y dar brillo a las teselas. Volver a montar el panel en la puerta del armario.

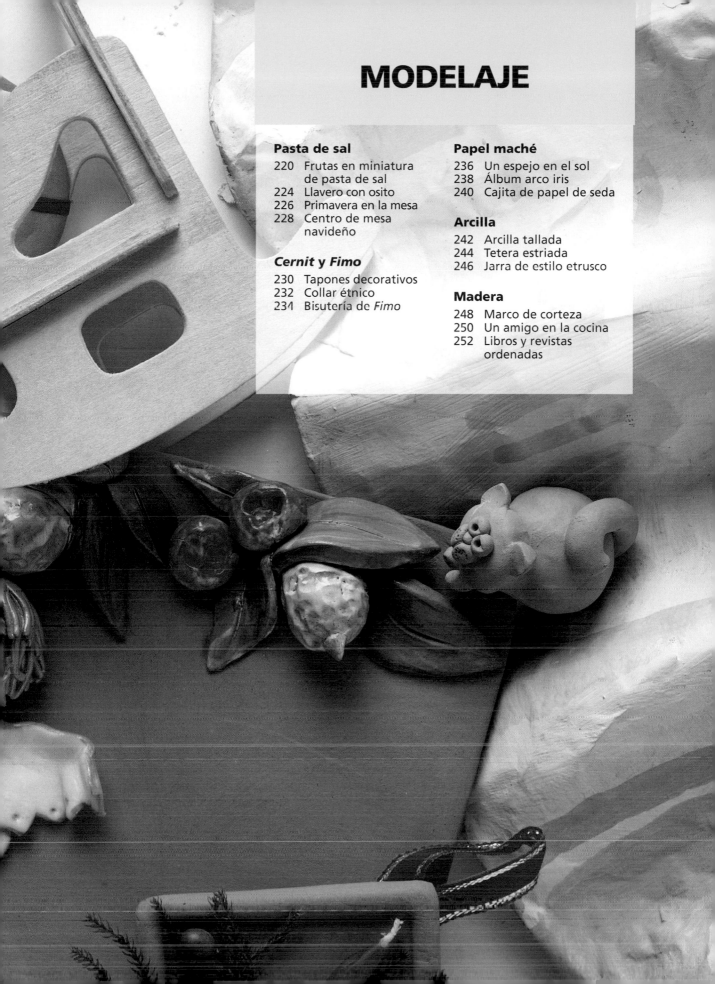

MODELAJE

MATERIAL NECESARIO

- tarro de cristal con tapa de rosca
- témperas en tubo
- cola fuerte transparente
- aguja y pincel
- barniz transparente
- cinta de raso
- para la pasta de sal: 300 g de harina y 200 g de sal de cocina

FRUTAS EN MINIATURA DE PASTA DE SAL

Con la receta de la pasta utilizada en este caso se obtiene una pasta que se puede trabajar en láminas muy finas, perfectas para composiciones que recuerdan a las elaboradas con porcelana.

La técnica de la pasta de sal se presta especialmente a la decoración de objetos de uso común, confiriendo a éstos un toque de refinada originalidad.

Así, un tarro de cristal corriente y moliente se transforma en un elegante recipiente para guindas, terrones de azúcar o mermeladas. Basta con adornar la tapa con una composición de frutas, verduras o flores en miniatura modeladas con pasta coloreada previamente.

LA PASTA

Echar 300 g de harina en un bol y añadir 200 g de sal de cocina y 60 ml de agua. Mezclar los ingredientes con una cuchara, amalgamándolos durante al menos 10 minutos, hasta obtener una pasta homogénea.

LA COLORACIÓN

1

Dividir la pasta en tantas porciones como colores se quieran utilizar. Aplastar cada porción con la palma de la mano, formando una ligera cavidad en el centro, y echar en la cavidad un poco de pigmento.

2

Cerrar la pasta sobre la cavidad procurando que el color no se salga y trabajar la porción de pasta con mucho cuidado, amalgamándola con las manos durante al menos 5 minutos con el fin de distribuir el color de modo uniforme.

Los motivos que mejor se prestan a ser modelados con pasta de sal son las frutas y las verduras. Al principio os parecerá imposible hacer un pimiento o un bonito racimo de uvas con una bola informe de pasta, pero con un poco de práctica conseguiréis resultados sorprendentes.

PREPARACIÓN DE LA BASE

Extender una capa de cola en la tapa del tarro y colocar en el centro pasta de color verde, estirándola con los pulgares hasta obtener una capa uniforme de 1 mm de grosor, que servirá como base para toda la composición.

UN CONSEJO

Para que un objeto hecho con pasta de sal se conserve durante mucho tiempo en perfectas condiciones, es fundamental mantenerlo en un lugar seco y limpiarlo a menudo con un trapo, un pincel blando o un secador. Si se forman pequeños agujeros, meterlo durante varios días en la nevera.

LAS FRUTAS

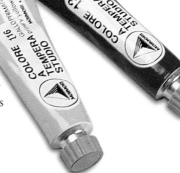

1

Coger la cantidad de pasta necesaria para hacer la fruta y modelarla con delicadeza hasta lograr la forma deseada. Proceder de la misma manera con todos los elementos de la composición: fresas, cerezas, limón, naranja, arándanos, plátano y hojas.

2

Arañar con una aguja la superficie de los distintos elementos para reproducir la trama original. Hacer agujeritos en las fresas, manteniendo la aguja en una cierta inclinación, y estrías irregulares en la cáscara de la naranja. Para las hojas, trazar surcos para indicar la nervadura.

ACOPLAMIENTO DE LOS DISTINTOS ELEMENTOS

1

Una vez terminadas las frutas y las hojas, pegarlas en la base preparada con anterioridad. Después, dejar que se seque al aire la composición y cocerla en el horno durante el tiempo necesario.

2

Sacar la composición del horno, esperar a que se enfríe del todo y aplicar al menos dos manos de barniz transparente para obtener el típico "efecto cerámica".

LA TÉCNICA

Tiempos y temperaturas

Los objetos de pasta de sal de colores de 5 mm de grosor se cuecen durante 1 hora a una temperatura de 50 °C en horno eléctrico y 140 °C en horno de gas, es este último caso, con la puerta medio abierta. Para evitar la formación de grietas, conviene dejar secar al aire la pasta durante 2 días antes de meterla en el horno.

EL TOQUE FINAL

Para terminar, pegar por el borde de la tapa del frasco una cinta de raso. Después, disimular la unión de los dos extremos pegando encima un lazo preparado con anterioridad con una cinta del mismo color o de una tonalidad que contraste.

LLAVERO CON OSITO

Esta creación es una de las más "tiernas" que se pueden hacer con pasta de sal. Además, en el proceso pueden participar también los más pequeños.

MATERIAL NECESARIO

- para la pasta de sal:
4 cucharadas de harina,
2 cucharadas de sal de cocina
y 1/2 vaso de agua
- 2 cm de alambre
- palillos de madera y pinzas
- llavero con cadena
- acuarela marrón
- barniz de acabado al aceite
- 1 pincel fino y 1 redondo

Trabajar con pasta de sal es un pasatiempo agradable y relajante que entretiene mucho a los niños, fascinados por la idea de poder darle forma de animales, estrellas, casitas... Transformar las distintas figuras en simpáticos llaveros es muy fácil: todo lo que se necesita es un poco de alambre con el que hacer el gancho al que se fija el llavero. En realidad, la parte más divertida del proyecto empieza tras la cocción de los objetos, cuando con acuarelas y un pincel fino podéis pintarlos de los colores que más os gusten.

CÓMO HACER EL OSITO

Delantal: dos rulitos de 0,3 cm de diámetro y 2,5 cm de largo, y un semicírculo de 1,5 cm de diámetro.
Cabeza: cinco bolitas (una de 3 cm de diámetro, otra de 1 cm de diámetro y tres de 0,5 cm de diámetro).
Busto: una bolita de 3 cm de diámetro.
Patas delanteras: dos bolitas de 1,5 cm de diámetro.
Patas traseras: dos formas ovales con una bolita de 1 cm de diámetro en uno de los extremos.

1

Para el delantal, unir los dos rulitos a los lados del semicírculo y, con un palillo, festonear la parte redondeada y hacer un agujerito en cada onda de festón.

2

Después, la cabeza: aplastar la bola de 1 cm con los dedos, fijarla en el centro de la de 3 cm y colocar encima una de las bolitas de 0,5 cm. Con un palillo, hacer dos agujeros para los dientes, uno para la boca y dos en la parte superior de la cabeza para el gancho.

3

Ejerciendo una ligera presión con los dedos, colocar las otras dos bolitas de 0,5 cm a los lados de la cabeza para formar las orejas. Con las pinzas, plegar un trocito de alambre en forma de "U" e introducir los extremos por los agujeros para el gancho.

4

Unir la cabeza a la bola de 3 cm preparada con anterioridad para el busto, ejerciendo una ligera presión para que se adhiera bien.

5

Después, fijar al busto las patas delanteras, las traseras y el delantal, por ese orden. Meter a cocer el osito en el horno a 145 °C durante 20 minutos. Sacarlo del horno y dejarlo enfriar.

6

Con un pincel fino, pintar el osito con la acuarela marrón, a excepción del hocico, las orejas, la "almohadilla" de las patas traseras y el delantal. Dejar secar la pintura y aplicar una mano de barniz al aceite con el pincel redondo.

MATERIAL NECESARIO

- para la pasta de sal: 450 g de harina y 300 g de sal de cocina
- témperas en tubo: rosa, roja, amarilla, violeta y verde
- espátula
- barniz transparente
- pincel

PRIMAVERA EN LA MESA

Un centro de mesa de pasta de sal inspirado en las típicas flores primaverales. Sus vivos colores son un soplo de aire fresco que alegran la hora de comer.

Una propuesta que pone de manifiesto la habilidad en la cocina de la señora de la casa, como cocinera y como artista. Este centro de mesa de pasta de sal se elabora tiñendo previamente la pasta con témperas. Primero se preparan las hojas y las flores, y se dejan secar al aire. La cocción se realiza al final, metiendo en el horno la composición terminada. Si os atrevéis a emprender un proyecto más ambicioso, podéis acompañar el centro de mesa con adornos para señalar el sitio de cada invitado en la mesa, elaborados con la misma técnica y el mismo motivo floral. Después, buscar cuencos pequeños, rellenarlos de guata y colocar en ellos más flores, también de pasta de sal, creando una composición compacta, sin espacios vacíos.

UN CONSEJO

Las composiciones delicadas, como ésta, deben manipularse con mucho cuidado. Si se desprende un pétalo o una hoja, pegarlos a la base con una cola fuerte.

1

Antes de nada, hacer la base del centro de mesa. Para ello, formar un cilindro con una pequeña cantidad de pasta verde y aplastarlo hasta obtener una tira de 25 cm de largo, 2 cm de ancho y 1 cm de grosor (aprox.).

LA TÉCNICA

Pétalos y hojas

Preparar la pasta de sal y pintar las distintas porciones con los colores indicados. Estirar cada porción formando una lámina y recortar los pétalos y las hojas con los cortapastas. Con una espátula, trazar una línea longitudinal y varias transversales que partan de ella para formar la nervadura de las hojas. Dejar secar al aire.

2

Componer la flor rosa y la blanca insertando en la base los pétalos de uno en uno. Después, colocar en el centro de cada flor una bolita de pasta verde y rellenar con hojas el espacio entre una corola y otra.

3

A continuación, hacer la primera rosa: modelar una tira de pasta amarilla de 5 cm de largo, 1 cm de ancho y 1 mm de grosor, enrollarla sobre sí misma y envolverla en dos o tres pétalos del mismo color ya secos. Poner al menos tres rosas juntas.

4

Completar la composición, dejarla secar al aire durante 2 días y meterla a cocer en el horno. Una vez finalizada la cocción, dejar enfriar el centro de mesa y darle dos manos de barniz transparente para avivar y proteger los colores.

MATERIAL NECESARIO

● para la pasta de sal: 400 g
de harina y 300 g de sal de
cocina ● pintura acrílica: roja,
verde claro y verde oscuro
● aguja ● pincel
● barniz transparente al aceite

CENTRO DE MESA NAVIDEÑO

Para decorar esta guirnalda elaborada con pasta de sal, hemos elegi
los colores tradicionales de la Navidad. Usarla como centro de mesa
vuestras cenas serán una auténtica fiesta.

Para realizar este proyecto, lo primero que debéis hacer es preparar la pasta de sal diluyendo los ingredientes con 80 ml de agua. Dividir la pasta en tres porciones y colorear cada una de un color, procediendo como de costumbre. Para formar la base, hacer un cilindro de 30 cm de largo y 1,5 cm de diámetro, más o menos, de pasta verde oscura, unir los dos extremos formando un círculo y hacer una ligera presión en la unión. A continuación, empezar a modelar con cuidado los distintos elementos de la guirnalda. Una vez terminada y cocida la guirnalda, tratar toda la superficie con dos manos de barniz transparente. Para conseguir un efecto todavía más espectacular, colocar una vela en el centro de la composición: el brillante acabado de la guirnalda creará cautivadores destellos verdes y rojos.

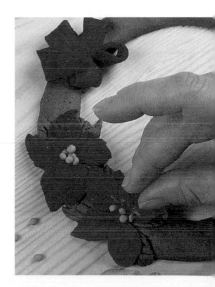

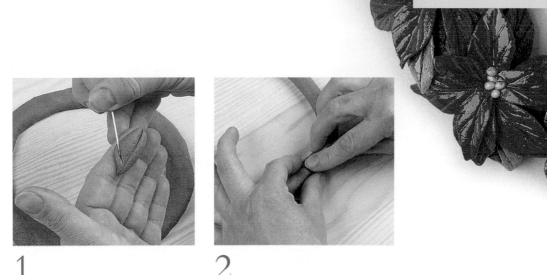

1

Para hacer una hoja, modelar un trozo de pasta verde oscura en forma de gota, aplastarlo con los dedos y, con una aguja, trazar pequeños surcos para imitar la nervadura.

2

Modelar todas las hojas (se necesitarán unas 60) de la misma manera. Después, fijar en la base un grupo de cinco hojas dispuestas en forma de estrella. Si se prefiere, dividir la base en 11 secciones y, dejando una libre, repartir las hojas entre las otras 10.

3

A continuación, hacer el primer pétalo. Modelar un trozo de pasta roja en forma de gota, aplastarlo con los dedos y trazar la nervadura con la aguja.

4

Preparar 8 ó 9 pétalos para cada flor y colocarlos en forma de estrella, en dos capas, encima de las 5 hojas, ejerciendo una ligera presión con los dedos en el centro de la flor.

5

Hacer 9 tiras de pasta roja de 5 cm de largo y 2 cm de ancho en el centro y 1,5 cm de ancho en los extremos. Doblar cada tira uniendo los extremos y colocarlas en la base para formar el lazo.

6

Hacer una serie de bolitas de pasta roja y pasta verde clara y colocarlas en grupos en el centro de las flores y de las hojas. Dejar secar al aire la guirnalda y, una vez seca, cocerla en el horno. Dejarla enfriar y, por último, darle dos manos de barniz transparente.

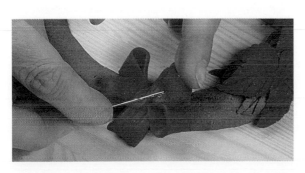

TAPONES DECORATIVOS

MATERIAL NECESARIO

- *Cernit* amarillo, marrón, verde claro y verde oscuro
- tapón de corcho con base de plástico
- escayola
- espátula
- pintura acrílica verde
- pincel redondo mediano
- cúter
- pinzas
- papel de horno

Este proyecto requiere una cierta dosis de paciencia, que se verá ampliamente recompensada por el resultado: podréis llevar a la mesa botellas alegres y divertidas.

Los bonitos racimos de uvas que decoran muchas veces los tapones de corcho con base de plástico están hechos de *Cernit*, una resina sintética disponible en una gran variedad de colores y muy fácil de modelar.

Antes de darle forma, debéis amasarlo durante unos segundos para ablandarlo. Luego, una vez malea-ble, hacer 15 bolitas de *Cernit* amarillo y otras tantas de *Cernit* marrón, todas ellas de 3 mm de diámetro, un rulo verde claro y otro verde oscuro, y, por último, 3 ó 4 rulitos muy finos con los colores marrón y verde oscuro.

Para componer el racimo de uvas, ir uniendo las jugosas uvas de una en una.

1

Con una espátula pequeña, extender la escayola en la base de plástico del tapón, abombándolo por el centro. Dejar secar la escayola y pintarla con una mezcla poco diluida de pintura acrílica verde.

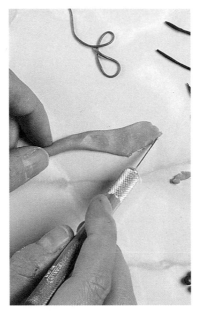

2

Coger los rulos verde claro y verde oscuro más gruesos, aplastarlos con las yemas de los dedos y, con un cúter, formar las hojas, decorándolas con leves surcos para imitar la nervadura.

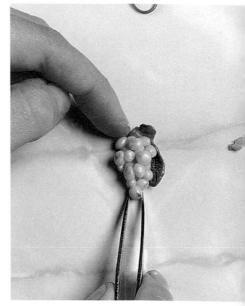

3

Ir cogiendo las bolitas amarillas de una en una con las pinzas y componer el racimo de uvas encima de dos hojas, una clara y otra oscura.

UNA IDEA

Hacer varios tapones: con uvas oscuras para las botellas de vino tinto y con uvas claras para las de vino blanco.

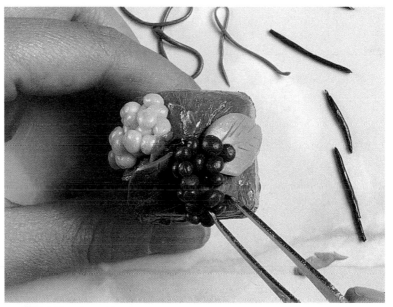

4

Con mucho cuidado para no deformar la composición, colocar el racimo en la tapa con las pinzas.

5

Componer del mismo modo otro racimo de uvas, esta vez con las bolitas marrones, y colocarlo encima de otras 2 hojas. Colocar el racimo en el tapón y fijar en el centro los rulitos más finos, rizándolos con las pinzas para darles forma de sarmientos. Colocar el tapón encima de un papel de horno y meterlo a cocer en el horno durante 7-8 min. a temperatura muy baja.

MATERIAL NECESARIO

- 2 bloques de *Cernit*: negro y color champán
- piedra de ojo de tigre
- 50 cm de cordón de seda negro
- cúter
- palillos de madera
- polvo dorado
- pincel redondo fino
- papel de horno

COLLAR ÉTNICO

Una piedra de ojo de tigre, polvo dorado y Cernit*: pocos "ingredientes" para una joya realmente insólita. Divertíos creando una colección de bisutería con distintas piedras, para combinar con vuestra ropa y vuestro estado de ánimo.*

El *Cernit*, pasta sintética muy similar al *Fimo*, del que se diferencia únicamente por el material del que está compuesto, es muy cómodo y fácil de modelar. La piedra de ojo de tigre se ve realzada por un marco de *Cernit* variegado pintado con polvo dorado. Una vez terminado el colgante, para endurecerlo, basta con meterlo unos minutos en un horno eléctrico a temperatura muy baja.

1

Manipular por separado los dos bloques de *Cernit* durante unos minutos para ablandarlos, coger un trocito de cada uno y formar dos rulos de unos 0,5 cm de grosor y 8 cm de largo. Unirlos y enrollarlos haciéndolos girar entre las palmas de las manos para mezclar los colores y obtener un único rulo variegado más largo y fino que los anteriores.

2

Envolver la piedra con el rulo hasta rodearla por completo, unir los extremos formando una "protuberancia" y cortar el exceso de pasta con el cúter.

3

Con el cúter, recortar del rulo sobrante 2 trozos de 4 cm de largo y 2 bolitas de 1 cm de diámetro.

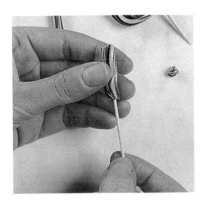

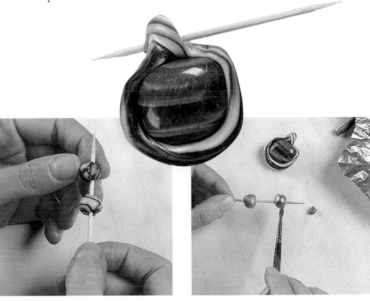

4

A continuación y con mucho cuidado para no deformar la pasta, atravesar cada trozo alargado con un palillo en sentido longitudinal, para hacer un agujero por el que, después de la cocción, se pasará el cordón de seda.

5

Ensartar en un palillo las dos bolitas, atravesándolas por el centro exacto, y hacer también un agujero en la "protuberancia" del "marco" de *Cernit*.

6

Pintar todos los elementos del collar con el polvo dorado, colocarlos sobre un papel de horno y ponerlos a cocer a temperatura mínima durante 7-8 minutos. Sacarlos del horno, dejarlos enfriar y ensartarlos en el cordón haciendo un nudo entre uno y otro.

BISUTERÍA DE *FIMO*

Pequeñas "joyas" personalizadas, hechas de un material insólito, cuya forma recuerda motivos típicos de la cultura precolombina. Lo ideal es ensartarlas en un cordón negro.

MATERIAL NECESARIO

- piedra dura azul (aulita)
- *Fimo* en bloques: uno color champán, otro azul y otro negro
- 80 cm de cordón negro
- sobre de purpurina dorada
- gancho para bisutería
- rodillo de *Teflón*
- 2 palos para pinchos morunos
- 2 tapones de corcho
- cúter • cola epoxídica
- pincel mediano
- barniz brillante para *Fimo*

El *Fimo*, resina sintética moldeable, es un material relativamente nuevo, que poco a poco se está abriendo camino en la elaboración de adornos y artículos de bisutería. Se vende en bloques de colores, con más de 42 tonalidades para elegir, y es más bien duro, aunque al manipularlo durante 5 minutos se queda blando y moldeable. El tipo de decoración reproducido en este proyecto se conoce como "millefiori" y recuerda a las clásicas piezas de cristal veneciano. Luego, las piezas se cuecen en un horno eléc-trico tradicional (pero no en el microondas) a una temperatura de 130 °C durante 30 minutos. Primero, con el *Fimo* de color champán, hacer 3 bolitas de 1,5 cm de diámetro, un rulo de 2,5 cm de largo y 8 mm de grosor, un rulo de 4 cm de largo y 6 mm de grosor, y otro rulo de 4 cm de largo y 2 mm de grosor. Con el *Fimo* negro, hacer un rulo de 4 cm de largo y 6 mm de grosor. Por último, con el *Fimo* azul, modelar dos bolitas de 1,5 cm de diámetro, un rulo de 4 cm de largo y 6 mm de grosor, y otro de 4 cm de largo y 2 mm de grosor.

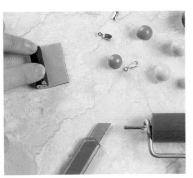

1

Con el rodillo, aplastar los 3 rulos (champán, negro y azul) de 4 cm de largo y 6 mm de grosor, y, con un cúter, recortar de las láminas obtenidas tres rectángulos de 4 x 3 cm. Superponerlos (negro, champán y azul) y enrollarlos a lo largo.

2

Hacer más fino el rulo trabajándolo con las manos y, con el cúter, cortar 18 rodajas de 1 mm de grosor, que se colocarán de tres en tres, una al lado de otra, en 6 filas.

3

Pasar el rodillo por encima de las rodajas así dispuestas hasta obtener una lámina homogénea y forrar con ella el rulo color champán de 2,5 cm de largo y 0,8 cm de grosor. Se obtendrá un bonito abalorio "millefiori".

4

Ensartar los distintos elementos en un palo para pinchos morunos en el siguiente orden: el abalorio "millefiori" en el centro, a ambos lados una bola champán y, por último, una azul a cada lado. Cerrar los extremos del palo con los tapones de corcho y, con el pincel, pintar las bolas color champán con purpurina dorada.

5

Insertar la aulita en la bola champán que queda y fijar en ella el cilindro azul aún no utilizado enrollado en forma de espiral. Disimular el punto de unión con el último rulo champán y practicar incisiones en el mismo con un palillo. Ensartar la bola en el otro palo para pinchos morunos y pintar la parte de *Fimo* con la purpurina dorada.

6

Poner todos los abalorios en un molde forrado con papel de aluminio y meterlos a cocer en el horno a 130 °C durante 20 minutos. Dejarlos enfriar y, una vez fríos, separar con cuidado la piedra de la parte de *Fimo*, para luego fijarla nuevamente al *Fimo* con un poco de cola. Dar a todas las piezas una mano de barniz, esperar a que se seque y ensartar los abalorios en el cordón.

Un Espejo en el Sol

Rayos de sol dorados y plateados que parten de un espejo redondo. ¿Qué mejor marco para sugerir la idea de brillantes destellos de luz?

MATERIAL NECESARIO

- espejo redondo ● cartón
- cola vinílica ● gesso en polvo
- papel de periódico
- goma laca en grano
- dos pinceles ● pintura
acrílica de color siena tostado
- hojas doradas y plateadas de
calcomanía y el barniz mixtión
correspondiente ● cera, trapo
blando y alcohol

Este desenfadado proyecto de papel maché requiere una cierta experiencia. Además de medir con precisión las cantidades de los ingredientes que componen la pasta, una vez seco, el marco se reviste con láminas doradas y plateadas de calcomanía. En primer lugar, dibujar en el cartón un rayo de sol grande y otro pequeño, de dimensiones que guarden proporción con respecto al espejo, y recortarlos. Os servirán de plantilla para recortar las tiras de papel de periódico que aplicaréis alrededor del espejo.

1

Diluir la cola vinílica con agua hasta obtener una mezcla fluida. Después, preparar una cantidad adecuada de rayos, rasgando las tiras necesarias de papel de periódico en el sentido de la veta y sumergiéndolas en cola. Alternando tiras grandes y pequeñas de papel empapadas en cola, ir formando los rayos de sol, fijándolas al espejo, y cubrir cada rayo con más tiras. Proteger las dos caras del espejo tapándolas con papel de periódico.

2

En una palangana, preparar una mezcla con agua, 1/2 bote de cola vinílica y 1 cucharada de gesso, y sumergir muchas tiras de papel de periódico (usar como mínimo medio periódico), dejándolas en remojo durante 48 horas. Escurrir con cuidado la pasta obtenida, pasarla a un plato y, cogiendo muy poco material cada vez, formar el marco, cubrir los rayos y dejar secar el papel maché.

3

En un cuenco, diluir un puñado de granos de goma laca en un poco de agua y aplicar esta mezcla por encima de los rayos con un pincel. A continuación, pintar todo el marco con la pintura de color siena tostado diluida en abundante agua.

4

Con un pincel, extender el barniz mixtión por los rayos grandes y aplicar las hojas doradas de calcomanía, ejerciendo una presión firme con el pulgar. Después, decorar los rayos pequeños con las hojas plateadas de calcomanía procediendo del mismo modo.

5

Aplicar una mano de cera por todo el marco y darle brillo con un trapo.

6

Retirar el papel de periódico que protegía el espejo, aplicar una generosa capa de cera por el revés del espejo y darle brillo. Por último, limpiar el espejo con un paño empapado de alcohol.

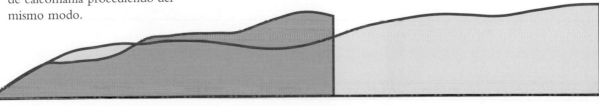

ÁLBUM ARCO IRIS

Una forma deliciosamente insólita de utilizar el papel maché: combinado con la madera, permite crear un original álbum de fotografías.

De todas las técnicas de papel maché, la más tradicional consiste en la superposición de capas de papel alternándolas con capas de cola. Normalmente, se utiliza papel de periódico, pero en este caso hemos preferido usar papel de seda, que pone a nuestra disposición una amplia gama de colores y produce efectos realmente especiales. Dada su fragilidad, hay que manipularlo con mucho cuidado para evitar que se rompa durante las operaciones de encolado. Antes de poneros manos a la obra, hacer varias pruebas para aprender a manejar el papel de seda empapado en cola.

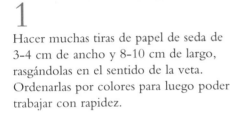

1

Hacer muchas tiras de papel de seda de 3-4 cm de ancho y 8-10 cm de largo, rasgándolas en el sentido de la veta. Ordenarlas por colores para luego poder trabajar con rapidez.

2

Diluir 2 cucharadas de cola con 1 cucharadita de agua en un bol y aplicar con la brocha una capa de cola por una cara de una de las tablillas. A continuación, aplicar las tiras de papel de seda, sin seguir orden alguno y combinando los distintos colores a placer.

3

Fijar cada tira de papel pasando por encima varias veces la brocha mojada en cola. Seguir alternando una capa de papel con una de cola hasta cubrir toda la cara de la tablilla con al menos 6 capas de tiras de papel superpuestas.

UN CONSEJO

Tener mucho cuidado con la cantidad de agua en la que se diluye la cola: si queda demasiado líquida, impregnará en exceso el papel de seda, volviéndolo muy frágil; si queda demasiado densa, las capas serán demasiado gruesas. A título orientativo, para 3/4 de cola basta con 1/4 de agua.

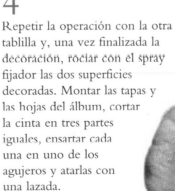

4

Repetir la operación con la otra tablilla y, una vez finalizada la decoración, rociar con el spray fijador las dos superficies decoradas. Montar las tapas y las hojas del álbum, cortar la cinta en tres partes iguales, ensartar cada una en uno de los agujeros y atarlas con una lazada.

CAJITA DE PAPEL DE SEDA

Ésta es una variante de la técnica del papel maché tradicional que nos permite jugar con una amplia gama de colores. Una vez dominados los secretos de esta técnica, podréis lanzaros a crear proyectos a gran escala. Lo importante es respetar los tiempos de secado.

MATERIAL NECESARIO

- papel de seda de varios colores
- cuenco de plástico
- cola a base de agua
- brocha redonda de cerdas largas
- tijeras
- cuentas de plástico de colores y cola de carpintero
- *film* transparente
- barniz transparente mate

En los últimos años, la antiquísima técnica del papel maché ha visto reconocida su dignidad de auténtico arte menor, al ser redescubierta por artistas en busca de nuevas formas de expresión. Así, han ido naciendo variantes al método tradicional, tales como la utilización de papel de seda en lugar del clásico papel de periódico. Sin duda, es un material mucho más frágil que debe manipularse con cuidado, pero que nos ofrece colores extraordinarios y cálidos matices.

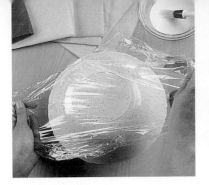

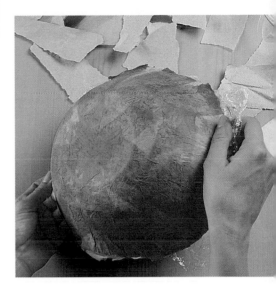

1

Rasgar las hojas de papel de seda en el sentido de la veta de forma que se obtengan tiras de 10 x 3 cm. Después, forrar el exterior del cuenco de plástico con *film* transparente, procurando que se adhiera perfectamente.

2

En un cuenco, diluir la cola con dos cucharaditas de agua y, con la brocha, extender la mezcla por el *film* transparente. Aplicar la primera tira de papel, dándole una pincelada de cola.

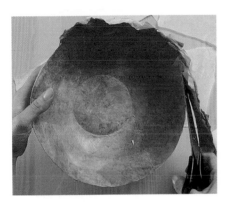

3

Cubrir por completo el cuenco con al menos 3 capas de papel, alternando cada capa de papel con otra de cola, y dejarlo secar durante 12 horas. Luego, retirar el cuenco de papel maché tirando del *film* transparente con cuidado.

4

Quitar el *film* transparente e igualar el borde de papel maché con las tijeras.

5

Con la brocha, extender una capa de cola diluida por el borde del cuenco y cubrirlo con tiras de papel de seda para conseguir un acabado más esmerado.

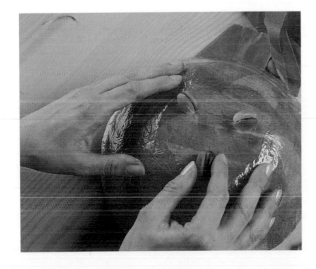

6

Dar una mano de barniz transparente por el interior y el exterior del cuenco, dejarlo secar y, después, con cola fuerte, fijar a la base las cuentas de colores para que sirvan como base.

MATERIAL NECESARIO

- bloque de arcilla
- 2 tablas de madera
- cuchillo de hoja lisa
- espátula pequeña
- trozo de alambre
- pintura acrílica azul
- pincel fino

UN CONSEJO

Para obtener una lámina de grosor uniforme, tener a mano dos tablas de madera de 40 cm de largo y 1 cm de grosor y colocarlas en la superficie de trabajo a una distancia de 20 cm la una de la otra. Poner el bloque de arcilla en el medio, aplastarlo con las manos y estirarlo con un rodillo hasta que tenga el grosor de las tablas de madera.

ARCILLA TALLADA

La sugerente atmósfera creada por este insólito candelabro, perfecto para coger experiencia tallando la arcilla, hará más agradables e íntimas las reuniones entre amigos.

CÓMO MODELAR EL CILINDRO

1
Estirar la arcilla formando una lámina de 1 cm de grosor y recortar un rectángulo de 35 x 14 cm.

2
Unir los lados cortos del rectángulo y presionar con los dedos en la unión para disimularla.

3
Acampanar ligeramente con las manos la parte superior del cilindro y alisar la superficie exterior con la hoja del cuchillo.

Dar forma a los materiales con nuestras propias manos es tan emocionante que hace que un arte tan antiguo como el de modelar la arcilla siga estando de plena actualidad. La arcilla es un material fácil de modelar y de tallar, como podréis comprobar personalmente si os animáis a seguir los siguientes pasos. Una vez tallado, el objeto debe cocerse en un horno especial. Después de la cocción, puede pintarse con pinturas acrílicas.

CÓMO TALLAR LA ARCILLA

1

Enroscar los extremos del alambre alrededor del dedo índice de cada mano y, manteniéndolo tenso, hundir el alambre ligeramente inclinado en el borde superior del cilindro hasta unos 3,5 cm. Repetir la operación hasta completar el borde festoncado.

2

Con la punta de la espátula, trazar un leve surco en la arcilla para definir el contorno de las formas que hay que tallar. Sujetándolo con firmeza, introducir el alambre en la arcilla y deslizarlo siguiendo el surco trazado con la espátula para eliminar la parte interior del contorno.

3

Con el cuchillo, marcar las volutas y otros dibujos del interior de los motivos "rellenos" (fotografía del paso 4). Dejar secar el objeto al aire y cocerlo en el horno.

4

Después de la cocción, diluir 1 parte de pintura acrílica azul con 2 partes de agua y, con el pincel fino, pintar el candelabro tal y como se muestra en la fotografía.

MATERIAL NECESARIO

- bloque de arcilla roja
- espátula pequeña
- rodillo
- vaporizador
- 15 cm de alambre
- engobe blanco
- pincel

UNA IDEA

Una vez terminada la tetera, hacer las tazas de forma que cada una de ellas parezca un pequeño abanico cerrado en forma de cono y sin la punta, es decir, un cilindro con un extremo cerrado por un disco (la base) y un cilindro diminuto enroscado en espiral (el asa).

TETERA ESTRIADA

La arcilla permite modelar objetos de estilos que van del más clásico al más moderno, según el uso al que se quieran destinar y a los gustos personales.

La tetera que os proponemos en este proyecto tiene un diseño notablemente singular. Su originalidad no radica sólo en su forma, sino también en la decoración, que se obtiene con la técnica del engobe. El nombre de esta técnica deriva del término específico con el que se designa la arcilla en polvo diluida con agua.

El engobe se vende en varias tonalidades, de blanco a tonos pastel, en las tiendas de artículos de Bellas Artes o en establecimientos especializados. Para realzar la inconfundible tonalidad rojiza de la arcilla, retirar de algunos puntos el engobe fluido previamente extendido como revestimiento con una espátula pequeña. En este caso, hemos utilizado engobe blanco, que tras la cocción adquiere una tonalidad ligeramente rosada, perfecta para realzar las estrías rojizas.

1

Humedecer el bloque de arcilla, cortar una rodaja y estirarla con el rodillo formando una lámina de 1 cm de grosor. Con ayuda de una espátula, darle forma de abanico.

2

Unir los lados rectos del abanico para obtener un cono. Para el fondo de la tetera, cortar del bloque de arcilla otra rodaja de1 cm de grosor, un poco mayor que el perímetro de la base del cono.

3

Con el alambre, cortar la punta del cono a 2/3 de la base y reservarla (con ella se hará la tapa). Rociar la arcilla con el vaporizador para mantenerla húmeda.

4

Colocar el cuerpo de la tetera sobre la base circular de arcilla y eliminar el exceso con la espátula. A continuación, también con la espátula, hacer un corte vertical de 1,5 cm de profundidad en la parte superior de la tapa. Modelar un cilindro pequeño de arcilla de 20 cm de longitud y 7 mm de grosor, y enrollarlo en espiral, obteniendo un disco que se insertará en el corte de la tapa. Presionar con delicadeza en los lados de la tapa para fijarlo.

5

A continuación, hacer el asa: modelar una tira de arcilla de 18 x 3 cm y 5 mm de grosor, y fijarla a la tetera. Después, hacer el pitorro de la tetera formando un pequeño abanico de arcilla, fijarlo en el lado opuesto del asa y agujerear la pared de la tetera por dentro del pitorro. Por último, con un alambre, festonear los bordes del pitorro y del asa.

6

Diluir 3 cucharadas de engobe en un vaso de agua y pintar con él toda la superficie. Después, con la punta de la espátula, trazar líneas onduladas en el engobe todavía fresco. Y ya sólo falta cocer la tetera en horno.

MATERIAL NECESARIO

- bloque de arcilla
- alambre
- espátula pequeña
- tierra roja
- pincel ● esmalte blanco para cerámica

JARRA DE ESTILO ETRUSCO

De los materiales más antiguos trabajados por el hombre, ninguno se nos antoja tan adecuado como la arcilla para crear una bonita imitación de una antigua jarra etrusca.

A veces, de un pequeño detalle nace la idea de un proyecto, como en el caso de esta jarra rústica, inspirada en restos de la época greco-romana expuestos en un museo. La técnica consiste en hacer el recipiente enroscando un largo cilindro de arcilla sobre una base también de arcilla, para luego modelarlo. No es una operación especialmente complicada, pero requiere cierto sentido de la proporción y cierta habilidad para controlar la arcilla.

UN CONSEJO

La barbotina

La barbotina es una pasta (de arcilla o caolín licuado) que sirve para encolar piezas de arcilla. Para prepararla sólo hay que disolver en agua una pequeña cantidad de arcilla seca en polvo.

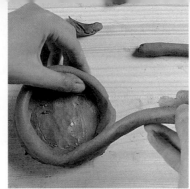

1

Humedecer el bloque de arcilla con un poco de agua y cortarlo en rodajas con un alambre. Hacer la base de la jarra biselando los ángulos de una rodaja con la espátula y espolvorear el borde con barbotina. A partir de las otras rodajas, formar los cilindros, de 2 cm de diámetro como máximo, con los que se hará la jarra.

2

Colocar el primer cilindro alrededor de la base, ejerciendo una ligera presión, y continuar enrollándolo sobre sí mismo.

3

Sin dejar de enrollar los cilindros, ir presionando la superficie interior con los dedos, al tiempo que se va haciendo la superficie exterior uniforme con la espátula llena de barbotina. Cuando la jarra alcance una altura de 20 cm, ir disminuyendo el diámetro para formar el cuello y, por último, modelar el pitorro.

4

Formar 3 cilindros de unos 18 cm de largo y 1 cm de diámetro, y trenzarlos. Después, fijar los extremos de la trenza a la jarra con barbotina, creando el asa.

5

A continuación, hacer con la espátula leves incisiones en la base de la jarra.

6

Mezclar 1 cucharada de tierra roja con 1 de agua y pintar toda la superficie de ese color. Cocer la jarra en el horno y, para terminar, pintar el interior con el esmalte para cerámica.

MARCO DE CORTEZA

Un marco campestre muy original, elaborado recomponiendo un material como la corteza de un árbol, de increíbles efectos de textura.

MATERIAL NECESARIO

- marco de madera
- corteza de árbol
- cola transparente tipo fuerte
- 2-3 piñas pequeñas o briznas de paja y rosas secas (opcional)

En plena época de medidas para la protección del medio ambiente, vale la pena recordar que para conseguir una bonita corteza no hace falta "descortezar" un árbol: basta con recoger la corteza seca que se ha desprendido del tronco de forma natural. Una vez conseguida la materia prima, sólo tenéis que partir los bloques más grandes en trozos largos y estrechos creando una composición armoniosa. Si lo preferís, podéis rematar el marco encolando en una esquina unas piñas pequeñas o unas rosas secas, adornadas con dos o tres briznas de paja.

1

Antes de nada, desmontar el marco. Luego, elegir entre los bloques de corteza trozos de la mitad del ancho de los lados de la estructura del marco y extender una generosa capa de cola por detrás de cada trozo, distribuyéndola de modo uniforme.

2

Empezar a forrar el primer lado del marco por el borde exterior e ir avanzando hacia el interior, ejerciendo una firme presión con los dedos para favorecer la adhesión de la corteza.

UN CONSEJO

Para hacer más resistente el revestimiento de corteza, rociar el marco con un barniz transparente en spray, mate o brillante, antes de volver a montarlo.

3

Continuar de la misma manera, superponiendo los trozos de corteza, cuando sea necesario, para ocultar del todo el marco original.

4

Una vez forrado el marco con la corteza, decorar uno de los ángulos fijando con una gota de cola 2 ó 3 piñas pequeñas y añadiendo, si se desea, unas briznas de paja.

5

Dejar secar la cola y volver a montar el marco con la fotografía elegida. Manipular el marco con mucho cuidado para no dañar la corteza.

MATERIAL NECESARIO

● tabla de conglomerado de
80 x 30 cm; listón de madera
de 65 x 4 x 2 cm
● sierra de mano
● pinturas alquídicas
● gel alquídico
● taladro con broca de 3 mm
● 5 ganchos de rosca
● brocha plana mediana,
pincel plano pequeño y pincel
de punta fina
● lápiz ● cementite
● cola de carpintero
● 2 clavos pequeños de 3 cm
de largo
● martillo

Un Amigo en la Cocina

*Poner una nota de color y de alegría
en la cocina con este bonito colgador.*

Un agarrador encima de un mueble, el paño colgado del respaldo de una silla, el cacillo que nunca tenemos a mano cuando lo necesitamos... Si sentís la necesidad de poner un poco de orden en la cocina, tenéis ante vosotros el proyecto perfecto: un bonito colgador que, además de resultar muy decorativo, os permitirá resolver vuestros problemas de espacio, ya que de sus ganchos podréis colgar el delantal, las manoplas de horno o incluso tazas. Si no sois muy diestros con la sierra, pedir en la tienda donde compráis la madera y el conglomerado que os corten las piezas según vuestro diseño. Y un último consejo: si queréis conseguir un efecto verdaderamente realista, no olvidéis reproducir las sombras de unos objetos en otros al pintar los distintos elementos.

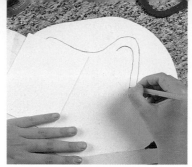

1

Dibujar a lápiz en el conglomerado el contorno exterior de los platos y serrarlo según la forma deseada. Tratar toda la superficie con una mano de cementite aplicada con la brocha plana mediana.

2

Cuando el cementite esté seco, dibujar a lápiz sin cargar demasiado el contorno de los distintos objetos, marcando también las sombras.

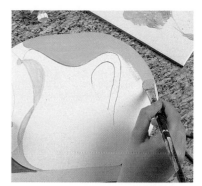

3

Preparar las pinturas alquídicas diluyéndolas con el gel correspondiente a partes iguales (si se desean colores más intensos, mezclarlas con menos gel). Después, aplicar cada color con el pincel plano pequeño, siguiendo minuciosamente el contorno de los objetos.

4

Para obtener tonalidades delicadas, diluir la pintura con una mayor cantidad de gel. Una vez terminado el fondo, pintar las flores y las hojas con el pincel de punta fina. Después, con cola fuerte, fijar el listón de madera a la base de la tabla de conglomerado.

5

Reforzar la fijación insertando los 2 clavos en los extremos del listón, por detrás de la tabla. Por último, con el taladro, practicar agujeros a intervalos de 10 cm y enroscar un gancho en cada agujero.

MATERIAL NECESARIO

- tabla de conglomerado de 1 cm de grosor
- sierra ● martillo
- clavos pequeños de 3 cm de largo
- lápiz
- pliegos de papel de regalo de fantasía
- tijeras ● cola vinílica
- pintura acrílica ● barniz de acabado al aceite
- pincel

LIBROS Y REVISTAS ORDENADAS

Personalizar el rincón del salón reservado a la lectura con un sencillo y funcional revistero de madera forrado con papel de regalo de fantasía.

A partir del patrón y las medidas de la página siguiente, incluso los menos familiarizados con el bricolaje podrán embarcarse con éxito en este proyecto sin mayores dificultades. Debéis sacar de la tabla de conglomerado una pieza A, dos piezas B, una pieza C y una pieza D. Si lo preferís, pedir que os sierren las distintas piezas al comprar el conglomerado. Una vez resuelta la fase "constructiva", el acabado es sencillo: sólo hay que forrar la madera con un papel a juego con la habitación en la que pondréis el revistero. Elegir motivos de dimensiones proporcionadas a las del objeto.

1

Con un martillo, clavar un clavo en cada uno de los extremos del lado de 31 cm de largo de una de las piezas B.

2

Apoyar la pieza D en los clavos de la pieza B y fijarla a ésta con suaves martillazos. Ensamblar las demás piezas de la misma manera.

3

Con el revistero como plantilla, trazar a lápiz en el pliego de papel de regalo el contorno de las caras que hay que forrar y recortar los distintos trozos con las tijeras.

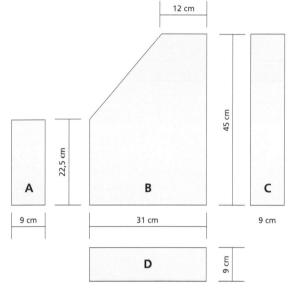

12 cm

45 cm

22,5 cm

A

B

C

9 cm

31 cm

9 cm

D

9 cm

4

Después de diluir la cola vinílica con agua, extender una capa uniforme por detrás de cada recorte de papel con el pincel.

5

Aplicar los recortes en los lados correspondientes del revistero, ejerciendo una ligera presión con los dedos para eliminar las posibles burbujas de aire. A continuación, reforzar los cantos con tiras de papel cortadas a medida.

6

Para terminar, aplicar una mano de barniz acrílico y al menos tres capas de barniz de acabado, dejando secar el barniz por completo entre mano y mano.

LABORES

CASAS Y CASITAS

MATERIAL NECESARIO

● hilo Mouliné "Anchor", 1 madeja de cada uno de los colores indicados en la leyenda del esquema
● 3 bandas de 30 cm de largo de tela Aída: una de 2,5 cm de ancho, otra de 4,5 cm y otra de 9,5 cm (en 1 cm hay 6 agujeros y, por tanto, 5 puntos)
● aguja de bordar "Milward" de punta redonda nº 22

Casitas de colores bordadas con tres hebras de Mouliné en bandas de tela Aída. Rematar la labor con punto de perfilar, siguiendo el esquema. Utilizar la tira de 2,5 cm de ancho para el motivo de casitas y árboles, la de 4,5 cm para el motivo de casas de colores y la de 9,5 cm para el motivo de la aldea con el arco iris.

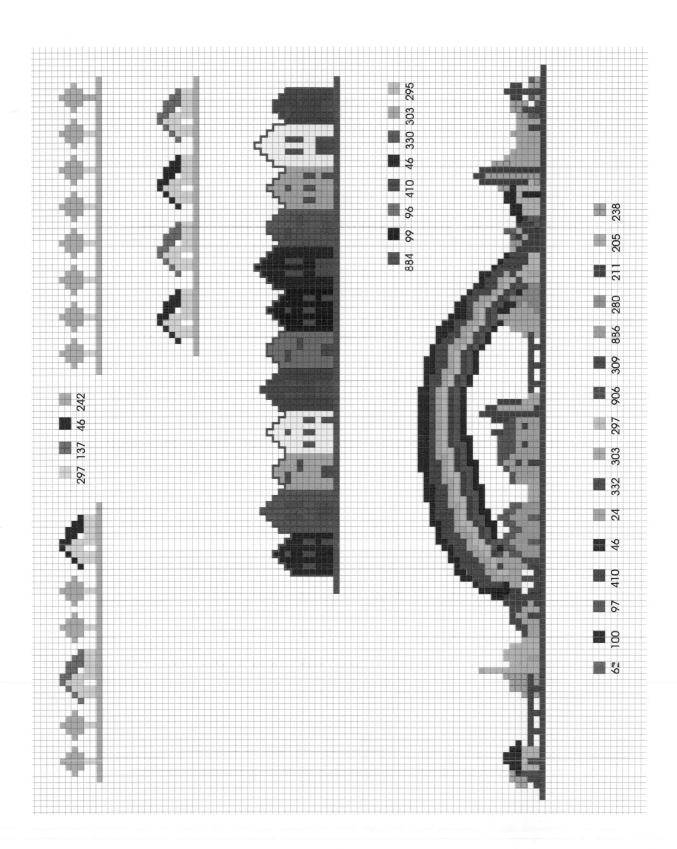

ROMÁNTICO Y AZUL

MATERIAL NECESARIO

● hilo Mouliné "Anchor",
1 madeja de cada uno de los
colores indicados en la leyenda
del esquema
● aguja de bordar "Milward"
de punta redonda n° 22
● trozo de tela Aida de 150 x
180 cm (en 2,2 cm hay
10 agujeros y, por tanto,
9 puntos) ● bobina de Filofort
"Tre Cerchi Rosso" n° 50
● aguja de coser "Milward"
n° 7

Un mantel para el desayuno de los colores del cielo y del mar. Para confeccionarlo, cortar 80 x 60 cm de tela Aida y realizar el bordado con tres hebras de Mouliné siguiendo el esquema de la página siguiente. Doblar todo alrededor un borde de 1 cm y coserlo con puntadas pequeñas. Para cada servilleta, cortar un cuadrado de 30 x 30 cm de tela Aida y bordar únicamente el motivo de la esquina. Doblar todo alrededor un borde de 1 cm y coserlo con puntadas pequeñas ocultas. A la derecha se propone una variante.

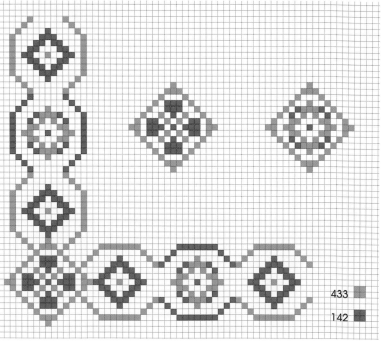

433
142

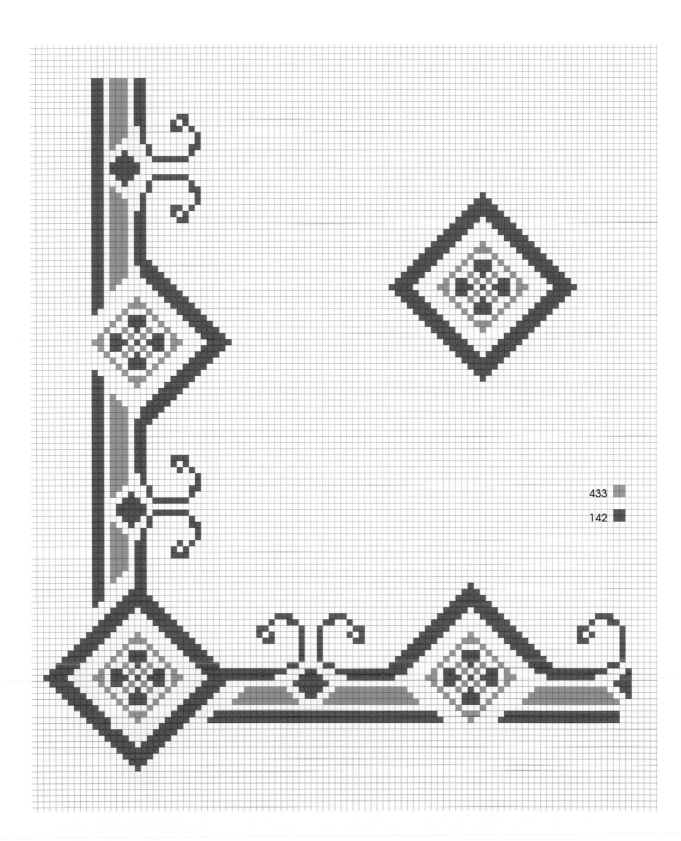

433
142

PRIMAVERA FLORIDA

MATERIAL NECESARIO

● hilo Mouliné "Anchor",
1 madeja de cada uno de los
colores indicados en la leyenda
del esquema
● aguja de bordar "Milward"
de punta redonda nº 22
● banda de tela Aida de 90 cm
de largo y 10 de ancho (en
2 cm hay 11 agujeros y, por
tanto, 10 puntos)

Bonitas guirnaldas de flores,
ideales para bordarlas con
tres hebras de Mouliné en largas
secuencias. Cosidas a sábanas
blancas o de tonos pastel, aportan
un toque de refinada elegancia.

288 103 108 110 112

240 238 256 228

23 75 62 159 977

265 240 256 258 226 238 243 228

281 267 258 255 264 289 13 11 9 6 1016 49

TONOS ROJIZOS

El delantal será más original si se borda con uno de los motivos propuestos. Una fila de peras de tonos rojizos o de rodajas de naranja dará brío y vitalidad al blanco del tejido. Se pueden bordar los mismos motivos en bandas de tela Aida y coserlas en paños de cocina, pañitos para bandejas, o adornar con ellas el frutero.

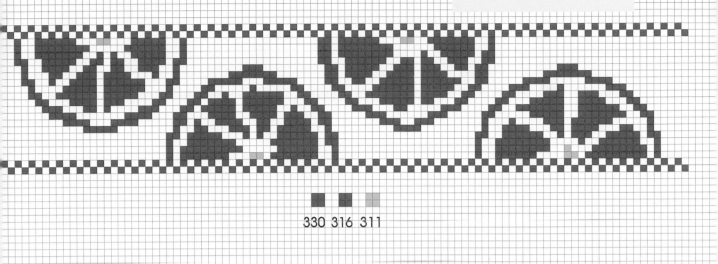

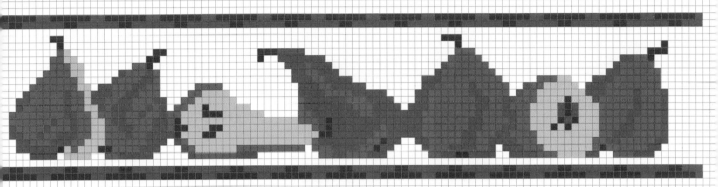

330 316 311

371 339 883 361

EL TOQUE FINAL

Cómo confeccionar el delantal

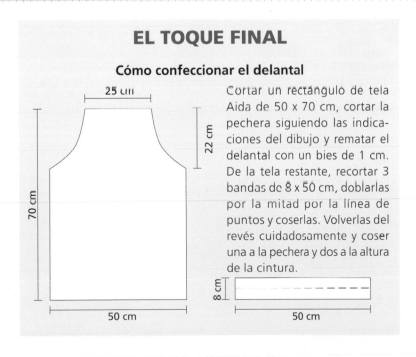

Cortar un rectángulo de tela Aida de 50 x 70 cm, cortar la pechera siguiendo las indicaciones del dibujo y rematar el delantal con un bies de 1 cm. De la tela restante, recortar 3 bandas de 8 x 50 cm, doblarlas por la mitad por la línea de puntos y coserlas. Volverlas del revés cuidadosamente y coser una a la pechera y dos a la altura de la cintura.

25 cm

22 cm

70 cm

50 cm

8 cm

50 cm

UNA REPISA FLORIDA

MATERIAL NECESARIO

● hilo Mouliné "Anchor", 1 madeja de cada uno de los colores indicados en la leyenda del esquema ● aguja de bordar "Milward" de punta redonda nº 22 ● banda de tela Aida de 180 cm de largo y 30 de ancho (en 2,2 cm hay 10 agujeros y, por tanto, 9 puntos)

Cortar un rectángulo de tela Aida de 30 x 90 cm y bordar con tres hebras de Mouliné, repitiéndolo varias veces, el motivo que se propone en la página siguiente, arriba. Con el resto de la tela, bordar 2 tiras y utilizarlas para rematar los estantes. Con la varian- te propuesta en la parte inferior de la página siguiente, y repitiendo el motivo en una larga fila en finas bandas de tela Aida, se pueden rea- lizar cenefas con las que decorar manteles blancos y sus servilletas. Tendremos una maravillosa mante- lería de tenues tonos pastel.

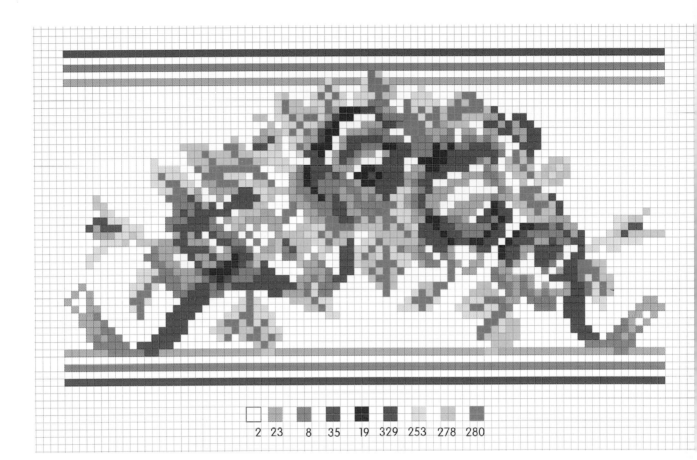

2   23   8   35   19   329   253   278   280

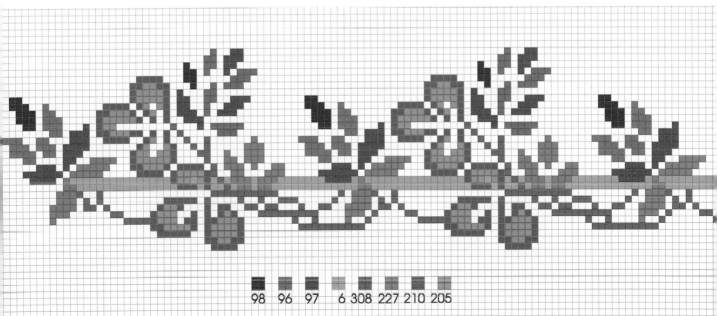

98   96   97   6   308   227   210   205

ESTILO BÁSICO

MATERIAL NECESARIO

● hilo Mouliné "Anchor",
1 madeja de cada uno de los
colores indicados en la leyenda
del esquema
● aguja de bordar "Milward"
de punta redonda n° 22
● juego de toallas de nido de
abeja de 65 x 105 y 40 x 60 cm

Se propone una greca muy sencilla y sumamente elegante
para decorar las toallas. Se puede
bordar cada punto de cruz en 1 ó
2 cuadritos de la tela Aida. En
ambos casos se obtendrá un bonito efecto. En la página siguiente
se encuentran otras variantes del
motivo para que se pueda elegir
según el gusto personal.

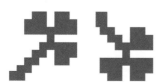

228 ■

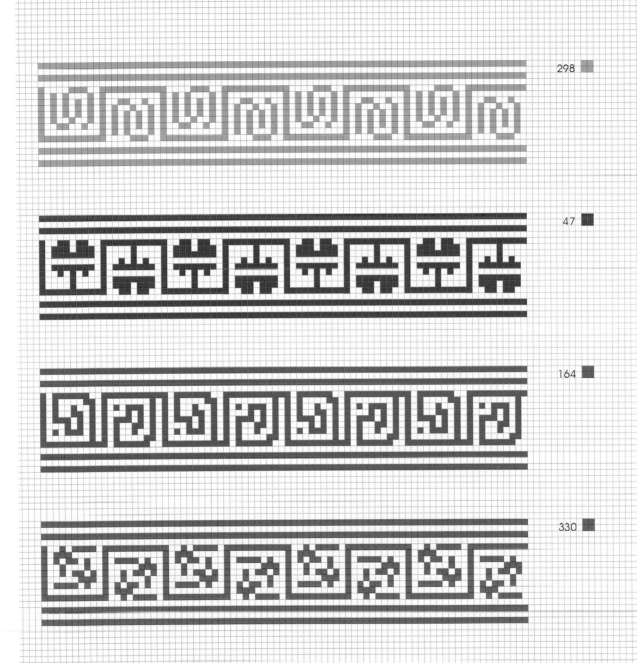

298

47

164

330

Renovando la Cocina

MATERIAL NECESARIO

- hilo Mouliné "Anchor", 1 madeja de cada uno de los colores indicados en la leyenda del esquema
- aguja de bordar "Milward" de punta redonda n° 22
- banda de tela Aida de 100 cm de largo y 10 de ancho (en 2 cm hay 11 agujeros y, por tanto, 10 puntos)
- 30 cm de *velcro*

Una idea original y simpática para renovar los viejos tarros de la cocina. Bordar en la banda de tela Aida, con tres hebras de Mouliné, los motivos que se proponen, siguiendo atentamente las indicaciones para la ejecución del punto de perfilar. Forrar los tarros con las bandas bordadas y adquirirán un aspecto desenfadado y divertido que pondrá una nota de color en la cocina.

EL TOQUE FINAL

Cómo confeccionar el "cubretarros"

Cortar una banda de tela Aida de 30 x 10 cm rematada en blanco y hacer un dobladillo de 0,5 cm en los dos lados cortos. Bordar el motivo elegido y coser con puntadas pequeñas una tira fina de *velcro* en los lados de 10 cm. Coser una parte por el derecho de la labor y otra por el revés, solapándolas para asegurarse de que cubren todo el tarro.

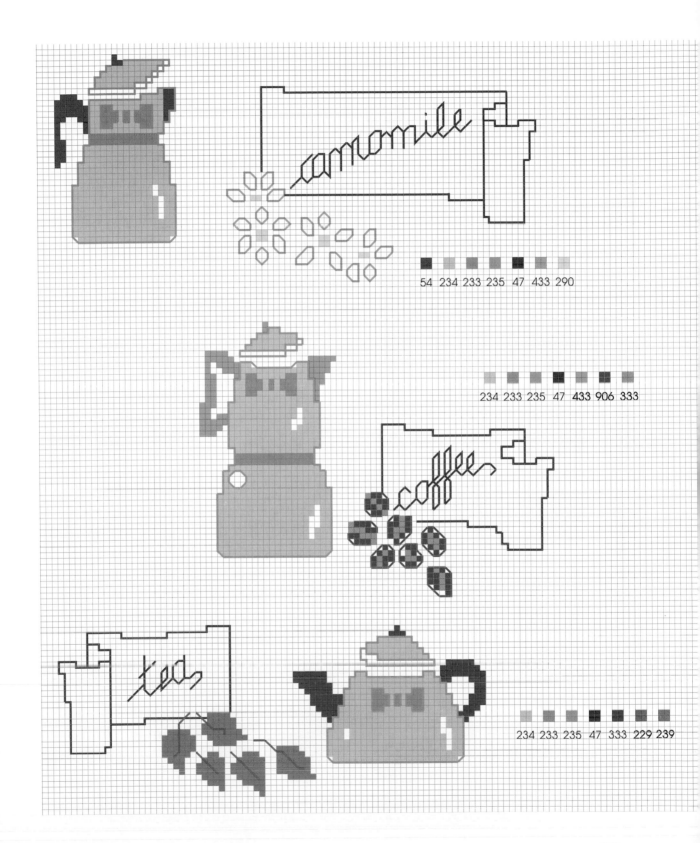

54 234 233 235 47 433 290

234 233 235 47 433 906 333

234 233 235 47 333 229 239

Un, Dos, Tres Ositos

Tres ositos para un simpático cuadro, para forrar la caja de los juguetes o para decorar la colchita de la cuna.

MATERIAL NECESARIO

- hilo de algodón "Anchor", 4 madejas de blanco 2 y rojo 335; 3 madejas de verde 228 y marrón ceniciento 898; 2 madejas de beis 368; 1 madeja de marrón 382 y negro 403
- aguja de bordar "Milward" de punta redonda nº 18
- trozo de cañamazo neutro blanco de 2 hebras de 30 x 60 cm (en 1 cm hay 5 agujeros y, por tanto, 5 puntos)

La labor terminada mide 34 x 20 cm.

1 cuadrito del esquema equivale a 1 agujero del cañamazo y, por tanto, a 1 punto.

Cortar un rectángulo de 50 x 30 cm de cañamazo, colocarlo en el bastidor y bordar el motivo siguiendo el esquema y la leyenda para la disposición de los colores.

Rematar la labor bordando a punto con el hilo de algodón negro las líneas de separación de los zapatos, y con hilo de color crema las líneas de separación entre las "garras".

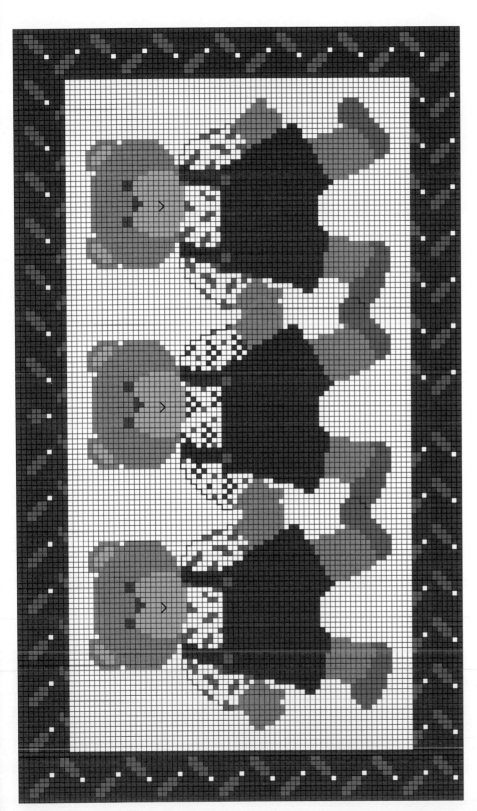

☐	= 2
■	= 228
■	= 335
■	= 368
■	= 382
■	= 403
■	= 898

CÓMO SE HACE

El punto de perfilar

Hacer una línea a hilván. Avanzar de arriba abajo, o de derecha a izquierda, y coger 2 hebras dobles siguiendo el contorno del diseño. Una vez terminada la línea, volver al principio, bordando siempre a hilván los espacios dejados en la línea anterior.

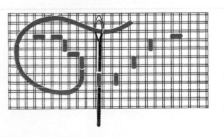

MATERIAL NECESARIO

Labor de punto de cruz
● hilo Mouliné "Anchor", 1 madeja de cada uno de los colores indicados en la leyenda del esquema
● trozo de tela Aida blanca de 35 x 180 cm
● bobina de Filofort "Tre Cerchi Rosso" nº 50, blanco
● aguja de bordar "Milward" de punta redonda nº 24
● aguja de coser nº 7
● 150 cm de bies de raso de color rosa, de 1,5 cm de ancho

El pañito terminado mide 35 cm de lado.

1 cuadrito del esquema equivale a 1 cuadrito de la tela Aida y, por tanto, a 1 punto.

Labor de medio punto
● hilo de algodón "Anchor", 1 madeja de cada uno de los colores indicados en la leyenda del esquema
● aguja de bordar "Milward" de punta redonda nº 18
● trozo de cañamazo neutro blanco de 2 hebras de 25 x 60 cm (en 1 cm hay 5 agujeros y, por tanto, 5 puntos)

El motivo terminado mide 12 x 10,5 cm.

1 cuadrito del esquema equivale a 1 agujero del cañamazo y, por tanto, a 1 punto.

CORONA DE FLORES

Un motivo delicado para poner en cada esquina una nota de romántica elegancia.

Cortar un cuadrado de 35 cm de lado de tela Aida y en una esquina, dejando 2 cm de margen a los lados, bordar a punto de cruz el motivo siguiendo el esquema y la leyenda para la disposición de los colores, usando 3 hebras de Mouliné. Terminado el bordado, redondear las esquinas del cuadra-do y rematar el borde del pañito con un bies de raso, metiéndolo a caballo del tejido y fijándolo con punto de dobladillo. Cortar un cuadrado de 25 cm de lado de cañamazo, colocarlo en un bastidor y bordar el motivo a medio punto siguiendo el esquema y la leyenda correspondiente para la disposición de los colores.

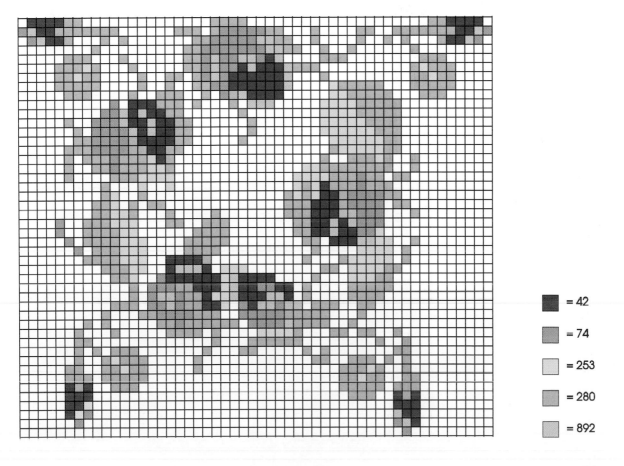

■ = 42

▦ = 74

▢ = 253

▨ = 280

▥ = 892

273

UNA BOLSA MUY ESPECIAL

De forma sencilla, pero el tejido y el bordado la hacen muy especial.

MATERIAL NECESARIO

● hilo de algodón "Anchor", 1 madeja de cada uno de los colores indicados en la leyenda del esquema
● aguja de bordar "Milward" de punta redonda nº 18
● aguja de coser nº 7
● trozo de cañamazo antiguo neutro de 2 hebras de 25 x 60 cm (en 1 cm hay 4 agujeros y, por tanto, 4 puntos)
● bobina de Filofort "Tre Cerchi Rosso" nº 50, blanco
● trozo de tela Decortex de 50 x 180 cm; 2 m de cinta negra de algodón de 1 cm de ancho

La labor terminada mide 18 x 16,5 cm.

1 cuadrito del esquema equivale a 1 agujero del cañamazo y, por tanto, a 1 punto.

Cortar un rectángulo de cañamazo de 30 x 25 cm y mar-
car con hilvanes las dimensiones
del motivo. Colocarlo en el bastidor y bordar el motivo a medio
punto siguiendo el esquema y la
leyenda para disponer los colores.

CONFECCIÓN

Cortar el cañamazo sobrante dejando un margen de 2 cm alrededor
del motivo y rematarlo con un
dobladillo de 1 cm cosido al revés
con puntadas cruzadas. Cortar un
rectángulo de tela de 78 x 47 cm.
Doblarlo a la mitad por el lado

largo y, en una de las dos partes, a 4
cm del fondo, apoyar el bordado y
coser 3 de los lados con puntadas
pequeñas ocultas para formar el
bolsillo. Volver la tela del revés y
coser el borde inferior y el lateral
(por la parte de arriba, a 1 cm del
borde, y dejar 2 cm sin coser para
pasar la cinta). En el borde superior,
hacer un remate de 5 cm de ancho
y fijarlo con 2 costuras, dejando
entre costura y costura unos 2 cm
de espacio para luego pasar por él la
cinta. Volver la bolsa del derecho e
introducir la cinta, doble, entre las
dos costuras del remate superior.

UN CONSEJO

Cuando se tenga que planchar
un bordado, hacerlo del derecho, porque el hilo pierde su
suavidad natural (de hecho, la
plancha caliente daña todos
los hilos). Por consiguiente, para realizar esta operación, humedecer un trapo blanco limpio, cubrir con él la labor por
el revés y plancharla con la
plancha caliente sin apretar
demasiado.

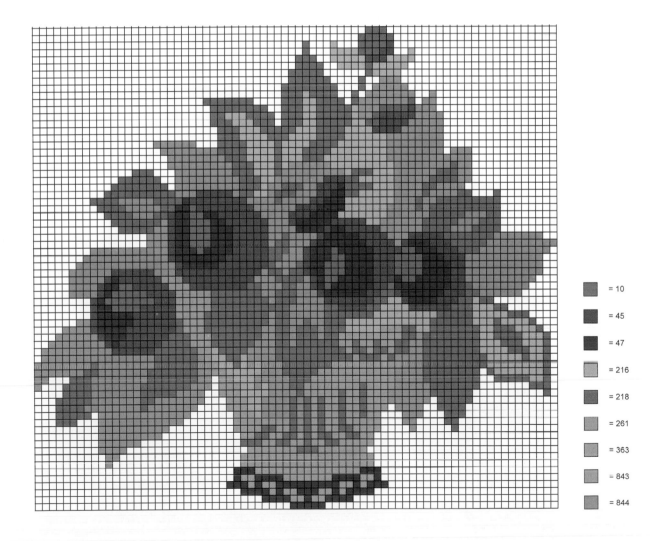

= 10
= 45
= 47
= 216
= 218
= 261
= 363
= 843
= 844

FRESAS Y FRESITAS

*Un puñado de fresas frescas en un alegre
mantelito individual para el desayuno o
en un bonito centro de mesa.*

MATERIAL NECESARIO

● hilo Mouliné "Anchor",
1 madeja de cada uno de los
colores indicados en la leyenda
del esquema
● bobina de hilo especial para
dobladillos con vainica
"Trifoglio" blanco nº 100
● aguja de bordar "Milward"
de punta redonda nº 20
● aguja de coser nº 7
● trozo de tela de hilo grueso
blanca de 40 x 140 cm

*El mantel terminado mide
35 cm de lado.*

1 cuadrito del esquema
equivale a 2 hilos de la tela y,
por tanto, a 1 punto.

Cortar un cuadrado de 40 cm de lado de tela. En una esquina, a 4,5 cm de los bordes, bordar a medio punto las fresas siguiendo el esquema: coger 2 hilos de la tela en cada punto, tanto a lo alto como a lo ancho, y usar las 6 hebras del Mouliné. Una vez terminado el bordado, rematar el mantel: sacar 2 hilos de la tela a 2,5 cm de los bordes, interrumpir el deshilado en las esquinas y en el punto de encuentro (no se deben cortar los hilos al ras de la tela; dejar algunos mm y esconderlos después dentro del reborde), doblar dos veces los bordes de tela a partir del deshilado, fijar bien las esquinas y rematar el dobladillo con vainica simple usando el hilo "Trifoglio".

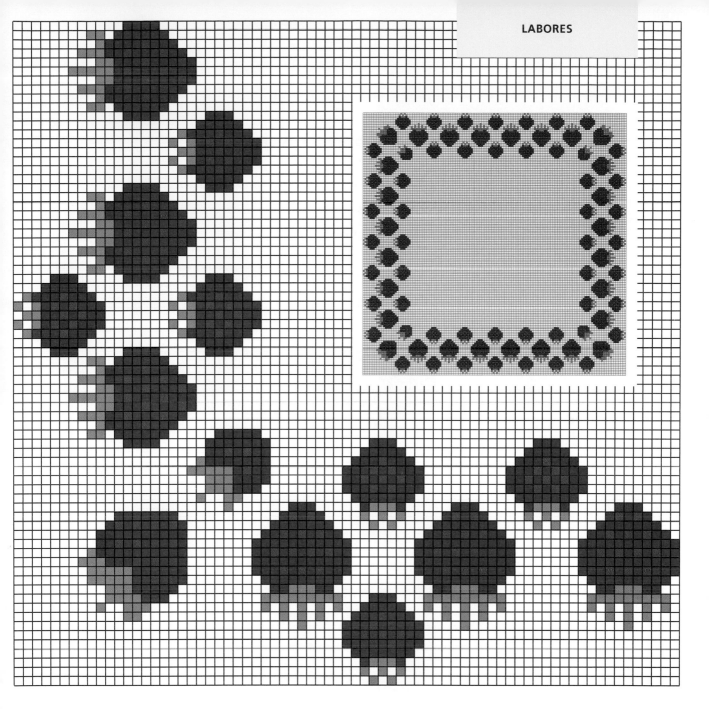

CÓMO SE HACE

La vainica simple

Fijar el hilo dentro del dobladillo, pasar la aguja de derecha
a izquierda 4 hilos por debajo
del deshilado, reagrupándolos
bien, y fijar el punto cogiendo
2 hilos de la tela del lado del
dobladillo.

 = 46

 = 47

 = 239

277

MATERIAL NECESARIO

● hilo de algodón "Anchor", 3 madejas de rojo 46 y 2 madejas de blanco 2
● bobina de Filofort "Tre Cerchi Rosso" nº 50, blanco
● aguja de bordar "Milward" de punta redonda nº 18
● aguja de coser nº 7
● trozo de cañamazo antiguo neutro de 2 hebras de 60 x 60 cm (en 1 cm hay 5 agujeros y, por tanto, 5 puntos)
● trozo de tela Aida de 30 x 180 cm
● 30 cm de guata de relleno

El cubreteteras terminado mide 38 x 23 cm.

1 cuadrito del esquema equivale a 1 agujero del cañamazo y, por tanto, a 1 punto.

UN TÉ MUY CALIENTE

Simpático cubreteteras blanco y rojo para la mesa del desayuno o la merienda.

Cortar un rectángulo de cañamazo de 46 x 30 cm. Marcar con hilvanes las dimensiones del motivo, comenzando a 7,5 cm del borde derecho y a 3,5 cm del borde inferior. Colocar el cañamazo en el bastidor y bordar el motivo siguiendo el esquema y la leyenda para la disposición de los colores y las puntadas.

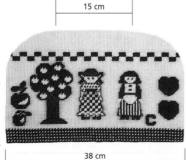

15 cm

11 cm

12 cm

38 cm

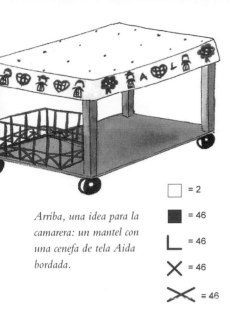

Arriba, una idea para la camarera: un mantel con una cenefa de tela Aida bordada.

▢ = 2

◼ = 46

L = 46

✕ = 46

⨉ = 46

CONFECCIÓN

Copiar a escala natural el modelo del cubreteteras y recortarlo. Apoyar el modelo sobre el cañamazo bordado y recortarlo siguiendo la plantilla, dejando 1 cm de margen todo alrededor para las costuras. Cortar otra forma igual del resto del cañamazo, unir las 2 piezas, derecho contra derecho, y coserlas dejando el lado derecho abierto. Doblar la tela Aida de modo que quede doble, apoyar el modelo encima y recortar la forma, dejando 1 cm de más alrededor. Coser las dos piezas, derecho contra derecho, como se ha hecho con el cañamazo, e introducir esta forma dentro de la anterior, apoyando el revés del cañamazo sobre el derecho del tejido. De la tela Aida doble, cortar otro modelo sin dejar un margen para las costuras y hacer lo propio con las láminas de guata. Apoyar cada lámina sobre la tela, hilvanarlas y unir las piezas con relleno, dejando la guata del lado de fuera, para luego meter este relleno en el cubreteteras, revés contra revés. Doblar hacia dentro los márgenes de los lados derechos y coserlos del derecho con puntadas ocultas.

MATERIAL NECESARIO

Toalla de punto de cruz
● hilo Mouliné "Anchor", 1 madeja de cada uno de los colores indicados en la leyenda del esquema
● aguja de bordar "Milward" de punta redonda nº 22
● toalla de tela de Holanda con franja de tela Aida (en 1 cm hay 6 agujeros y, por tanto, 6 puntos)

1 cuadrito del esquema equivale a 1 cuadrito de la tela Aida y, por tanto, a 1 punto.

Marcapáginas de medio punto
● hilo de algodón "Anchor", 1 madeja de cada uno de los colores indicados en la leyenda del esquema; 2 madejas de beis oscuro 388 para el fondo
● trozo de cañamazo antiguo neutro de 2 hebras de 15 x 60 cm (en 1 cm hay 4 agujeros y, por tanto, 4 puntos)
● bobina de Filofort "Tre Cerchi Rosso" nº 50, beis
● aguja de bordar "Milward" de punta redonda nº 18
● aguja de coser nº 7
● 65 cm de cordón de raso beis

El marcapáginas terminado mide 22 x 7,5 cm.

1 cuadrito del esquema equivale a 1 agujero del cañamazo y, por tanto, a 1 punto.

TIRAS DE FLORES

Una cascada de rosas y florecillas multicolor para una toalla de tela de Holanda y un marcapáginas.

TOALLA DE PUNTO DE CRUZ

En la franja de tela Aida, bordar a punto de cruz la guirnalda de flores, siguiendo el esquema y la leyenda para la disposición de los colores, y usando tres hebras de hilo Mouliné. Repetir el motivo por todo el ancho de la toalla.

MARCAPÁGINAS DE MEDIO PUNTO

Cortar un rectángulo de cañamazo de 15 x 30 cm y bordar a medio punto en el centro el mismo motivo de la toalla, añadiendo algunas flores más, y siguiendo el esquema y la leyenda para la disposición de los colores que aparecen en estas páginas. Una vez terminado el bordado, doblar del revés el cañamazo sobrante formando con cuidado la punta y coser los bordes al revés con puntadas cruzadas. Colocar el cordón todo alrededor como se ve en la fotografía, coserlo con puntadas pequeñas ocultas y hacer la lazada.

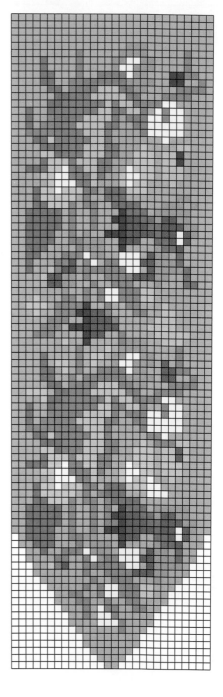

▨	= 6
▨	= 8
▨	= 10
▨	= 128
▨	= 267
☐	= 292
▨	= 388
▨	= 846
▨	= 870
▨	= 872
▨	= 873

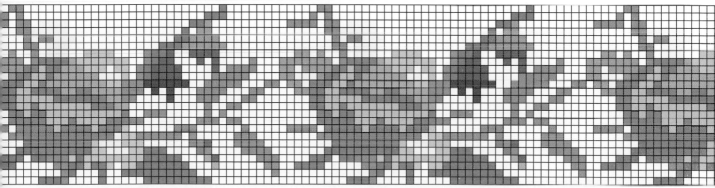

RECUERDOS INOLVIDABLES

*Elegante combinación de colores para enmarcar
una imagen o un recuerdo muy querido.*

Cortar cuatro bandas de cañamazo de 30 x 25 cm, colo-
carlas en el bastidor y bordarlas a
medio punto siguiendo el esquema y la leyenda para la disposición de los colores. En cada banda bordar un lado del marco, empezando el bordado en el centro
de la banda, a 3 cm del borde
largo. Al terminar el bordado,
unir las bandas entre sí: doblar
cada banda a lo largo y al borde
del bordado, por los bordes laterales cortos, y cortar las dos partes
sobrantes del cañamazo a 1,5 cm
del bordado. Para hacer la esquina, unir dos bandas superponiendo una a otra, derecho contra derecho, y coser con pespunte las
diagonales siguiendo los puntos
límite del borde del bordado.
Unir todas las bandas y, una vez
hecho el marco, volverlo del derecho. Doblar hacia dentro el cañamazo sobrante, no bordado, de
la parte interior y coser los bordes
doblados con punto de dobladillo.
Con un trapo húmedo y la plancha
caliente, presionar ligeramente la
labor por el revés.

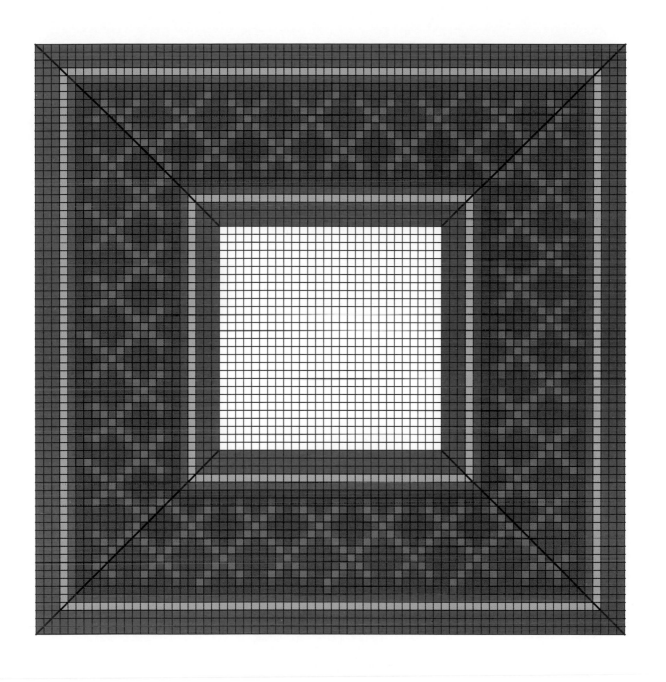

■ = 47   ■ = 371

□ = 306   ■ = 403

■ = 326   ■ = 873

■ = 332   / = línea de costura
                    de las distintas piezas

COJÍN ROMÁNTICO

El sencillo motivo, repetido cuatro veces en el centro de un cojín blanco, es un bordado Richelieu *con festón. El motivo está enmarcado por un deshilado y rematado con ondas de festón.*

MATERIAL NECESARIO

- 50 x 100 cm de tela de hilo blanco
- 1 madeja de hilo de algodón de bordar blanco nº 25
- 1 madeja de hilo Mouliné blanco
- ovillo de algodón para dobladillos con vainica
- cremallera de 30 cm de largo
- cojín con relleno
- punzón
- tijeras de bordar

PUNTOS EMPLEADOS

- bordado *Richelieu*
- punto inglés
- festón
- punto plano
- calado de filtiré

El cojín mide 50 x 50 cm y el volante es de 4 cm de ancho.

Coger la tela y cortar un cuadrado de 50 x 50 cm y dos rectángulos: uno de 40 x 30 cm y otro de 40 x 20 cm. Reproducir el motivo que se desee bordar en el centro del cuadrado de tela (repitiendo cuatro veces el dibujo que aparece en esta página) y las ondas de festón del borde. Bordar con el hilo de algodón de bordar los motivos *Richelieu*, los agujeritos con punto inglés y las flores y las hojitas con bordado de realce con dos hebras de hilo Mouliné. Cortar la tela por debajo de las barritas y el borde de festón con las tijeras de bordar. A 8 cm del borde festoneado, sacar 12 hilos como para enmarcar el motivo y realizar el calado de filtiré. Al terminar, festonear el borde. Rematar un lado de los dos rectángulos con un dobladillo de 1 cm y unirlos con una costura. Apoyar en el cuadrado bordado, revés contra revés, los dos rectángulos con los dobladillos superpuestos y coser los cuatro lados, dejando libre el margen de 4 cm del volante. Volver la labor del derecho y meter en la funda el cojín relleno.

50 cm

CÓMO SE HACEN LOS PUNTOS EMPLEADOS

Bordado Richelieu

Delimitar con hilvanes el contorno del motivo y cubrirlo con festón, haciendo las barritas donde proceda. Después, cortar al hilo la tela a lo largo del borde de festón con las tijeras de bordar, con mucho cuidado de no cortar las puntadas.

Punto inglés

Delimitar el contorno del agujero con hilvanes, agujerear la tela con el correspondiente punzón y cubrir el hilván con cordón vertical, dando puntadas verticales muy pequeñas y apretadas.

Festón

Se realiza de izquierda a derecha. Inmovilizando el hilo con el pulgar de la mano izquierda, dar una serie de puntadas verticales regulares, cogiendo 3 hilos de tela.

Punto plano

Dar muchas puntadas de punto al pasado, muy juntas, de un extremo a otro del motivo.

Calado de filtiré

Está compuesto por dos filas exteriores de punto de cuadros y, entre ellas, en el medio, una decoración con columnas. Se realiza de izquierda a derecha. Sacar los hilos correspondientes para formar el marco: sacar 2 hilos, dejar 4, sacar otros 8, dejar 4 y sacar otros 2. Clavar la aguja en la tela y sacarla en el deshilado superior, a 4 hilos del principio. Con una puntada horizontal, volverla a clavar 4 hilos a la izquierda y sacarla 4 hilos más abajo y 4 hilos a la derecha. Dar una puntada atrás en horizontal hacia la izquierda, cogiendo 4 hilos de tela, y sacar la aguja 4 hilos a la derecha. Con una puntada vertical, volver a clavar la aguja en el deshilado superior y sacarla 4 hilos a la derecha. Repetir estos movimientos hasta el final del deshilado. Repetir la operación en el deshilado inferior y, a la vez, hacer el nudo que une dos columnas en el centro, formando el motivo del "calado". Rematar las esquinas con un milano.

MANTELES INDIVIDUALES

Los puntos calados son de los más difíciles, pero con ellos se consiguen magníficos resultados estéticos, como en el caso de estos manteles individuales.

MATERIAL NECESARIO

- tela de hilo blanco
- 1 madeja de hilo de algodón de bordar blanco nº 25
- una madeja de hilo Mouliné blanco
- ovillo de algodón para dobladillos con vainica
- punzón
- tijeras de bordar

Los manteles miden 60 x 40 cm.

Las labores con hilo blanco en hilo y algodón del mismo color se conocen tradicionalmente como bordado en blanco y se utilizan sobre todo en la ropa de casa.

Cuando se trabaja con un hilo y una tela del mismo color, es importante crear un contraste por medio de algunos trucos, como

puede ser el utilizar en el bordado puntos calados tales como el bordado *Richelieu*.

Se caracterizan porque crean espacios y motivos que deben recortarse, por lo que es fundamental preparar dibujos como los que se muestran en estas páginas o, cuando se tenga más experiencia, crearlos uno mismo. Los mo-

tivos más utilizados son los motivos florales, pero también con los geométricos se obtienen resultados muy interesantes.

A pesar de su aparente fragilidad, los puntos calados son de los más resistentes y sólidos ya que se realizan con hilvanes muy precisos y puntos de cobertura muy juntos.

MATERIAL NECESARIO

- 50 g de hilo de escocia "Freccia" n° 25, blanco 7901
- ganchillo de acero para encaje "Milward" n° 0,60

MUESTRA

10 x 10 cm de *filet* equivalen a 23 cuadritos y 30 filas.

PUNTOS EMPLEADOS

- cadeneta ● punto alto

La labor tiene 25 cm de largo.

CAMINO DE MESA CON ESPIRALES

Los motivos geométricos y las flores, individuales o unidas en guirnaldas, son los que más se prestan para la elaboración de grecas y cenefas de filet.

Empezar la labor por el lado inferior, montando 213 cadenetas. Hacer el 1° punto alto en la 9ª cadeneta y continuar siguiendo el esquema (69 cuadritos). Repetir desde la 1ª a la 114ª fila hasta alcanzar la longitud deseada. Al terminar, cortar el hilo y fijarlo.

Como alternativa, montar 64 cadenetas. Tejer el 1° punto alto en la 5ª cadeneta y continuar siguiendo el esquema (20 cuadritos). Repetir desde la 1ª a la 78ª fila hasta alcanzar la longitud deseada. Al terminar, cortar el hilo y rematarlo.

▲ Comienzo de la labor

☐ Espacio

☒ Grupo

Alternativa

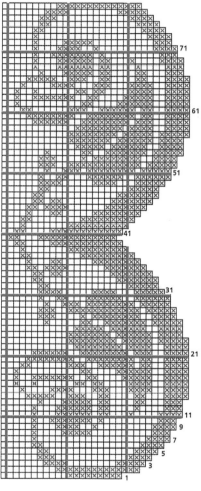

64 cadenetas

213 cadenetas

*Haciendo más bandas
y alternándolas con tela de hilo,
se pueden confeccionar manteles
o colchas adornadas con el encaje.*

MATERIAL NECESARIO

- 50 g de hilo de escocia "Freccia" nº 25, blanco 7901
- ganchillo de acero para encaje "Milward" nº 0,60
- bobina de Filofort "Tre Cerchi Rosso" nº 50
- 2 toallas de hilo rosas

MUESTRA

10 x 10 cm de *filet* equivalen a 19 cuadritos y 18,5 filas.

PUNTOS EMPLEADOS

- cadeneta • punto alto

La labor tiene 14 cm de ancho.

JUEGO DE TOALLAS

En la ropa blanca de mamá y papá, una cenefa cruda tono sobre tono es una refinada variante a los colores tradicionales.

Empezar la labor por el borde inferior, montando 79 cadenetas. Hacer el 1º punto alto en la 5ª cadeneta. Continuar siguiendo el esquema correspondiente (25 cuadritos). Repetir desde la 1ª a la 32ª fila (5 veces para la toalla grande y 3 veces para la pequeña) y, al terminar, cortar el hilo y fijarlo.

CONFECCIÓN

Coser la cenefa al borde inferior de las toallas con pequeñas puntadas ocultas.

CONSEJO

Mojar la cenefa y las toallas para evitar que encojan en el primer lavado, dando pie a imperfecciones.

▲ Comienzo de la labor   □ Espacio   ☒ Grupo

Alternativa

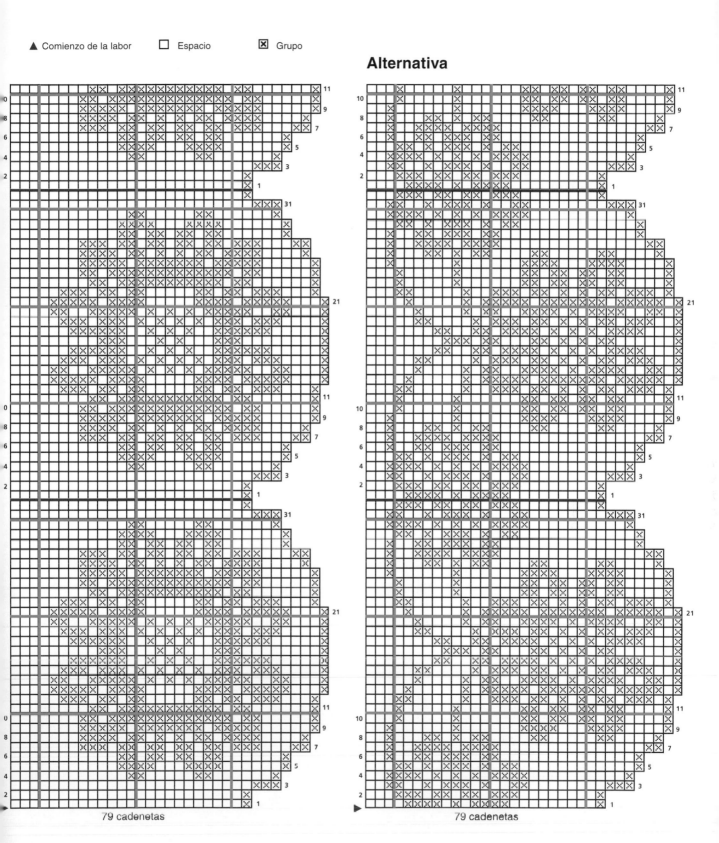

79 cadenetas   79 cadenetas

291

MATERIAL NECESARIO

- 50 g de hilo de escocia "Freccia" n° 12, blanco 7901
- bobina de Filofort "Tre Cerchi Rosso" n° 50
- ganchillo de acero para encaje "Milward" n° 1,00
- aguja de coser "Milward" n° 7
- trozo de hilo de 35 x 180 cm

PUNTOS EMPLEADOS

- cadeneta ● medio punto bajo ● punto bajo
- punto alto ● punto alto doble ● punto triple
- punto cuádruple
- puntos en grupo: no se hace el último cierre de cada punto; después, con 1 hebra, cerrar todos los puntos en el ganchillo de una sola vez
- piquito con medio punto bajo: 3 cadenetas y 1 medio punto bajo en la 1ª de las 3 cadenetas

La labor terminada mide 36 cm de lado.
Un motivo formado por 5 flores mide 8 cm de lado.

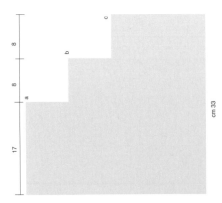

ESQUINA FLORAL

Las delicadas flores del espino blanco son ideales para decorar la esquina de una servilleta. Puede utilizarse el mismo motivo para decorar un mantel.

La servilleta es de tela con una esquina con 3 motivos con flores (A–B), realizados por separado y unidos con medio punto bajo cuando hacemos la última vuelta.

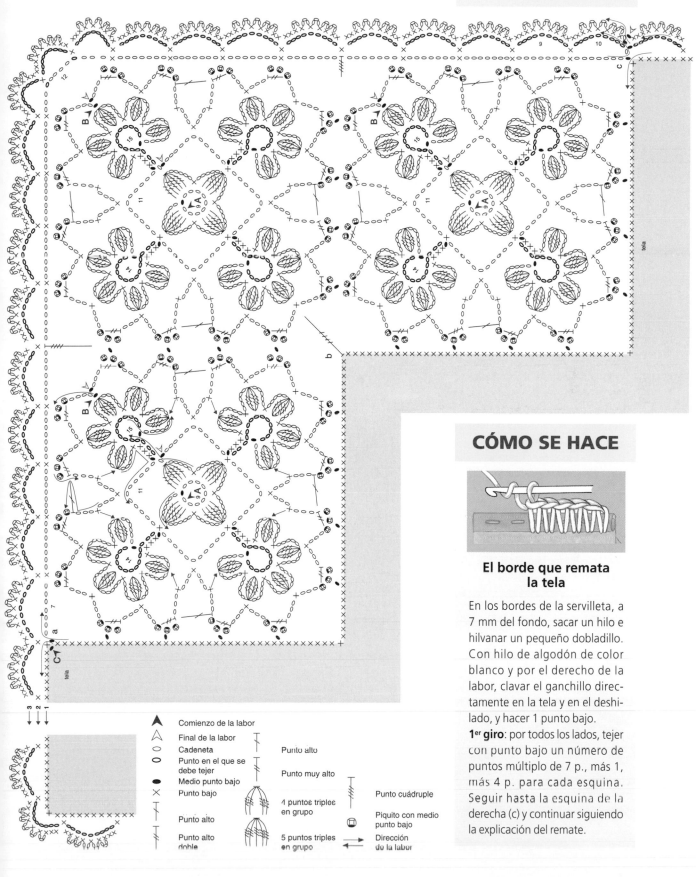

Comienzo de la labor
Final de la labor
Cadeneta
Punto en el que se debe tejer
Medio punto bajo
Punto bajo

Punto alto
Punto alto doble

Punto alto
Punto muy alto
4 puntos triples en grupo
5 puntos triples en grupo

Punto cuádruple
Piquito con medio punto bajo
Dirección de la labor

CÓMO SE HACE

El borde que remata la tela

En los bordes de la servilleta, a 7 mm del fondo, sacar un hilo e hilvanar un pequeño dobladillo. Con hilo de algodón de color blanco y por el derecho de la labor, clavar el ganchillo directamente en la tela y en el deshilado, y hacer 1 punto bajo.

1er giro: por todos los lados, tejer con punto bajo un número de puntos múltiplo de 7 p., más 1, más 4 p. para cada esquina. Seguir hasta la esquina de la derecha (c) y continuar siguiendo la explicación del remate.

Mantel Individual de Cuadritos

MATERIAL NECESARIO

- 100 g de hilo de escocia "Freccia" nº 16, blanco 7901
- ganchillo de acero para encaje "Milward" nº 0,75

PUNTOS EMPLEADOS

- cadeneta ● medio punto bajo ● punto bajo ● punto alto
- punto cangrejo: punto bajo realizado de izquierda a derecha
- *filet*: labor en red que se obtiene siguiendo un esquema en el que se alternan cuadritos llenos (grupos) y cuadritos vacíos (espacios). Grupo: * 1 punto alto en cada uno de los 3 puntos siguientes*; repetir de * a *. Espacio: * 1 punto alto, 2 cadenetas, saltar 2 puntos *; repetir de * a *. El último cuadrito de cada fila, lleno o vacío, debe cerrarse siempre con 1 punto alto.

El mantelillo individual mide 53 x 51 cm.

Como la página de un cuaderno de hojas de cuadros, en el que dibujar recordando nuestra niñez. Pero en lugar de hacer los dibujos a lápiz, los hacemos con filet *y la "página" se convierte en un bonito mantel individual.*

El esquema muestra cómo hacer la labor de *filet*. En lo que al motivo se refiere, cada cuadrito vacío equivale a 1 espacio y cada cuadrito lleno equivale a un grupo. El mantelillo está rematado por un borde externo de punto bajo y punto cangrejo, que empieza a hacerse a partir de la 110ª fila. Empezar montando 336 cadenetas y continuar siguiendo la sucesión de filas del esquema (el comienzo está marcado con ➤).

Remate

110

336 cadenetas

Comienzo de la labor	Punto cangrejo
Final de la labor	Punto alto
Cadeneta	Espacio
Medio punto bajo	Grupo
Punto bajo	Dirección de la labor

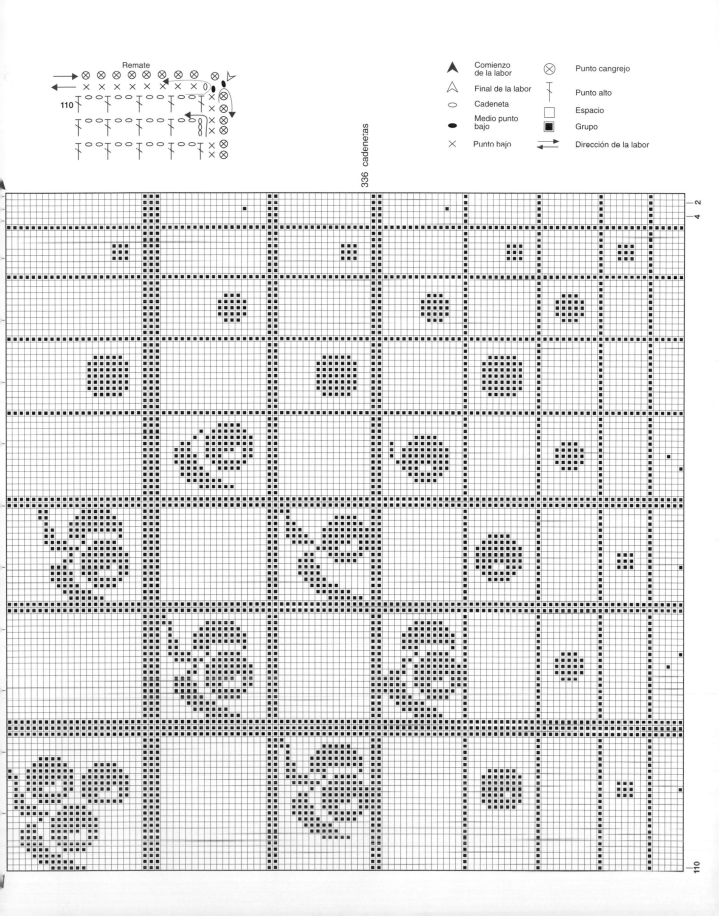

2
4

110

MATERIAL NECESARIO

● 150 g de hilo de algodón "Pellicano" nº 8, beis 718
● bobina de Filofort "Tre Cerchi Rosso" nº 50, beis
● ganchillo de acero para encaje "Milward" nº 1,25
● aguja de coser "Milward" nº 7
● un trozo de batista de hilo beis de 100 x 180 cm

PUNTOS EMPLEADOS

● cadeneta
● medio punto bajo ● punto bajo ● punto alto doble
● *filet*: labor en red que se obtiene siguiendo un esquema en el que se alternan cuadritos llenos (grupos) y cuadritos vacíos (espacios). Grupo: * 1 punto alto doble en cada uno de los 3 puntos siguientes *; repetir de * a *. Espacio: *1 punto alto doble, 2 cadenetas, saltar 2 puntos*; repetir de * a *. El último cuadrito de cada fila, lleno o vacío, debe cerrarse siempre con 1 punto alto doble.
● punto cangrejo: punto bajo realizado de izquierda a derecha

La cenefa terminada mide 104 x 33 cm.
La cortina terminada mide 104 x 130 cm.

FILET DE FRUTAS

Una cortina muy original que, sin quitar la luz, decora y pone un toque simpático en la ventana de la cocina.

La cortina está constituida por un rectángulo de tela y una greca de *filet* con un remate exterior de punto bajo y punto cangrejo.

El esquema muestra la labor de *filet* y en él, en lo que al motivo se refiere, cada cuadrito vacío equivale a 1 espacio y cada cuadrito lleno equivale a 1 grupo. El último cuadrito de cada fila, lleno o vacío, debe cerrarse con 1 punto alto doble.

CONFECCIÓN

Cortar un rectángulo de batista de hilo de 105 x 98 cm, incluidos los bordes de costura, y dejar en todos los lados un dobladillo de 0,5 cm de ancho. Coser la cenefa con pequeñas puntadas ocultas en el borde inferior, cubriendo el dobladillo.

150   151

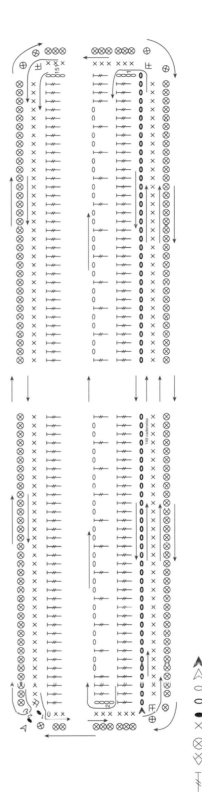

10
U
6
4
2

11
9
7
5
3
1

149 cadenetas

Comienzo de la labor

Final de la labor

Cadeneta

Punto en el que se debe tejer

Medio punto bajo

Punto bajo

Punto cangrejo

Aumentar 1 punto bajo

Punto alto doble

Dirección de la labor

MATERIAL NECESARIO

- 100 g de hilo de algodón "Pellicano" nº 8, blanco 7901
- ganchillo de acero para encaje "Milward" nº 1,50
- bobina de Filofort "Tre Cerchi Rosso" nº 50, blanco
- aguja de coser "Milward" nº 7
- un trozo de batista de algodón blanco de 56 x 180 cm

PUNTOS EMPLEADOS

- cadeneta
- medio punto bajo
- punto alto
- *filet*: labor en red que se obtiene siguiendo un esquema en el que se alternan cuadritos llenos (grupos) y cuadritos vacíos (espacios). Grupo: * 1 punto alto en cada uno de los 3 puntos siguientes *; repetir de * a *. Espacio: * 1 punto alto, 2 cadenetas, saltar 2 puntos *; repetir de * a *. El último cuadrito de cada fila, lleno o vacío, debe cerrarse siempre con 1 punto alto.

El motivo de forma triangular mide 33 cm de alto y 27 cm de base.
La cortina terminada mide 54 x 148 cm.

Triángulos Florales

Batista de algodón y triángulos de encaje con motivos florales para esta preciosa cortina "de la abuela" de fácil ejecución.

Para la cortina se necesitan 2 triángulos rectángulos iguales (A–B) de *filet*. El esquema muestra la labor de *filet* y, en él, en lo que al motivo se refiere, cada cuadrito vacío equivale a 1 espacio y cada cuadrito lleno equivale a 1 grupo.

EJECUCIÓN

Empezar por el lado más largo del triángulo (A).
Montar 181 cadenetas.

1ª fila: 1 p. alto en la 5ª cad., 1 p. alto en cada una de las cad. sig.; volv.
2ª fila: 3 cad. (= 1 p. alto), 1 p. alto en cada uno de los 3 p. sig. durante 56 vueltas: 2 cad., salt. 2 p., 1 p. alto en los sig. p.; 1 p. alto en cada uno de los 3 p. sig.; volv.
3ª fila: 1 p. bj. en cada uno de los 4 p. sig. (se disminuye un grupo al principio de la fila), 3 cad. (= 1 p. alto), 2 p. altos en el sig. esp., 1 p. alto en el sig. p. alto, durante 14 vueltas: 2 cad. salt. 1 esp., 1 p.

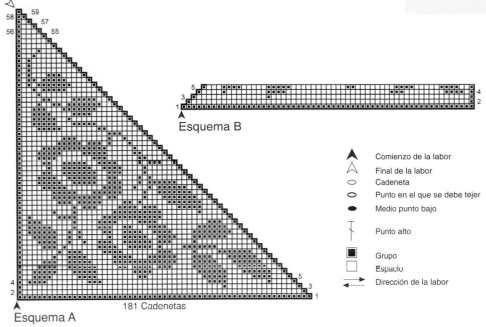

Esquema B

Esquema A

181 Cadenetas

⬈	Comienzo de la labor
⬈	Final de la labor
○	Cadeneta
◖	Punto en el que se debe tejer
●	Medio punto bajo
⊤	Punto alto
■	Grupo
□	Espacio
⟷	Dirección de la labor

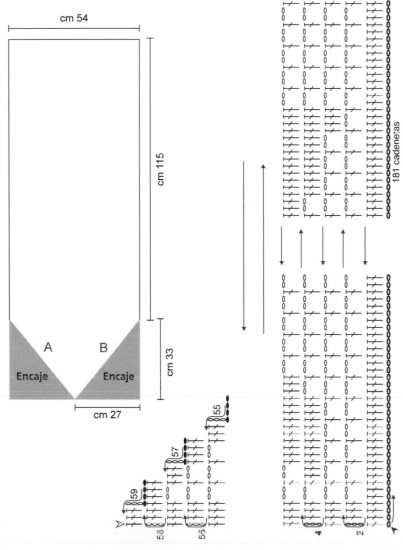

alto en el sig. p.; 2 p. altos en el sig. esp., 1 p. alto en el sig. p. alto, durante 40 vueltas: 2 cad. salt. 1 esp., 1 p. alto en el sig. p. alto, 1 p. alto en cada uno de los 3 p. sig.; volv. cont. siguiendo el esquema hasta la 59ª fila.

Cortar el hilo.

Hacer el otro triángulo (B) del mismo modo. Aquí se reproduce sólo la parte del esquema del comienzo de la labor, para obtener la 1ª fila de p. altos en el derecho, como en el esquema A.

CONFECCIÓN

Cortar un rectángulo de batista de 56 x 152 cm, incluidos los dobladillos. Formar en los dos lados largos un pequeño dobladillo de 0,5 cm doblado dos veces. En el lado superior de la cortina, hacer un dobladillo de 2 cm y coser a máquina estos 3 lados. En el otro lado corto, hacer los cortes oportunos, siguiendo el dibujo de conjunto, dejando 0,5 cm de más para formar un pequeño dobladillo por el derecho de la labor. Aplicar los 2 triángulos de *filet* de modo que los lados oblicuos tapen el dobladillo y coserlos con pequeñas puntadas ocultas.

cm 54

cm 115

cm 33

A — Encaje

B — Encaje

cm 27

MATERIAL NECESARIO

● 150 g de hilo de algodón
Minicaraibi de Lana Gatto
"Pellicano" de los siguientes
colores: 8177 amarillo
anaranjado, 8178 naranja, 1156
rojo, 8165 violeta, 8164 verde
prado, 8193 turquesa y 8106
azul azafata ● ganchillo nº 6

PUNTOS EMPLEADOS

● medio punto bajo
● punto bajo

GORRO ARCO IRIS

*Os mostramos cómo hacer un alegre gorro para la
primavera. Siete vivos colores alternados en franjas regulares
para un gorro de punto bajo hecho con el ganchillo.*

Con una cinta métrica, medir el
contorno de la cabeza de la niña e
ir controlando la medida de la
labor a medida que se avanza.

EJECUCIÓN

El casquete. Con el hilo rojo,
montar 6 puntos bajos y seguir
tejiendo en espiral, es decir, si-

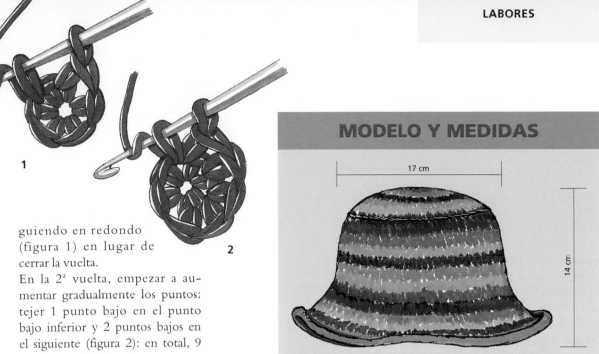

1

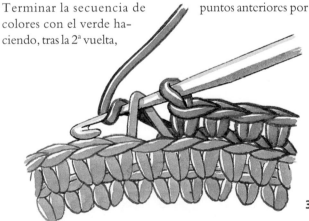

2

MODELO Y MEDIDAS

17 cm

14 cm

guiendo en redondo (figura 1) en lugar de cerrar la vuelta.

En la 2ª vuelta, empezar a aumentar gradualmente los puntos: tejer 1 punto bajo en el punto bajo inferior y 2 puntos bajos en el siguiente (figura 2): en total, 9 puntos bajos.

Seguir aumentando puntos en cada vuelta, de forma dispersa pero regular, para mantener la labor plana.

Continuar tejiendo el gorro con punto bajo con la siguiente disposición de vueltas y colores: 4 vueltas con el rojo, 2 vueltas con el naranja, 2 vueltas con el amarillo, 2 vueltas con el violeta, 2 vueltas con el verde, 2 vueltas con el turquesa y 1 vuelta con el azul. El cambio de color debe hacerse siempre en la misma posición.

Una vez realizadas todas estas vueltas (15 en total), se llega al ancho máximo del gorro, que en este caso es de 17 cm. Como es lógico, esta medida cambiará según el contorno de la cabeza.

Para remarcar el círculo, hacer una fila de punto bajo cogiendo sólo un hilo, clavando el ganchillo en el hilo de detrás del punto (figura 3).

La banda: hacer otras 2 vueltas de cada uno de los colores mencionados con anterioridad, siguiendo el mismo orden, sin realizar aumentos ni disminuciones.

El ala: repetir la secuencia de colores indicada al principio empezando por el rojo y aumentar en cada vuelta 1 punto bajo cada 2 puntos bajos.

Terminar la secuencia de colores con el verde haciendo, tras la 2ª vuelta,

una última vuelta de medio punto bajo como remate. Cortar el hilo y fijarlo pasándolo dentro de los puntos anteriores por el revés.

Cortar y fijar todos los hilos usados en la labor pasándolos dentro de los puntos anteriores por el revés.

3

CAMBIO DE COLOR

Para realizar el cambio de color, apoyar el nuevo hilo en el círculo y tejerlo con el anterior un par de centímetros, luego entrelazarlo y abandonarlo.

301

MANTELILLOS EN TRES COLORES

Un toque refinado y elegante para alegrar la mesa: mantelillos con bonitas cenefas de tres tonalidades distintas. En este caso, hemos elegido el blanco y dos tonos de verde, pero podéis elegir tonos que combinen mejor con el color de vuestra vajilla.

MATERIAL NECESARIO

● 50 g de hilo de escocia "Freccia" nº 16, verde claro 1489; ● 50 g de hilo de escocia "Freccia" nº 16, verde 301; ● 50 g de hilo de algodón "Pellicano" nº 8, blanco 7901; ● bobina de Filofort "Tre Cerchi Rosso" nº 50 blanco ● bobina de hilo de algodón especial para dobladillos con vainica "Trifoglio" nº 100 blanco ● ganchillo de acero para encaje "Milward" nº 0,75 ● aguja de coser "Milward" nº 7 ● trozo de batista de hilo blanca de 80 x 180 cm

PUNTOS EMPLEADOS

● cadeneta ● medio punto bajo ● punto bajo ● medio punto alto ● punto alto ● piquito con medio punto bajo: 3 cadenetas y 1 medio punto bajo en la 1ª de las 3 cadenetas ● puntos en grupo: no se hace el último cierre de cada punto; después, con 1 hebra, cerrar todos los puntos de una sola vez ● piquito con punto bajo: 3 cadenetas y 1 punto bajo en la 1ª de las 3 cadenetas ● vainica simple

Los manteles con la cenefa verde y verde clara miden 43 cm de lado. La cenefa tiene 3 cm de ancho.

El mantel con la cenefa blanca mide 32 cm de lado. La cenefa tiene 3,5 cm de ancho.

Con la Cenefa Verde Clara

E l mantelillo está formado por un cuadrado de tela rematado con vainica simple y adornado con una cenefa verde clara realizada en redondo con un ganchillo. Empezar montando un número de cadenetas múltiplo de 9, más 1 cadeneta para cada esquina, y cerrarlas en círculo con 1 medio punto bajo en la 1ª cadeneta de inicio. Continuar la labor siguiendo la succsión de vueltas y la dirección indicadas con flechas en el gráfico (el comienzo está marcado con ➤).

CONFECCIÓN

Cortar un cuadrado de batista de 40 cm de lado y a 1,5 cm de cada borde sacar 3 hilos, interrumpiendo la operación en las esquinas y en su punto de encuentro. No se deben cortar los hilos al ras de la tela, dejar algunos milímetros para esconderlos luego por dentro de la cenefa. Doblar dos veces la tela dcl lado exterior del deshilado, formar las esquinas con cuidado y coser los dobladillos con vainica simple. A continuación, apoyar la cenefa de ganchillo en el dobladillo, sobrc cl derecho de la tela, y coserla con pequeñas puntadas ocultas.

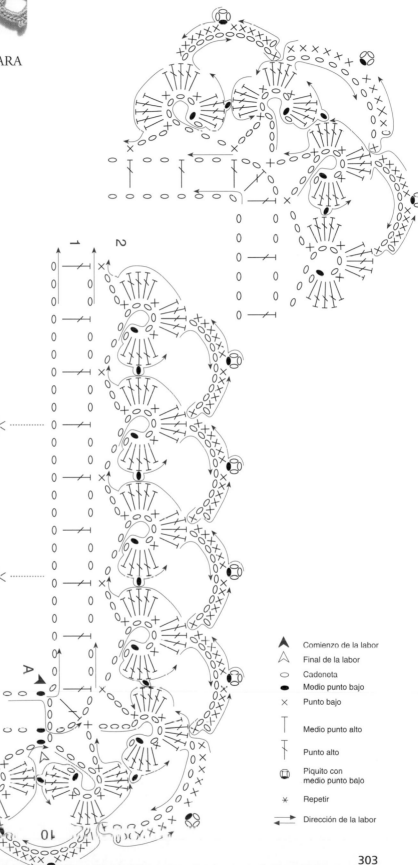

▲	Comienzo de la labor
△	Final de la labor
○	Cadenota
⬬	Modio punto bajo
✕	Punto bajo
T	Medio punto alto
⊤	Punto alto
⊞	Piquito con medio punto bajo
✳	Repetir
⇄	Dirección de la labor

303

Con la Cenefa Verde

El mantelillo está formado por un cuadrado de tela blanca rematado con vainica simple y adornado con una cenefa verde realizada en redondo con un ganchillo. Empezar montando un número de cadenetas múltiplo de 6, más 1 cadeneta para cada esquina, y cerrarlas en círculo con 1 medio punto bajo en la 1ª cadeneta de inicio. Continuar la labor siguiendo la sucesión de vueltas y la dirección indicadas con flechas en el gráfico (el comienzo está marcado con ➤).

CONFECCIÓN

Cortar un cuadrado de tela de 40 cm de lado y a 1,5 cm de cada borde sacar 3 hilos, interrumpiendo la operación en las esquinas y en su punto de encuentro. No se deben cortar los hilos al ras de la tela, dejar algunos mm para esconderlos luego por dentro de la cenefa. Doblar dos veces la tela del lado exterior del deshilado, formar las esquinas y coser los dobladillos con vainica simple. Apoyar la cenefa de ganchillo en el dobladillo, sobre el derecho de la tela, y coserla con pequeñas puntadas ocultas.

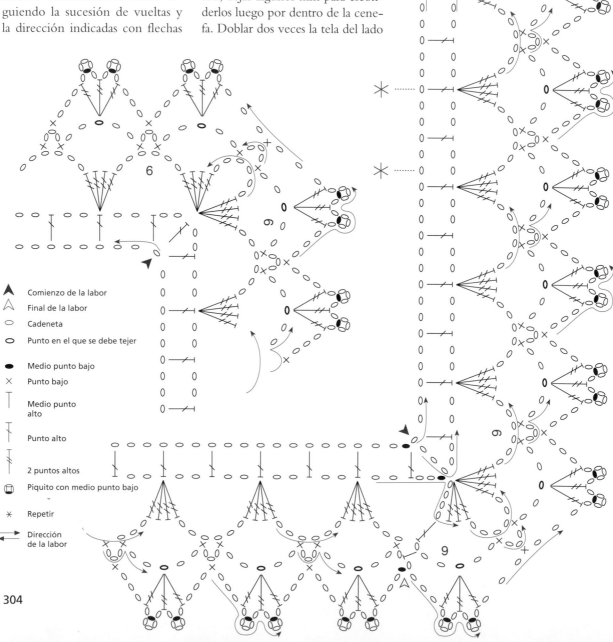

Símbolo	Descripción
Comienzo de la labor
Final de la labor
Cadeneta
Punto en el que se debe tejer
Medio punto bajo
Punto bajo
Medio punto alto
Punto alto
2 puntos altos
Piquito con medio punto bajo
Repetir
Dirección de la labor

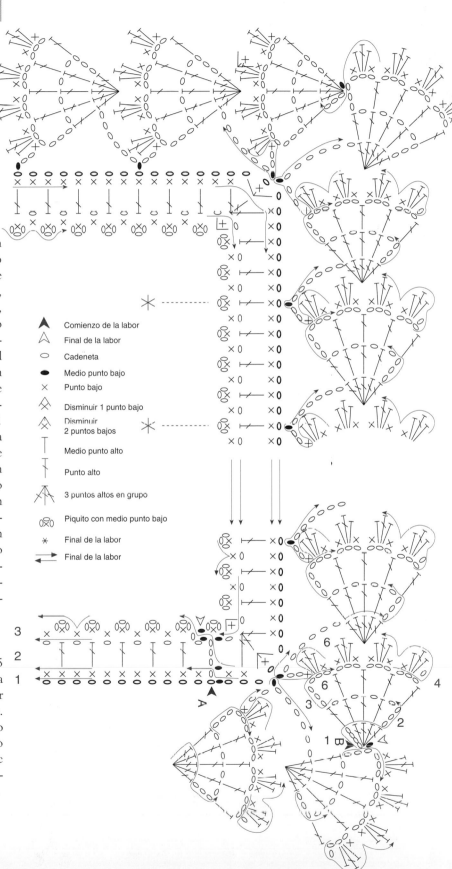

Con la Cenefa Blanca

El mantelillo está formado por un cuadrado de tela blanca rematado por los bordes con un simple dobladillo. En 2 lados contiguos, se aplica la cenefa de ganchillo, formada por un remate interno (A) y un remate externo de abanicos (B). Empezar haciendo el remate interno (A): montar un número de cadenetas múltiplo de 8, más 1 cadeneta para cada esquina, y cerrarlas en círculo con 1 medio punto bajo. Continuar la labor siguiendo la sucesión de letras, vueltas y filas y la dirección indicada con flechas en el gráfico (el comienzo está marcado con ➤). El remate externo de abanicos (B) presenta una numeración propia de las vueltas. En el gráfico se muestra también la otra esquina, para así poder realizar una cenefa completa elaborada en redondo.

CONFECCIÓN

Cortar un cuadrado de tela de 35 cm de lado y doblar dos veces la tela por los bordes para obtener un dobladillo de 1 cm de ancho. Formar las esquinas con cuidado y coser los dobladillos con punto de dobladillo. Apoyar la cenefa de ganchillo en el dobladillo y coserla con pequeñas puntadas ocultas.

Leyenda de símbolos:
- ▲ Comienzo de la labor
- ⌃ Final de la labor
- ⬯ Cadeneta
- ⬮ Medio punto bajo
- ✕ Punto bajo
- ⋀ Disminuir 1 punto bajo
- ⋀ Disminuir 2 puntos bajos
- ⊤ Medio punto alto
- ⊥ Punto alto
- ⋀ 3 puntos altos en grupo
- ⋈ Piquito con medio punto bajo
- ✻ Final de la labor
- ⟷ Final de la labor

MATERIAL NECESARIO

- 100 g de hilo de escocia "Freccia" n° 12, blanco 7901;
- ganchillo de acero para encaje "Milward" n° 1,00
- bobina de Filofort "Tre Cerchi Rosso" n° 50 blanco
- aguja de coser "Milward" n° 7
- trozo de tela de hilo blanca de 50 x 180 cm

PUNTOS EMPLEADOS

- cadeneta ● medio punto bajo ● punto alto
- *filet*: labor en red que se obtiene siguiendo un esquema en el que se alternan cuadritos llenos (grupos) y cuadritos vacíos (espacios). Grupo: * 1 punto alto en cada uno de los 3 puntos siguientes*; repetir de * a *. Espacio: *1 punto alto, 2 cadenetas, saltar 2 puntos*; repetir de * a *. El último cuadrito de cada fila, lleno o vacío, debe cerrarse siempre con 1 punto alto.

El motivo A mide 26 cm de lado.
El motivo B mide 47 x 58 cm.
Las dimensiones de la cortina terminada son 52 x 109,5 cm.

CORTINA DE *FILET*

Una especie de encaje que se logra introduciendo dos motivos de filet *en una tela de hilo blanca.*

Los esquemas (A–B) muestran cómo hacer la labor de *filet*. En lo que a los motivos se refiere, cada cuadrito vacío equivale a 1 espacio y cada cuadrito lleno equivale a 1 grupo. Para la cortina se necesitan dos motivos: (A) y (B).

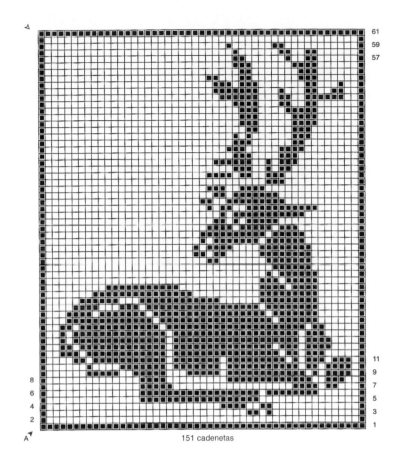

▲	Comienzo de la labor
△	Final de la labor
○	Cadeneta
○	Punto en el que se debe tejer
╤	Punto alto
■	Grupo
□	Espacio
⟵	Dirección de la labor

151 cadenetas
Arriba, esquema del motivo (A) de filet.
Abajo, gráficos del comienzo y el final del motivo (A), a la izquierda,
y del motivo (B), a la derecha.
En la página siguiente, esquema del motivo (B) y dibujo de conjunto de la cortina.

EJECUCIÓN

Para el motivo (A) montar 151 cadenetas, volver y continuar siguiendo la sucesión de filas del esquema reproducido a la izquierda (el comienzo está marcado con ➤). Para el motivo (B) montar 295 cadenetas, volver y continuar siguiendo la sucesión de filas del esquema reproducido en la página siguiente.

CONFECCIÓN

Cortar un rectángulo de tela de 54 x 49 cm, incluidas las costuras y el bies. En el centro del rectángulo, siguiendo el gráfico de la disposición de las aplicaciones de la página siguiente, aplicar el motivo (A) con pequeñas puntadas ocultas, cortar la tela sobrante por debajo del motivo y rematar la labor con punto de dobladillo. Por debajo del rectángulo, aplicar el motivo (B) con pequeñas puntadas ocultas, al igual que el anterior. Para el bies, cortar 2 bandas de 6 cm de ancho y 114 cm de largo y 1 banda de 6 cm de ancho y 53 cm de largo, unirlas formando un ángulo de 45°, apoyarlas, derecho contra derecho, todo alrededor de los tres lados de la cortina y coserlas. Doblar la banda por la mitad hacia el revés y coserlas con punto de dobladillo muy junto. Por último, formar un dobladillo de 4 cm en el lado superior.

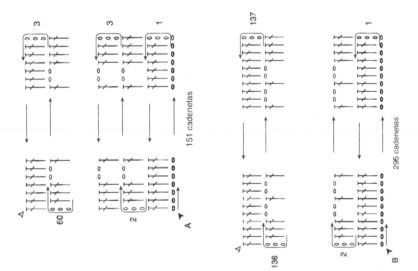

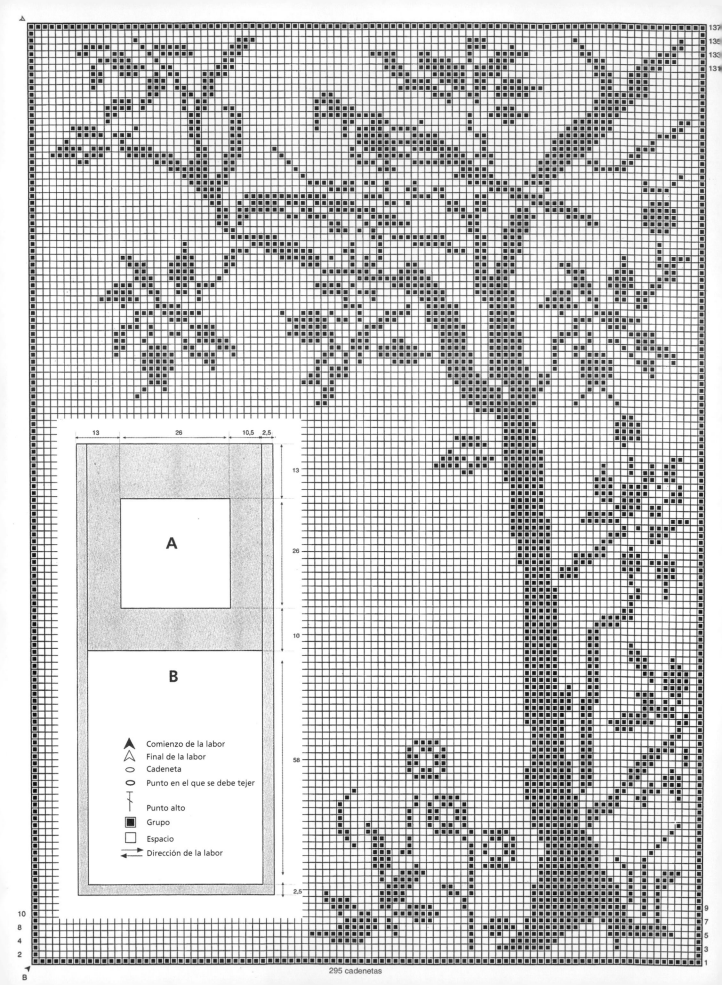

295 cadenetas

Comienzo de la labor
Final de la labor
Cadeneta
Punto en el que se debe tejer
Punto alto
Grupo
Espacio
Dirección de la labor

A

B

Como un Jardín

Para decorar este cojín, un marco de rosas y flores y hojas en el medio. Con los mismos elementos decorativos podéis confeccionar una elegante cortina.

MATERIAL NECESARIO

- 100 g de hilo de escocia "Freccia" nº 12, blanco 7901;
- ganchillo de acero para encaje "Milward" nº 1,00
- bobina de Filofort "Tre Cerchi Rosso" nº 50 blanco
- aguja de coser "Milward" nº 7 • 1 cremallera blanca de 30 cm • trozo de tela de lino de 45 x 180 cm
- miraguano para rellenar el cojín

PUNTOS EMPLEADOS

- cadeneta • medio punto bajo • punto bajo
- punto bajo retorcido: hacer 1 punto bajo clavando el ganchillo desde detrás y alrededor del punto inferior
- medio punto alto • punto alto • puntos en grupo: no se debe hacer el último cierre de cada punto; después, con 1 hebra, cerrar todos los puntos en el ganchillo de una sola vez

El cojín mide 42 cm de lado.

El cojín está adornado con un marco formado por 40 rosas (A) unidas entre sí con 1 punto alto realizado antes del medio punto bajo de cierre de la última vuelta, 4 flores (B) con un total de 20 pétalos (C) dispuestas en el centro y 11 hojas (D – E). Todos los motivos se elaboran por separado y se cosen al cojín con puntadas pequeñas ocultas (para la disposición, observar el dibujo de conjunto). Empezar la labor por la parte central de una de las 40 rosas (A) que componen el marco.

CONFECCIÓN

Con pequeñas puntadas ocultas, coser 5 pétalos (C) debajo de cada flor (B) justo en el pequeño pétalo de la propia flor, como indica la línea de puntos de la figura de la parte inferior izquierda de esta página. Cortar 2 cuadrados de tela de

45 cm de lado: en el medio de uno de ellos, coser la cremallera y, en el otro, el marco, las flores y las hojas, disponiéndolas como se muestra en el dibujo de conjunto de esta misma página. Coser los dos cuadrados, revés contra revés, volverlos del derecho y rellenar el cojín.

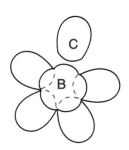

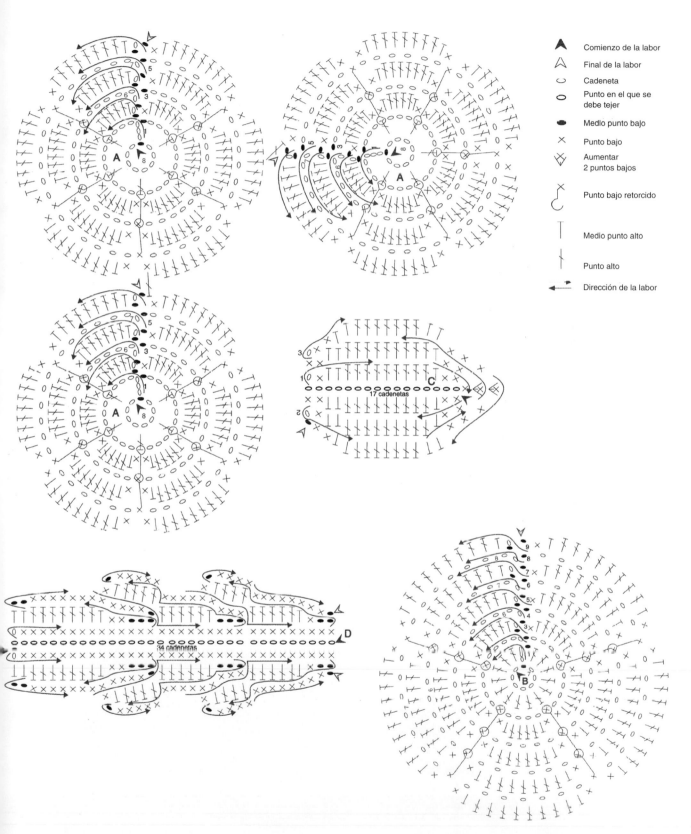

Comienzo de la labor

Final de la labor

Cadeneta

Punto en el que se
debe tejer

Medio punto bajo

Punto bajo

Aumentar
2 puntos bajos

Punto bajo retorcido

Medio punto alto

Punto alto

Dirección de la labor

17 cadenetas

34 cadenetas

MATERIAL NECESARIO

● 700/750/800 g de lana Misina de Lana Gatto, usada con doble hebra, de color rojo 2317 ● agujas de punto números 4 y 4 1/2 ● ganchillo n° 3 ● 4 botones

PUNTOS EMPLEADOS

Con la agujas de punto
● punto bobo ● punto liso

Con el ganchillo
● cadeneta ● medio punto bajo ● punto bajo

MUESTRA

10 x 10 cm de punto bobo con las agujas de punto n° 4 1/2 y doble hebra = 12 p. y 20 v.

CONJUNTO PARA EL INVIERNO

Caliente y con un bonito tono rojo, este conjunto formado por abrigo, gorro y guantes es ideal para los más pequeños. Además, es muy fácil de hacer: es de punto bobo.

Tallas 9-**12**-18 meses

Todas las indicaciones se dan para 3 tallas. La cifra central en **negrita** se refiere al modelo base; la cifra que la precede a la talla inferior y la otra a la superior. Cuando se da un solo número, es que es válido para las 3 tallas.

EJECUCIÓN

EL ABRIGO

Espalda: con las agujas n° 4 1/2, montar 40/**42**/44 p. y tejer a p. bobo. A 24/**27**/30 cm, cerrar 5 p. por ambos lados para las sisas y seguir hasta el final. A 35/**39**/43 cm, cerrar todos los p.

Delantero izquierdo: con las agujas n° 4 1/2, montar 23/**26**/29 p. y tejer a p. bobo. A 13/**15**/17 cm, hacer un ojal en el lado izquierdo de 2 p. a 4 p. del borde. Para cada ojal, cerrar 2 p. y montarlos de nuevo en la siguiente vuelta. Hacer otros 3 ojales, a 12 vueltas uno de otro.
A 33/**27**/30 cm, cerrar 5 p. en el lado derecho de la labor para la sisa. A 31/**35**/39 cm, cerrar 8 p. en el lado izquierdo y después, cada 2 vueltas, una vez 1 p. para el escote. A 35/**39**/43 cm, cerrar los 9/**12**/15 p. restantes para el hombro.

Delantero derecho: igual que el delantero izquierdo, pero de modo simétrico y sin ojales.

Mangas: con las agujas n° 4 1/2, montar 20/**22**/24 p. y tejer a p. bobo aumentando, por ambos lados, cada 6 vueltas, 5/**6**/7 veces 1 p. A 21/**23**/26 cm, cerrar el p.

EL GORRO

Con las agujas n° 4 1/2, montar 43 p. y tejer a p. bobo. A 12 cm disminuir repartidos 7 p. (= 36 p.); en la siguiente vuelta, disminuir repartidos 12 p. (= 24 p.); en la siguiente vuelta, disminuir repartidos otros 12 p. (= 12 p.);

Punto bobo
Se puede realizar de dos formas distintas, pero el resultado es el mismo.
1° vuelta y siguientes: del derecho.
1° vuelta y siguientes: del revés.

Punto liso del derecho
Se realiza con un número de p. par o impar.
1° vuelta: del derecho.
2° vuelta: del revés.
Repetir siempre estas 2 v.

Punto liso del revés
Se realiza con un número de p. par o impar.
1° vuelta: del revés.
2° vuelta: del derecho.
Repetir siempre estas 2 v.

CÓMO SE HACE

El punto del derecho
Clavar la aguja derecha en el p. de la aguja izquierda, echar la hebra de delante a atrás y sacar el p. a través del p. de la aguja.

El punto del revés
Clavar la aguja derecha en el p. de la aguja izquierda, echar la hebra de abajo a arriba y sacar el p. a través del p. de la aguja.

MODELO Y MEDIDAS

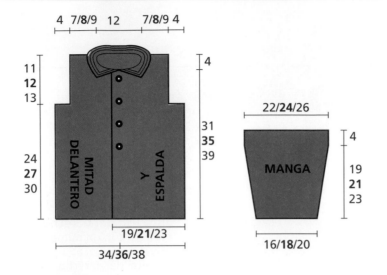

en la siguiente vuelta, reducir los p. a la mitad. Al terminar, desenhebrar la aguja y pasar el hilo a través de los p., tirar y cerrar con él los p.

LOS GUANTES

Palma del guante izquierdo: con las agujas nº 4, montar 8 p. y tejer a p. liso. A 2 cm, dejar en suspenso 5 p. en el lado derecho y tejer a p. liso 3 p. a la izquierda para el pulgar. Tejer 14 vueltas a p. liso, luego retomar los p. en suspenso y tejer todos los p. A 9 cm, cerrar, por ambos lados, cada 2 vueltas, una vez 1 p. y los 6 p. restantes de una sola vez.

Palma del guante derecho: igual que el izquierdo, pero de modo simétrico.

Dorso: con las agujas nº 4, montar 8 p. y tejer a p.

bobo durante 9 cm para luego cerrar, por ambos lados, cada 2 vueltas, una vez 1 p. y los 6 p. restantes de una sola vez.

CONFECCIÓN

EL ABRIGO

Coser los hombros. Para el cuello, coger 35 p. del escote y tejer a p. bobo durante 9 cm. Cerrar los p.
Coser las mangas en la sisa y cerrarlas haciendo las costuras por el revés de la labor las primeras 6 vueltas, para dar media vuelta a los bordes. Coser los lados y coser los botones a la altura de los ojales.

EL GORRO

Hacer una costura lisa e invisible para poder dar una vuelta al borde.

LOS GUANTES

Coser los pulgares a los lados estrechando ligeramente la punta. Coser

PUNTOS ALTERNATIVOS

Punto de rayas regulares

Se realiza sobre el número de p. que se quiera.
1° y 4° vuelta: del derecho.
2° y 3° vuelta: del revés.
5° vuelta: repetir la operación desde la 1ª vuelta.

Punto de cuadrados

Se realiza sobre un número de p. múltiplo de 10 + 1.
1ª, 3ª y 15ª vuelta: del derecho.
2ª vuelta y todas las vueltas pares: del revés.
De la **5ª** a la **13ª vuelta:** * 3 p. der., 5 p. rev., 2 p. der.*; repetir de * a * y terminar con 1 p. der.
17ª vuelta: repetir desde la 1ª vuelta.

la palma al dorso. Con el ganchillo, hacer un cordón de medio p. bajo de unos 70 cm y coser los extremos a un lado de cada guante para mantenerlos juntos.

LOS BOTONES

Con el ganchillo y una sola hebra de lana, montar 4 cadenetas, cerrarlas en círculo con 1 medio p. bajo y continuar tejiendo como sigue:
1ª vuelta: en el círculo tejer 6 p. bj.
2ª vuelta: continuar en espiral tejiendo 2 p. bj. en cada p. (= 12 p. bj.).
3ª vuelta: ★ 1 p. bj. en 1 p., 2 p. bj. en el p. siguiente ★ (= 18 p. bj.) o hasta obtener el diámetro del botón.
4ª vuelta: ★ 1 p. bj. en 1 p., salt. 1 p. ★ (= 9 p.). Introducir el botón y, con

la aguja, ajustar el revestimiento alrededor.

MATERIAL NECESARIO

● 700/750/800 g de lana
WoolGatto de Lana Gatto,
usada con doble hebra, de
color marron glacé 2291 (o
bien crudo 20495, verde
oscuro 2156 o camel 2007)
● agujas de punto nº 4 y 4 1/2
● 5 botones

PUNTOS EMPLEADOS

● punto tubular (comienzo y
cierre) ● punto inglés
● punto elástico 3/3

MUESTRA

10 x 10 cm de punto inglés con
las agujas de punto nº 4 1/2
y doble hebra = 14 puntos y
35 vueltas.

CÁRDIGAN CLÁSICO

*Un modelo tradicional de punto inglés, que es a la vez
clásico, informal y elegante.*

Tallas 42-44-46

La prenda está hecha íntegramente de punto inglés y el escote de pico está rematado con una tira de punto elástico 3/3 realizada aparte y cosida con pespunte a los bordes de la chaqueta. En el recuadro de la parte inferior de la página anterior, vemos un detalle de esta greca. Las sisas y las mangas van cosidas y los bolsillos aplicados. Con los tres ovillos de esta página, proponemos una variante clásica para hacer este mismo cárdigan en crudo, camel o verde botella.

Todas las indicaciones se dan para 3 tallas. La cifra central en **negrita** se refiere al modelo base de la fotografía, las otras dos corresponden a la talla inferior y a la superior, respectivamente.

EJECUCIÓN

Espalda: con las agujas nº 4 1/2, montar 71/**75**/79 p. y tejer 2 vueltas a p. tubular.

Continuar a punto inglés y, a 37/**39**/41 cm del borde, disminuir por los lados para las sisas cada 4 vueltas, 5 veces 2 p. (realizar las disminuciones por el derecho de la labor a partir del 5º p.): por el lado derecho tejer 3 p. del derecho; por el lado izquierdo 1 punto montado doble. A 61/**63**/65 cm, cerrar los p.

Delantero izquierdo: con las agujas nº 4 1/2, montar 33/**37**/41 p. y tejer 2 vueltas a p. tubular.

Continuar a punto inglés y, a 37/**39**/41 cm del borde, realizar la sisa en el lado derecho, como se hizo con la espalda. En el otro lado, para el escote, cerrar, cada 10 vueltas, 6 veces 2 p.

Realizar las disminuciones a partir del 5º p. A 61/**63**/65 cm, cerrar los p. del hombro.

Delantero derecho: igual que el delantero izquierdo, pero de modo simétrico.

Mangas: con las agujas nº 4, montar 35 p. y tejer 2 vueltas a p. tubular y 10 vueltas a punto inglés.

Continuar con las agujas nº 4 1/2 a punto inglés, aumentando, por los lados, cada 8 vueltas, 12/**14**/16 veces 1 p. A 33/**35**/37 cm del borde, disminuir para las sisas, a los lados, cada 4 vueltas, 11/**12**/13 veces 2 p. (realizar las disminuciones en los bordes). A 47/**50**/53 cm del borde, cerrar 15 p.

Tira del delantero: con las agujas nº 4, montar 191/**197**/203 p. y tejer 4 vueltas a punto tubular y 8 vueltas a p. elástico 3/3, empezando y terminando las vueltas con 1 p. del revés. En la 5ª vuelta, hacer 5 ojales horizontales del lado

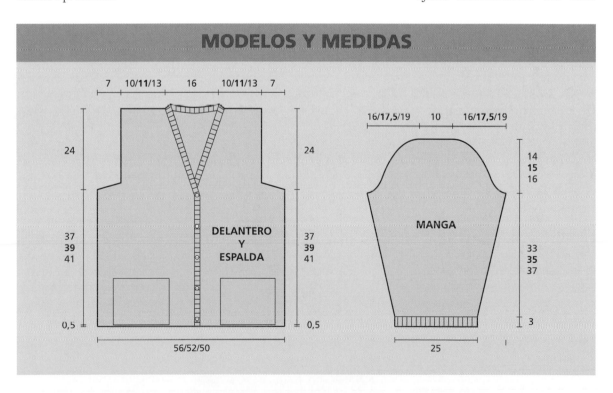

MODELOS Y MEDIDAS

derecho, el 1° a 6 p. del principio y los otros a una distancia de 11 p. uno de otro: para cada ojal, cerrar 2 p. y volverlos a montar en la vuelta siguiente. A 3,5 cm cerrar sin tirar demasiado del hilo, para que el cierre no quede apretado. **Bolsillos:** con las agujas n° 4 1/2, montar 23 p. y tejer 50 vueltas a punto inglés. Cerrar los p.

CONFECCIÓN

Coser los hombros, las mangas en las sisas, la costura de la manga y los lados. Aplicar la tira de remate por el escote, con alfileres en los extremos de los delanteros, de forma que el último ojal quede a la altura del principio del escote, y coserlo con pespunte. Aplicar los bolsillos con puntadas ocultas sobre la 2ª vuelta de los dos delanteros, a 8 p. de la abertura.

UN CONSEJO

Para calcular con exactitud cuántos centímetros de largo debe tener la tira del delantero que se tejerá aparte, se aconseja ponerse la prenda cosida y apoyar encima una cinta métrica, sosteniéndola de forma que un extremo esté en el principio de la labor. Medir así la longitud total. Si se hace la tira cogiendo los puntos de la prenda, antes de empezar a coger los puntos cortar un trozo de cinta de tela e hilvanarla por los bordes, ajustándola a medida que se avanza. Os servirá como base hasta terminar la labor.

TIRAS Y REMATES

La tira que remata una prenda de punto tejida con agujas determina su efecto final, hasta el punto de que, si está bien hecha, mejora la prenda. Todos los remates, no sólo los del delantero y del escote, sino también los de los puños y los bolsillos, pueden realizarse aparte y luego coserse a la prenda, o bien hacerse cogiendo los puntos de la parte de la prenda en cuestión y tejiendo a partir de ellos.

LA TIRA DEL ESCOTE

El punto elegido para el remate debe ser compatible con el modelo y el punto utilizado. En general, es el mismo que el de los bordes del principio. Si el modelo es informal, lo normal es utilizar un punto elástico, simple o doble, o

el p. tubular. Si el modelo es elegante, es preferible optar por un punto decorativo como el p. bobo o el punto de arroz. También es importante la lana con la que se realiza el remate: si es fina, el

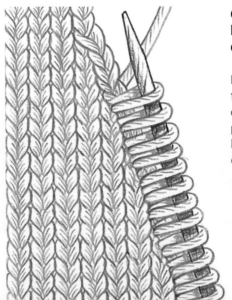

remate se puede hacer cogiendo los puntos; si es gruesa, es mejor hacer la tira aparte y coserla. La elección del cierre final de la tira depende del punto utilizado: el p. bobo se suele cerrar con las agujas

Cómo coger los puntos del borde

Pinchar el ganchillo a través de los puntos del orillo, sacar la hebra y pasarla directamente a la aguja de punto con la que se va a tejer la tira.

Tira tejida con
6 vueltas de
p. elástico 1/1;
cierre normal.

Tira tejida con
6 vueltas de
p. bobo; cierre
normal.

de punto, mientras que el p. tubular, al ser un punto elástico, se cierra con una aguja de coser.

ALGUNOS EJEMPLOS

Para que resulte más fácil coger los puntos, el orillo de la prenda tiene que ser regular. Para ello, tejer del derecho el 1° y el último p. de cada vuelta del derecho y del revés el 1° y el último p. de cada vuelta del revés, manteniendo la hebra moderadamente tensa.

Para que el borde quede bien rematado, no se debe empezar a coger los p. en el 1° p., sino en la mitad del 2° p. y continuar según lo establecido, realizando los aumentos y disminuciones necesarios a partir del 2° ó 3° p. Al terminar la tira, cerrar los p. por el revés, tejiéndolos tal como se presentan.

Tira tejida con
6 vueltas de
p. elástico 2/2;
cierre normal.

JERSEY IRLANDÉS

Jersey rústico que recuerda la antigua tradición irlandesa, elaborado con una lana suave y caliente.

MATERIAL NECESARIO

- 700 g de lana Superalpaca de Lana Gatto, color natural 3114 (o bien gris claro 3106, gris 4001, azul 3708)
- agujas de punto n° 4
- aguja auxiliar

PUNTOS EMPLEADOS

- punto tubular (montaje)
- punto liso
- fantasía de puntos irlandeses (se realizan siguiendo las indicaciones y la leyenda de las páginas siguientes)

MUESTRA

10 x 10 cm de punto diagonal = 23 p. y 23 v.
10 x 10 cm de los otros puntos = 29 p. y 24 v.

En el recuadro, modelo visto por detrás.

Talla 46

E l modelo es amplio, con una ancha franja todo alrededor y un cuello corto. Las mangas tienen un puño ancho al que se da media vuelta. Los elásticos, trenzas y garbanzos son motivos que todos conocemos.

EJECUCIÓN

Espalda: montar 109 p. y tejer 5 vueltas a p. tubular, 1 vuelta de p. revés por el revés de la labor y 72 vueltas con el p. elástico y trenzas (v. esquema nº 1); terminar con 5 vueltas de p. elástico en lugar de 6, para un total de 21 cm.

Dejar la franja como está y, aparte, montar 109 p. y tejer a p. diago-

MODELO Y MEDIDAS

DELANTERO Y SPALDA

MANGA

19 12 19

10

21

25

22

50

40

34

17

27

QUÉ QUIEREN DECIR LOS SÍMBOLOS

I = 1 p. der.   − = 1 p. rev.

O = 1 p. der.   ℓ = 1 p. der. ret.

ð = 1 p. rev. ret.   ⅄ = 2 p. juntos del der.

⅄ = 1 punto montado simple (pasar 1 p., tej. el p. sig. a p. der. y montar el p. pasado sin hacer sobre el p. tejido)

∧ = 1 aum. del rev. ret. (tej. 1 nuevo p. a rev. ret. en el hilo que une 2 p.)

⋀ = 1 punto montado doble con p. central (pasar 1 p., tej. los 2 p. sig. juntos del der. y montar el p. pasado sin hacer sobre los 2 p. tejidos)

⌒ = 1 p. pasado (pasar 1 p. manteniendo el hilo detrás de la labor)

⟋ = 2 p. cruzados a la derecha (tej. del der. el 2º p. en la aguja izquierda, cogiéndolo por delante del 1º, tej. del der. el 1º p. y dejar caer el 2º p. de la aguja.)

⟍ = 2 p. cruzados a la izquierda (tej. del der. el 2º p. en la aguja izquierda, cogiéndolo por detrás del 1º, tej. del der. el 1º p. y dejar caer el 2º p. de la aguja.)

⟍ = 3 p. cruzados a la izquierda (dejar 2 p. en susp. por delante de la labor, tej. del rev. el p. sig. y del der. los 2 p. en susp.)

= 3 p. cruzados a la derecha (dejar 1 p. en susp. por detrás de la labor, tej. del der. los 2 p. sig. y del rev. el p. en susp.)

= 5 p. cruzados a la derecha (dejar 2 p. en susp. por detrás de la labor, tej. del der. los 3 p. sig. y los 2 p. en susp.)

= 6 p. cruzados a la derecha (dejar 3 p. en susp. por detrás de la labor, tej. del der. los 3 p. sig. y los 3 p. en susp.)

= 6 p. cruzados a la izquierda (dejar 3 p. en susp. por delante de la labor, tej. del der. los 3 p. sig. y los 3 p. en susp.)

= 12 p. cruzados a la izquierda (dejar 6 p. en susp. por delante de la labor, tej. del der. los 6 p. sig. y los 6 p. en susp.)

● = 1 garbanzo de p. derecho (en 1 p. tej. 5 p. der., alternando 1 p. cogido por delante y 1 p. cogido por detrás; volv. y tej. 5 p. del rev.; volv. y tej. un p. mont. simple, 1 p. der., 2 p. juntos del der.; volv. y tej. 2 p. juntos del rev., 1 p. rev.; volv. y tej. un p. mont. simple)

⊖ = 1 garbanzo de p. revés (en 1 p. tej. 5 p. der., alternando 1 p. cogido por delante y 1 p. cogido por detrás; volv. y tej. 5 p. del der.; volv. y tej. 5 p. juntos del der.)

321

Punto elástico y trenzas

1

13 p.

Repetir de la 1ª a la 8ª v.

Trenzas dobles

2

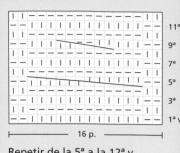

16 p.

Repetir de la 5ª a la 12ª v.

Diagonal hacia la izquierda

3

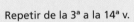

Repetir de la 3ª a la 14ª v.

6 p.

Diagonal hacia la derecha

4

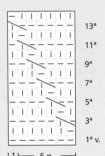

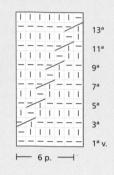

6 p.

Repetir de la 3ª a la 14ª v.

Garbanzos alternos

5

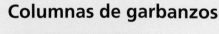

18 p.

Repetir de la 5ª a la 10ª v.

Columnas de garbanzos

6

5 p.

Repetir
de la 1ª a la 6ª v.

Punto de espiga

7

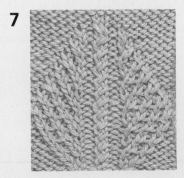

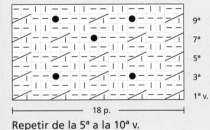

Repetir de la 3ª a la 22ª v.

20 p.

Punto de hoja

8

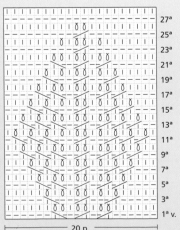

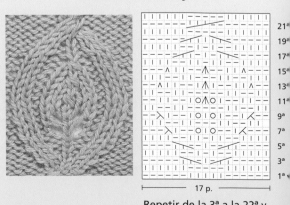

17 p.

Repetir de la 3ª a la 22ª v.

Cada cuadrito equivale a 1 p. y 1 v.

nal hacia la izquierda (v. esquema n° 3), aumentando repartidos 6 p. en la 1ª vuelta (= 115 p.).

A 46 cm del borde, para los hombros, cerrar por los lados, cada 2 vueltas, 3 veces 15 p.

Para el cuello, tejer hasta 10 cm a partir de los 25 p. centrales con p. diagonal. Cerrar los p.

Delantero: Tejer la franja como la de la espalda, volver a montar los p. aumentando repartidos 35 p. en la 1ª vuelta (= 144 p.) y tejer los p. de la siguiente manera: 1 p. de orillo, 16 p. de trenzas dobles (v. esquema n° 2), 18 p. de garbanzos alternos (v. esquema n° 5), 17 p. a p. de hoja (v. esquema n° 8), 3 p. a p. liso, 5 p. de columnas de garbanzos (v. esquema n° 6), 2 p. a p. liso, 20 p. a p. de espiga (v. esquema n° 7), 2 p. a p. liso, 5 p. de columnas de garbanzos, 3 p. a p. liso, 17 p. a p. de hoja, 18 p. de garbanzos alternos, 16 p. de trenzas dobles y 1 p. de orillo.

A 46 cm del borde, cerrar para los hombros, cada 2 vueltas, 2 veces 17 p. y 1 vez 16 p.

Para el cuello, seguir tejiendo a partir de los 44 p. centrales y, al llegar a 10 cm, cerrar los p.

Mangas: montar 68 p. y tejer 5 vueltas a p. tubular y 1 vuelta de revés por el revés de la labor.

Seguir aumentando repartidos 10 p. en la primera vuelta (= 78 p.) y tejer por el revés 32 vueltas con el p. elástico y trenzas, y continuar por el derecho haciendo los p. de la siguiente manera: 1 p. de orillo, 18 p. a p. diagonal hacia la derecha (v. esquema n° 4), 3 p. a p. liso, 5 p. de columnas de garbanzos, 2 p. a p. liso, 20 p. a p. de espiga, 2 p. a p. liso, 5 p. de columnas de garbanzos, 3 p. a p. liso, 18 p. a p. diagonal hacia la izquierda, 1 p. de orillo.

Por ambos lados aumentar, cada 6 vueltas, 12 veces 1 p. (= 102 p.) y a 34 cm del borde, cerrar los p.

OTRAS PROPUESTAS

Para él, un chaleco de cuello redondo. En el centro de la prenda, dos motivos en diagonal que forman una raspa de pescado. A los lados, realzando el motivo principal, una columna de garbanzos.

La bufanda presenta tres motivos: punto elástico y trenzas a la derecha, punto diagonal a la izquierda y, en el centro, una columna de garbanzos sobre una base de p. liso.

Para él, un jersey con cremallera. En el delantero, una franja en diagonal elaborada con los distintos puntos propuestos. Los remates están hechos con punto elástico.

CONFECCIÓN

Coser los hombros y el cuello por los lados, las mangas en las sisas, los lados y la costura de la manga. Dar media vuelta sobre el derecho de la manga a la parte de la manga tejida del revés.

ORIGINALES RAYAS

Jersey de punto liso y cuello de pico muy fácil de hacer, adornado con insólitas rayas de colores, tono sobre tono, y flores bordadas con punto de margarita.

Talla 44

MATERIAL NECESARIO

- 400 g de lana Alpaca Gatto de Lana Gatto, a hebra cuádruple, color marrón 3103
- un poco de lana de tonos salmón y albaricoque; mohair naranja y beis claro
- agujas de punto n° 6
- aguja de bordar de punta redonda

PUNTOS EMPLEADOS

Con las agujas de punto
- punto liso
- punto bobo
- punto de arroz

Con la aguja de bordar
- punto de margarita

MUESTRA

10 x 10 cm de punto liso = 12 p. y 16 v.

EJECUCIÓN

Se teje con el marrón, siempre a p. liso, salvo unas pocas vueltas a punto de arroz y algunos adornos (corazón y rombo). Los hombros y los remates son de p. bobo. Se tejen rayas irregulares, normalmente de 2 vueltas cada una, de los siguientes colores: salmón (**1**), albaricoque (**2**), salmón y albaricoque unidos (**3**), mohair naranja (**4**) y mohair beis (**5**). Durante el cambio de color, mantener el cabo de los hilos, siem-

pre del mismo largo, sobre el derecho de la labor y anudarlos.

Espalda: montar 49 p. con el marrón y tejer a p. bobo 3 cm (= 6 vueltas). Continuar a p. liso, tejiendo 12 p. con el marrón y el resto con el **1**. Tejer 4 vueltas con el marrón y tejer los 18 p. centrales con el **5**.

Para el corazón de p. bobo: en la vuelta de regreso tejer el 6° p. del derecho, continuar aumentando el número de p. a 3 en la 3ª vuelta, a 5 en la 5ª vuelta, a 7 en la 7ª y 9ª vueltas, y en la 11ª vuelta tejer 3 p. a p. bobo, 1 p. a p. liso y 3

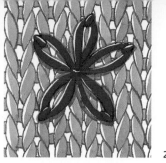

1

2

p. a p. bobo. Continuar a punto liso. Después de 6 vueltas, incorporar el **3**: 2 vueltas sobre los primeros 22 p. y 2 sobre los primeros 36 y, después de otras 6 vueltas, tejer 4 vueltas con el **1**: 2 vueltas sobre los últimos 34 y 2 sobre todos.

Después de 8 vueltas, tejer 2 vueltas a punto de arroz con el **1** y, después de otras 8 vueltas, tejer 4 vueltas con el **3**: 2 vueltas sobre los primeros 30 p. y 2 sobre los primeros 20.

Después de 6 vueltas, tejer 4 vueltas con el **5**: 2 vueltas sobre los últimos 30 p. y 2 sobre los últimos 22.

Después de 8 vueltas, tejer con el **4** sobre los primeros 33 p.

Continuar con el marrón otras 10 vueltas y, a 40 cm del principio, tejer el 1º y el último p. a p. bobo; continuar aumentando 1 p. los puntos por los lados, hasta tener 18 p. a p. bobo y los 13 centrales a p. liso. A 60 cm, cerrar los p.

Delantero: montar 56 p. con el marrón y tejer a p. bobo 3 cm (= 6 vueltas). Continuar a p. liso, tejiendo 4 vueltas; luego incorporar el color **1** sobre los últimos 52 p.

Para el rombo de p. liso del revés: después de 2 vueltas, tejer a p. liso del revés el 39º p. y continuar aumentando los p. del revés a 3 en la 3ª vuelta, a 5 en la 5ª vuelta, hasta tener 13 p. Continuar otras 6 vueltas y volver al p. liso.

Simultáneamente, después de 4 vueltas, incorporar el **4**: sobre 12 p. después de 8 p. y, después de 4 vueltas, el **3** sobre los primeros 26 p.

Para el rombo de punto de arroz: después de 2 vueltas, empezar en el 13º p. el rombo (9 p. x 16 v.).

Después de 8 vueltas, tejer con el **3** sobre los últimos 32 p. y, después de 4 vueltas, tejer con el **5** sobre los 12 p. centrales.

Después de 6 vueltas desde la última raya, tejer 4 vueltas con el **3**: 2 vueltas sobre los últimos 36 p. y 2 sobre los últimos 32.

Continuar con el marrón a p. liso otras 20 vueltas y tejer los 5 p. centrales a p. bobo para el cuello.

En la vuelta siguiente, dividir la labor por la mitad, cerrando el p. central, y continuar sobre las dos partes tejiendo los últimos y primeros 3 p. a p. bobo para formar

el remate. A partir de los 3 p. de p. bobo, menguar 1 p. cada 2 vueltas 5 veces y continuar a p. liso hasta los hombros.

A 40 cm, al principio y al final de la vuelta, empezar el p. bobo como en la espalda. A 50 cm cerrar los otros 18 p.

Mangas: montar 30 p. y tejer el remate como en la espalda. Continuar a p. liso realizando después de 2 vueltas el corazón de p. bobo como se hizo en la espalda.

En la vuelta siguiente, tejer con el **1** sobre los 13 p. iniciales y, en la vuelta siguiente, con el **5**: 2 vueltas sobre los 12 p. finales y 2 sobre los 16 p. finales.

Después de 4 vueltas, tejer con el **3** sobre los 26 p. iniciales y, después de 6 vueltas, 4 vueltas con el **1** sobre todos los p.

Después de 6 vueltas, tejer 4 vueltas de p. de arroz con el **1** sobre todos los p. y, después de 4 vueltas, con el **5**: 2 vueltas sobre los 24 p. finales y 2 sobre los 27 p. finales. Después de 4 vueltas, tejer con el **3**: 2 vueltas sobre los 18 p. centrales y 2 sobre todos los p.

Después de 6 vueltas, unir 1 hilo del **2** al marrón y tejer 4 vueltas sobre todos los p. y, después de 2 vueltas, tejer con el **5** sobre los primeros 38 p.

Continuar con el marrón a p. liso otras 16 vueltas, aumentando, por ambos lados, 8 veces 1 p. cada 10 vueltas.

A 50 cm, cerrar los p.

CONFECCIÓN

Con 2 hilos del **4** bordar las flores con p. de margarita: 5 en el delantero y 1 en cada manga.

Para hacer el punto de margarita, sacar la aguja de bordar por el derecho, clavarla en el mismo punto y sacarla un poco más arriba; después, manteniendo el hilo bajo la punta, tirar de él y sujetarlo con una puntada pequeña (figura 1, arriba).

Coser los lados y los hombros con pespunte. Cerrar las mangas y coserlas a las sisas, también con pespunte.

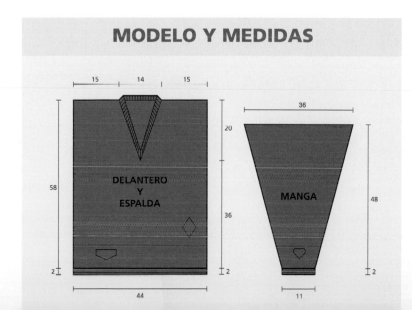

MODELO Y MEDIDAS

15   14   15

58

DELANTERO
Y
ESPALDA

2

44

36

20

MANGA

36

48

2

11

2

MATERIAL NECESARIO

- 350 g en total de lana Jaspè de 8 cabos de Lana Gatto, verde claro 4018, teja 4020, mostaza 4019 y verde oscuro 4017
- agujas de punto n° 3 y 4

PUNTOS EMPLEADOS

- punto tubular
- punto elástico 1/1
- punto liso
- motivo jacquard

MUESTRA

10 x 10 cm de punto liso con el motivo jacquard y las agujas de punto n° 4 = 26 p. y 23 v.

CHALECO PARA ÉL

Clásico y tradicional chaleco de hombre de cuello de pico. Una prenda para ponerse con o sin chaqueta, por encima de la camisa en primavera y debajo de la chaqueta en invierno.

EJECUCIÓN

Espalda: con las agujas n° 3 y el verde oscuro, montar 143 p. y tejer 4 vueltas a p. tubular y luego a p. elástico 1/1 hasta un total de 6 cm.

Continuar con las agujas n° 4 a p. liso y el motivo jacquard; para las sisas, a 36 cm del remate, cerrar, por ambos lados, cada 2 vueltas, 1 vez 6 p., 1 vez 4 p., 1 vez 3 p. y 5 veces 1 p.

A 27 cm del principio de las sisas, cerrar los 107 p. restantes.

Delantero: se teje como la espalda hasta llegar a 35 cm del remate; entonces, para el cuello, cerrar los 3 p. centrales y terminar las dos partes por separado, disminuyendo, al lado del cuello, ★ 1 p.

cada 2 vueltas y 1 p. después de 3 vueltas ★ 10 veces y otro punto después de 4 vueltas.

A 28 cm del principio del cuello, cerrar los 31 p. de cada hombro.

CONFECCIÓN

Coser los hombros. Con las agujas de punto n° 3 y el verde oscuro, coger 150 p. de cada sisa y tejer 6 vueltas a p. elástico 1/1 y 4 vueltas a p. tubular. Cerrar los p. con una aguja de coser.

Alrededor del cuello, coger 210 p. y tejer el mismo remate, disminuyendo a los lados del p. del vértice, 3 veces 1 p. cada 2 vueltas. Coser los lados haciendo que encajen los motivos jacquard.

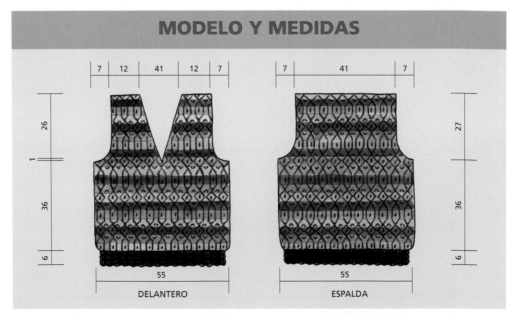

MODELO Y MEDIDAS

DELANTERO 55

ESPALDA 55

Esquema
del motivo
jacquard

Talla 48

MOTIVO JACQUARD

Incorporación de un nuevo hilo al inicio de la fila

Pinchar la aguja de punto derecha en el primer punto y echar la hebra con ambos hilos. Tejer el punto del derecho.

Dejar caer el hilo del color anterior y seguir con el nuevo, manteniendo la hebra doble durante al menos dos puntos.

Dejar caer el cabo del hilo corto y continuar con la labor. En la vuelta de regreso, tejer normalmente los puntos dobles.

Incorporación de un nuevo hilo en medio de una fila

Dejar el hilo anterior detrás y pinchar la aguja en el punto. Echar el nuevo hilo en la aguja y tejer el punto.

Tejer los dos puntos siguientes con los dos cabos del nuevo hilo.

Dejar caer el cabo corto del hilo y continuar con la labor. En la vuelta de regreso, tejer normalmente los puntos dobles.

Hilos entretejidos

El hilo por encima del punto
Sujetando un hilo con cada mano, tejer un punto del derecho o uno del revés con el primer color y pasar al mismo tiempo el segundo color por encima de la aguja derecha.

El hilo por debajo del punto
Sujetando un hilo con cada mano, tejer un punto del derecho o uno del revés con el primer color y pasar al mismo tiempo el segundo color por debajo de la aguja derecha.

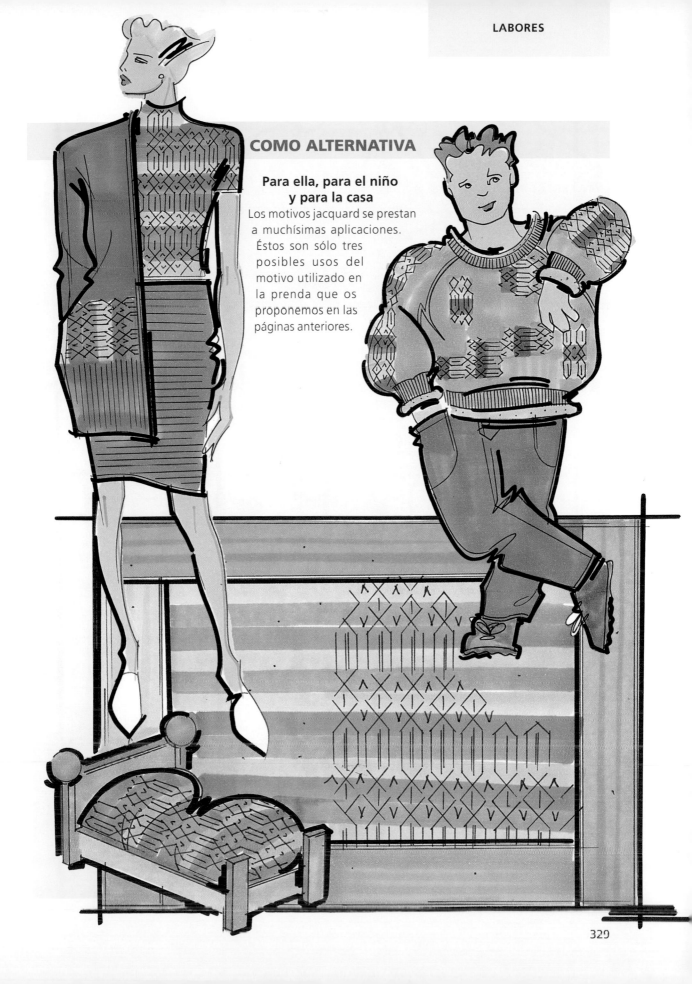

COMO ALTERNATIVA

Para ella, para el niño y para la casa

Los motivos jacquard se prestan a muchísimas aplicaciones. Éstos son sólo tres posibles usos del motivo utilizado en la prenda que os proponemos en las páginas anteriores.

TULIPANES EN LA VENTANA

Una alegre cortina para la casa de campo, muy fácil y económica, elaborada con retales de telas de colores y un trozo de tela de hilo blanco.

MATERIAL NECESARIO

- 140 x 90 cm de tela de hilo blanco para la cortina
- retales de telas de algodón, de fantasía para las flores y verde lisa para las hojas
- 1 banda de 10 x 90 cm de tela rosa
- 3 madejas de hilo Mouliné "Anchor" de color blanco 1
- trencilla ondulada verde
- bobina de hilo del color de la trencilla

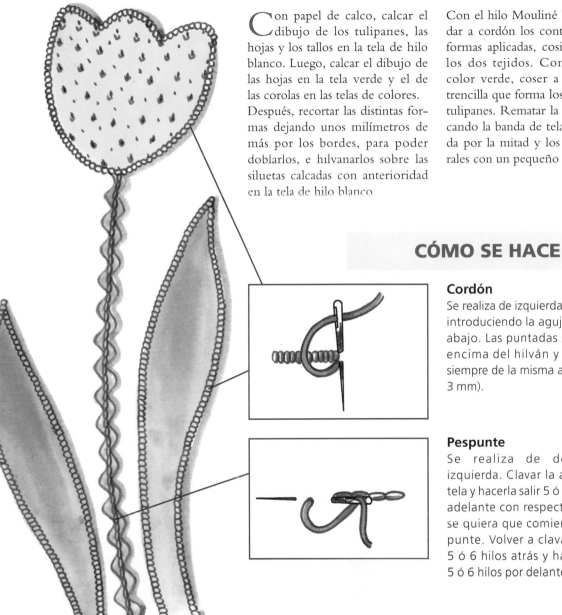

Con papel de calco, calcar el dibujo de los tulipanes, las hojas y los tallos en la tela de hilo blanco. Luego, calcar el dibujo de las hojas en la tela verde y el de las corolas en las telas de colores. Después, recortar las distintas formas dejando unos milímetros de más por los bordes, para poder doblarlos, e hilvanarlos sobre las siluetas calcadas con anterioridad en la tela de hilo blanco.

Con el hilo Mouliné blanco, bordar a cordón los contornos de las formas aplicadas, cosiendo juntos los dos tejidos. Con el hilo de color verde, coser a pespunte la trencilla que forma los tallos de los tulipanes. Rematar la cortina aplicando la banda de tela rosa doblada por la mitad y los bordes laterales con un pequeño dobladillo.

CÓMO SE HACE

Cordón

Se realiza de izquierda a derecha, introduciendo la aguja de arriba abajo. Las puntadas se dan por encima del hilván y deben ser siempre de la misma altura (unos 3 mm).

Pespunte

Se realiza de derecha a izquierda. Clavar la aguja en la tela y hacerla salir 5 ó 6 hilos más adelante con respecto a donde se quiera que comience el pespunte. Volver a clavar la aguja 5 ó 6 hilos atrás y hacerla salir 5 ó 6 hilos por delante.

TÉCNICAS Y MATERIALES

CREAR, MODELAR Y PINTAR

MATERIALES Y UTENSILIOS

El material necesario para realizar la mayor parte de los proyectos propuestos en este libro es barato y fácil de encontrar en cualquier tienda de pinturas o de manualidades. Para conseguir el material más sofisticado, lo mejor es ir a una tienda de artículos de Bellas Artes. En las siguientes páginas describimos el material básico; los utensilios y materiales más específicos se indican en el material necesario para cada proyecto.

PAPELES

Uno de los materiales más utilizados es el papel, disponible en una gama sumamente amplia de variantes, por lo que es muy importante aprender a reconocer las características básicas de cada una para saber elegir la más apropiada para cada proyecto. Las características fundamentales del papel son dos: el gramaje, es decir, el peso, y la orientación de las fibras.

Gramaje El peso se expresa en gramos por metro cuadrado (g/m^2). Entre los denominados papeles "pelure", de bajo gramaje y ligeramente traslúcidos, destacan, por ejemplo, el papel de seda, muy utilizado para limpiar las gafas, y muchos papeles japoneses elaborados a mano que son espléndidos y asombrosamente resistentes. Tienen un gramaje de entre 10 y 45 g/m^2. Para tener una referencia, basta con pensar que los papeles de uso cotidiano, como el papel de cartas, pesan entre 80 y 120 g/m^2 y se califican de medio-ligeros. Los papeles de

hasta 150 g/m^2 se denominan medio-pesados y los de más de 150 g/m^2 se consideran cartulinas. Por encima de 300 g/m^2 se habla de cartones. Conviene tener presente que los cartones y cartulinas se clasifican a menudo en función de su grosor, por lo que en vez de en gramos suelen medirse en milímetros.

Veta El término "veta" designa el modo en que están dispuestas las fibras, modo que en el caso de la fabricación industrial se corresponde con la dirección de desplazamiento de las cintas transportadoras. Se trata de una característica fundamental, ya que si se trabaja en el sentido de la veta, resulta más fácil doblar y cortar el papel.

Calidad El precio de un papel está determinado por la calidad de la materia prima de la que se extrae la celulosa y del proceso de fabricación. Por ejemplo, los títulos-valor y el papel moneda se obtienen trabajando a mano celulosa de algodón; el papel de colores se obtiene añadiendo pigmentos a la pasta; las variedades más caras (para grabados, uso artístico y encuadernación) se obtienen mezclando varios tipos de celulosa, entre los que se cuenta siempre un porcentaje elevado de celulosa de algodón. El papel charol es sometido a un tratamiento especial, denominado "glaseado", que lo vuelve más liso y blanco, brillante o mate.

PAPEL
CEBOLLA
Ideal para copiar un diseño en la superficie que se desea decorar y

para la técnica del calco por estarcido.

PAPEL DE PERIÓDICO
Es, sin duda, el más adecuado para la técnica del papel maché, ya que absorbe bien la cola, se adapta con facilidad a las formas que se desean cubrir y apenas abulta. Nunca se corta: se rasga siguiendo el sentido de la veta.

CARTULINA DE ESTARCIDO
Se trata de papel de manila tratado con aceite de linaza, que lo hace resistente y muy flexible al mismo tiempo, para que pueda adherirse a las superficies curvas.

CINTA DE PAPEL
El pirkka, hilo de colores procedente de Finlandia, "esconde" una cinta de papel que permite crear pequeñas obras de arte. Se desenrolla con cuidado, empezando indistintamente por arriba o por abajo. Existen dos tipos de pirkka: uno de 2,5 cm de grosor, denominado hilo, y otro de 5 cm de grosor, denominado cordón. Se vende en establecimientos especializados en artículos de decoración para el hogar.

PEGAMENTOS

Otro material de gran importancia es el adhesivo. Los que utilizamos en nuestros proyectos son, principalmente, de dos tipos: la cola vinílica –término que abarca una amplia gama de productos cuyo componente principal es el acetato de polivinilo– se seca rápidamente y puede utilizarse al natural o diluida con agua; y la

cola en spray, que es el adhesivo más limpio y rápido de utilizar, pero despide emanaciones tóxicas, por lo que debe utilizarse con moderación y en un lugar adecuadamente ventilado.

COLA PARA PAPEL PINTADO
Cola en polvo elaborada con celulosa. No es tan eficaz como la cola vinílica, pero a veces contiene un fungicida que previene la formación de moho (mantenerla fuera del alcance de los niños). Si se desea, se puede añadir a la mezcla, preparada según las instrucciones del envase, una pequeña cantidad de cola vinílica para incrementar su poder adhesivo.

PINTURAS

El material de que está hecho el objeto que se desea decorar condicionará, en muchos sentidos, la elección de la pintura. En la mayor parte de los proyectos de este libro, se emplean pinturas de base acuosa. Los óleos son más brillantes, pero más difíciles de tratar. En el primer caso, el diluyente es el agua, mientras que con los óleos se necesita un disolvente como el aguarrás, ya sea para preparar las mezclas o para limpiar los pinceles.

PINTURA AL AGUA BLANCA MATE O GESSO
Se usan como imprimación de fondo blanco antes de proceder a la decoración. La pintura al agua se vende en tiendas de pinturas y es muy económica (para obtener un acabado homogéneo, dejar secar siempre cada mano de pintura antes de aplicar la siguiente). El gesso se vende en tiendas de artículos de Bellas Artes y es más caro, pero forma una capa uniforme y es especialmente elástico, por lo que no se agrieta una vez seco.

PINTURAS ACRÍLICAS
Son las más versátiles. Se secan rápidamente y están disponibles en un amplio abanico de tonalidades. Se pueden mezclar con agua, pero con un medium para pinturas acrílicas se obtienen colores más brillantes. Al tratarse de pinturas de secado rápido, es conveniente lavar el pincel inmediatamente después de usarlo, ya que una vez seca, la pintura es impermeable al agua y, con ello, prácticamente imposible de limpiar.

ÓLEOS PARA BELLAS ARTES
Tardan mucho en secarse y son bastante caros, por lo que es mejor usarlos en superficies de dimensiones reducidas. Algunos óleos contienen plomo: evitar utilizarlos en la elaboración de objetos para niños.

ESMALTES
Son específicos para vidrio y cerámica e ideales para las superficies de metal.

PINTURAS EN SPRAY
Permiten aplicar la pintura rápidamente y de modo homogéneo. Se deben utilizar siempre en espacios bien ventilados.

PINCELES

Los más preciados son sin duda los de marta: son elásticos, retienen abundantes cantidades de pintura y duran mucho. Pero son los más caros, con precios que pueden cuadruplicar los de los pinceles sintéticos. A la hora de elegir un pincel, prestar especial atención a la punta, que debe ser fina y compacta. Una alternativa son los pinceles mixtos marta sintéticos, que tienen precios razonables y permiten obtener resultados de buena calidad. Independientemente del material, para extender las pinturas y los barnices de acabado, utilizar pinceles planos de tamaño medio. Mantener separados los que se utilizan para cada función y etiquetarlos para así reconocer de inmediato el pincel para la pintura y el pincel para el barniz. Utilizar pinceles finos de Bellas Artes para los detalles. Lavarlos con agua (o con aguarrás, se pintan con óleos) inmediatamente después de usarlos.

PINCEL PARA ESTARCIDO

También denominado pincel para estarcido, es chato y de cerdas duras, que no retienen excesivas cantidades de pintura, requisito fundamental para evitar que la pintura penetre por debajo de la plantilla. Como alternativa, se puede utilizar también un pincel normal de 2,5 cm, siempre que sea tupido y sólido. Mejor aún, si se dispone de un pincel viejo de decorador, cortarle las cerdas hasta un largo de 1,5-2,5 cm.

BROCHA

Típico pincel plano de sección rectangular que se usa, sobre todo, para transferir el pan de oro al objeto que se desea decorar. Para aumentar su poder adhesivo, se recomienda pasar las cerdas por el brazo para "electrizarlas" o dar a la brocha vaselina en pasta.

ESPONJAS

Para aplicar la pintura pueden resultar muy útiles también las esponjas de gomaespuma de 2,5-5 cm de lado y unos 5 cm de grosor (para pintar superficies muy reducidas se deben utilizar trozos más pequeños). La gomaespuma, que se puede obtener hasta del relleno de muebles o colchones viejos, es muy barata, por lo que al acabar la obra se puede tirar sin ningún remordimiento. El único inconveniente con respecto a los pinceles es que las manos se ensucian más, de modo que conviene limitar la gomaespuma a proyectos con pinturas al agua. Por último, tenemos la esponja natural. Es más cara, pero confiere a los objetos un toque de delicadeza.

BARNICES DE ACABADO

El barniz de poliuretano protege las obras, conservándolas por más tiempo y confiriendo a los colores una extraordinaria luminosidad. Los tipos de acabado posibles son tres: mate, satinado y brillante. El primero produce un efecto tenue y uniforme; el segundo confiere a la obra una ligera y tersa luminosidad; y el tercero, un acabado muy brillante.

BARNIZ ACRÍLICO

Disponible en las versiones mate y brillante, es más caro que el barniz común, pero no se pone amarillo con el paso del tiempo.

COLA VINÍLICA

Se puede diluir y utilizar como un barniz común. Especialmente indicada para acabados sobre objetos de vidrio y papel pintado.

BARNIZ CRAQUELADOR

La reacción producida por el contacto de dos barnices, normalmente vendidos en un único envase, da lugar a vistosas grietas. Si se desea, se pueden teñir las grietas con óleos. Las tonalidades sombra tostada y siena son perfectas para este fin.

CERA

Utilizada para dar brillo y, al mismo tiempo, formar una capa protectora, se vende en forma de cera de abeja o en muchas otras versiones. Debe aplicarse sobre la pintura completamente seca y conviene extenderla siempre con un paño húmedo y con pequeños movimientos circulares.

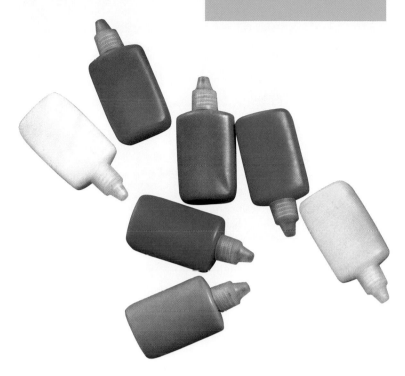

MATERIALES PARA TÉCNICAS ESPECÍFICAS

PELÍCULA DE ACETATO

Es uno de los materiales más utilizados para hacer las plantillas de estarcido. Se vende en rollos o en láminas y es muy útil cuando se quieren reproducir motivos repetidos varias veces. Su principal desventaja es que es resbaladiza, característica que dificulta las operaciones de corte. Además, tiende a romperse cuando el diseño presenta muchos ángulos y siluetas articuladas, y se aconseja únicamente para modelos simples y de grandes dimensiones. Como alternativa, se puede recurrir al mylar, una película de poliéster más cara que el acetato pero prácticamente indestructible.

PINTURAS PARA TELA

En respuesta al creciente interés de los aficionados a las manualidades por la pintura sobre tejidos, la gama de pinturas comercializadas ha crecido. Los fabricantes han desarrollado pigmentos más seguros y fáciles de usar: se trata de preparados de base acuosa, no tóxicos y resistentes al calor de la plancha, que deben utilizarse siguiendo las instrucciones del fabricante que figuran en los envases.

Pinturas para seda Pigmentos de tonalidades luminosas que se expanden rápidamente y están indicados para todo tipo de sedas y telas de algodón ligero. Los diversos tintes, solubles con agua, se pueden mezclar para obtener una amplia gama de matices. Una vez fijadas con la plancha, estas pinturas son estables y resisten incluso múltiples lavados en lavadora.

Pinturas permanentes para tejidos Más intensas y densas que las anteriores, son las más indicadas para todos los tejidos de fibras naturales y son aptas para la mayoría de las técnicas: pintura tradicional, pintura a la esponja y aplicación de la pintura con pincel para estarcido. Se fijan con la plancha. Además de las tonalidades normales, existen pigmentos metalizados, fluorescentes y mates.

GUTTE

Son sustancias líquidas de base acuosa que se aplican por el contorno del dibujo. Su función consiste en crear una especie de barrera que impide que la pintura se desparrame. Existen guttas transparentes y de colores, metalizadas y no metalizadas, que son indelebles y pasan a formar parte del diseño.

PASTA DE VIDRIO

Utilizada, sobre todo, para delinear y delimitar las distintas partes que componen la decoración, se aplica directamente con el tubo evitando, no obstante, el contacto directo de la boquilla del mismo con el vidrio. Las pastas más usadas son las de tonos negro plomo, dorado y plateado. Se secan muy rápido.

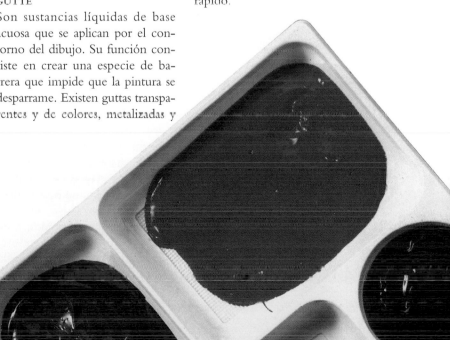

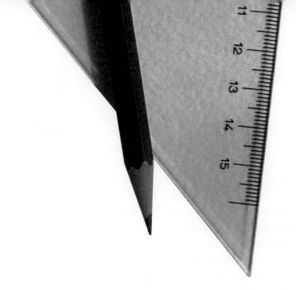

PINTURAS PARA CERÁMICA

Pinturas en caliente Son pigmentos en polvo, que se mezclan con una esencia grasa y unas gotas de trementina y ofrecen la posibilidad de generar una gama cromática prácticamente infinita. Es una técnica fascinante, que, sin embargo, requiere una cierta habilidad en el diseño y, una vez decorado el objeto, una tercera cochura en el horno para fijar la pintura. Una vez realizada la tercera cochura, la pieza obtenida es resistente y se puede lavar con agua y detergente. Advertencia importante: una vez cocidas, las pinturas quedan mucho más brillantes (y además, el azul se altera; de hecho, el polvo que tras la cochura es azul, antes es violáceo). Por eso, para evitar sorpresas, al comprar las pinturas conviene siempre consultar las tablas de colores de los fabricantes.

Pinturas en frío Son pinturas de base acuosa que, una vez secas, producen un efecto similar a los esmaltes cocidos en el horno. Muy brillantes, no son las indicadas para decorar objetos de uso cotidiano (no resisten las altas temperaturas ni los continuos lavados) ni recipientes de alimentos (son tóxicas).

MORDIENTES

La función de los mordientes consiste en dar más color a la madera, bien para intensificar su tonalidad natural o para oscurecerla. Se venden en cualquier tienda de pinturas, en polvo o en granos que se diluyen en agua, alcohol o aceite, y también en forma de productos listos para su aplicación. Se extienden con un pincel o un simple tampón hecho rellenando de guata un tejido que no suelte pelos (conviene hacer antes una prueba en un trozo de madera del mismo tipo que la que se va a decorar).

PAN DE ORO

Disponible en hojas sueltas y en calcomanías, se suele vender en blocs de 24 hojas de 8 x 8 cm. En el primer caso, las finas láminas de pan de oro prensado se aplican con ayuda de una brocha, después de cortarlas en trozos pequeños. El pan de oro en calcomanía también está prensado, pero está dispuesto sobre un papel encerado y se aplica ejerciendo una firme presión con el pulgar o con un pincel para estarcido. En las tiendas, está disponible en varias tonalidades. Sustancialmente más barato, el similar es una aleación de cobre y otros metales, como por ejemplo cinc o estaño. Se vende en láminas grandes de un tono de amarillo algo más intenso que el del oro de verdad.

BARNICES DE DORADO

También llamados barnices mixtión, son barnices con características especiales. Los de base acuosa, que se diluyen con agua, son perfectos para dorados rápidos, porque el tiempo de espera entre la aplicación del barniz y el de la lámina es de 15 minutos. No obstante, si se prefieren acabados más brillantes, conviene recurrir a los barnices de base oleosa. En función del tiempo de espera, existen tres variedades (3 horas, 12 horas y 24 horas). Se disuelven con aguarrás.

VIDRIO DE COLORES
PARA MOSAICO

Sin duda, se trata del material más tradicional para realizar un mosaico. Se presenta en diminutas teselas de gran poder reflectante. Se obtiene añadiendo a los elementos base del vidrio transparente óxidos metálicos específicos que hacen que el vidrio absorba algunas longitudes de onda, adquiriendo diversas tonalidades. Por lo general, se clasifica y se vende por grupos de colores: dorados; rojos, naranjas y amarillos; blancos, verdes y azules; y negros, grises y marrones. La variedad conocida como vidrio nuevo antiguo, de producción industrial, presenta una superficie caracterizada por marcas irregulares que lo hacen similar al vidrio soplado.

ALICATES PARA MOSAICO

Utensilio de acero templado con puntas cortantes de tungsteno, perfecto para partir teselas de vidrio. Tienen un mango especial, para así poder manejarlos con la máxima precisión.

COLA PARA MOSAICO

Este adhesivo recibe el nombre de "bicomponente" porque para el encolado es necesario mezclar dos productos distintos: el adhesivo base y el endurecedor. Muy resistente a la tracción y a la humedad, al ser bastante rígida, esta cola no aguanta bien los golpes violentos. Existen aplicadores especiales que dosifican y mezclan los dos componentes, para mayor comodidad, precisión y rapidez.

ESCAYOLA PARA MOSAICO

Más económica y de excelentes propiedades adhesivas, se aplica sobre toda la superficie del mosaico para cerrar las fugas, fijar de forma sólida las teselas y, al mismo tiempo, realzar el dinamismo del motivo. Se vende ya preparada en las tiendas de pinturas y en las de artículos de Bellas Artes.

FIMO

Resina sintética que se modela con facilidad después de manipularla durante unos minutos hasta ablandarla. Para que se endurezca, es necesario cocerla en el horno (no en el microondas) a 100 -130 °C durante media hora. Se vende en bloques de colores, disponibles en más de 42 tonos. Una vez barnizado, el *Fimo* presenta las características de la porcelana.

CERNIT

Pasta sintética muy parecida al *Fimo*, del que se diferencia sólo en el material del que está hecha. Está disponible en una amplia gama de colores.

OTROS MATERIALES Y HERRAMIENTAS ÚTILES

LÁPICES Y ROTULADORES

Son instrumentos de gran utilidad a la hora de trazar las siluetas de las distintas piezas. El lápiz es perfecto para esbozar los adornos sobre una imprimación de fondo blanco. Los rotuladores, en especial los de punta fina, se usan para definir los contornos.

PALETA

Lo ideal es una paleta con compartimentos separados, uno para cada color, pero también sirven una baldosa o un plato de cerámica.

CÚTERS O BISTURÍS

Son cuchillas con la hoja muy fina y cortante. Antes de guardarlos, se debe cubrir siempre la cuchilla.

PAPEL DE LIJA

Necesario para lijar las superficies antes de decorarlas y para pulir entre una capa de pintura y una de barniz. Está disponible en distintos grados de finura, desde extrafino a áspero.

CUCHILLOS Y TIJERAS

Sirven para retocar los bordes y cortar papel y cartulina.
Para levantar los lados de un objeto de papel maché con el fin de sacarlo del molde, se usa un cuchillo con la punta en bisel.

CINTA ADHESIVA DE PAPEL

Es una cinta adhesiva especial utilizada para fijaciones provisionales. No deja marcas.

CREAR, MODELAR Y PINTAR

TÉCNICAS BÁSICAS

DÉCOUPAGE

El término francés "*découpage*" deriva del verbo "découper", que significa recortar. En origen, el verbo se refería a recortar y decorar la piel, pero hoy en día tiene también la acepción de decorar superficies con recortes de papel. El procedimiento es sumamente sencillo y permite obtener resultados sorprendentes, aunque no se nos dé muy bien –o se nos dé fatal– el dibujo.

Se puede recurrir al *découpage* para decorar cualquier superficie u objeto. Esta técnica puede aplicarse con éxito sobre envases de cartón, como cajas de zapatos o de chocolatinas; sobre objetos de metal, como un cubo viejo, una regadera o una caja de galletas; sobre jarrones de cristal; y sobre cualquier objeto de madera.

EL MATERIAL IMPRESO

Las fuentes de las que recortar las imágenes son prácticamente infinitas: revistas, catálogos viejos, postales, tarjetas de felicitación, postales navideñas, libros, periódicos, papel de regalo... Los mapas viejos también pueden ofrecer alternativas interesantes. Para reproducir la ilustración deseada, se puede fotocopiar y utilizar la imagen en blanco y negro o colorearla con lápices o pasteles. Si la fotocopia es en color, sólo hay que recortarla.

PREPARACIÓN DE LAS SUPERFICIES

Antes de pegar los recortes del *découpage*, hay que preparar los diversos objetos de distintas formas.

OBJETOS BARNIZADOS O ENCERADOS

Limpiar la superficie con aguarrás para evitar posibles problemas de adhesión. Los muebles con agujeros o hendiduras deben estucarse antes con un producto específico. Una vez seca, la escayola se pule con papel de lija y, por último, se vuelve a lavar la superficie con aguarrás.

MADERA PINTADA

Cuando la madera está en buenas condiciones, basta con limpiarla con aguarrás. Si, en cambio, presenta imperfecciones, hay que alisarla antes con papel de lija extrafino. Si, al hacerlo, la pintura original se descascarilla, será necesario lijar la madera enérgicamente y volver a pintarla.

METAL NUEVO

Sumergir el objeto en una solución de 2 partes de agua y 1 de vinagre. Secarlo con cuidado, aplicarle dos manos de barniz antioxidante y lijarlo.

METAL VIEJO

Quitar las manchas de óxido con ayuda de un poco de lana de acero y luego proceder como si el objeto fuera de metal nuevo.

CERÁMICA

No necesita una preparación especial, a menos que la superficie presente incrustaciones de polvo o de grasa.

SUPERFICIES POROSAS

Para tratar una superficie porosa, se pueden usar pintura al agua

UN CONSEJO

Cómo reducir el grosor del papel

Los recortes deben ser lo más finos posible. No obstante, si se prefiere usar una cartulina o un trozo de cartón más gruesos, se puede reducir su grosor de la siguiente manera: con el recorte boca abajo, levantar una esquina de la cartulina con un cúter, introducir un lápiz en medio y hacerlo rodar en dirección al extremo opuesto hasta separar por completo el exceso de grosor.

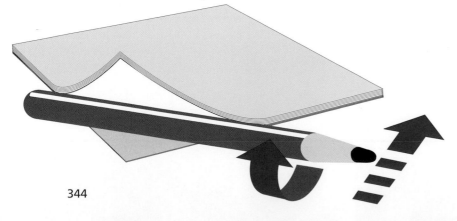

blanca mate o gesso, que se vende listo para usar. Aplicar la capa de fondo con una brocha plana y con movimientos fluidos, todos en la misma dirección, ejerciendo una ligera presión para obtener una superficie lisa y homogénea.

RECORTAR

Recortar los trozos de papel dejando un margen amplio y usando unas tijeras grandes. Para los detalles más pequeños, utilizar tijeras finas y pequeñas. Para las partes difíciles, un cúter o una cuchilla.

ENCOLAR

Extender una fina capa de cola por el dorso del recorte, aplicándola desde el centro hacia los bordes. Para manipular los trozos más pequeños y delicados, se aconseja usar unas pinzas. Una vez terminada la composición, "frotarla" con un trozo de papel de cocina húmedo para eliminar las burbujas de aire. Comprobar que todas las imágenes se hayan adherido perfectamente. Si alguna no está bien pegada, coger un poco de cola con la punta de un palillo, aplicarla por debajo del recorte y ejercer un poco de presión para que quede bien pegado.

BARNIZAR

Cuando la cola esté completamente seca, aplicar una mano de barniz de acabado diluido con agua (2 partes de barniz y 1 de agua), con movimientos en una única dirección y evitando pasar dos veces por el mismo sitio. Por último, aplicar 3 capas de barniz al aceite, dejando que se seque y lijando entre mano y mano (limpiar la superficie con un paño húmedo antes de aplicar la siguiente capa de barniz).

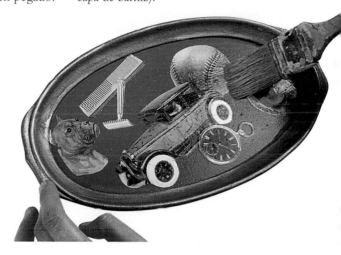

CARTONAJE

Antes de explicar la técnica de forrar objetos de dos y tres dimensiones, conviene recordar brevemente una operación como la incisión, muy útil cuando se hacen o decoran objetos de papel. Por "hacer una incisión" se entiende hacer un surco en el papel para que resulte más fácil doblarlo. Esta operación, que no es necesaria cuando las hojas son muy finas, es fundamental cuando se usan papeles de grosor medio-alto o cartulinas, ya que permite obtener pliegues perfectos y un acabado muy preciso. Por lo general, para hacer el surco se usa un instrumento especial llamado regleta, con el cual se hace la incisión sobre la que será la cara externa (el papel se dobla en el sentido contrario a la línea de incisión). Si se trabaja con cartulina, el surco debe tener una profundidad de la mitad de su grosor. En el caso del papel, basta con aplicar una ligera presión, para no romperlo.

FORRAR EL OBJETO

A la hora de cortar el papel con el que se va a forrar un objeto, es importante calcular la dilatación que experimenta el papel una vez encolado y tenerla en cuenta a la hora de tomar las medidas. Y mucho más cuando el papel ha de ajustarse porque no se piensan dejar solapas (para forrar una caja por dentro). Al forrar un objeto bidimensional, en cambio, es necesario dejar un margen para las solapas en todos los lados del papel: la medida varía en función del grosor de la cartulina con que se forra el objeto pero, por lo general, con 1,5 cm debería bastar. Si el objeto es tridimensional, las solapas son necesarias sólo en algunos lados.

na, ejerciendo una ligera presión con la mano para eliminar las burbujas de aire (2).

Sin perder tiempo, encima de la superficie de trabajo, darle la vuelta a la cartulina, doblar las solapas y dejar que se seque la cola, a ser posible, colocando un peso encima de la cartulina.

Retocar las esquinas, asegurándose de que los bordes queden bien pegados con ayuda de la regleta (3).

OBJETOS TRIDIMENSIONALES

En estos casos, calcular la cantidad de papel necesario es algo más complicado, pero el procedimiento de encolado es el mismo. Usar una tira de papel lo bastante larga para tomar las medidas y dibujar un esquema aproximado. En el ejemplo, se forra una caja rectangular, pero este método sirve también para cualquier otra forma.

Rodear la caja con una tira de papel, doblándola con cuidado en las aristas y dejando en los extremos un margen para las solapas. Hacer lo mismo en la otra dimensión. Estirar las dos tiras y ya se tiene la medida total del papel que se necesita para forrar el objeto (4).

A continuación, dibujar el modelo por el dorso del papel. Esta operación debe hacerse con mucho cuidado, prestando especial atención a las esquinas y dejando un margen suficiente para las solapas. Antes de recortar el papel, envolver la caja con él para asegurarse de que las medidas se ajustan a la perfección (5).

Para forrar la caja, se debe proceder por pasos: primero la base, después dos lados opuestos con sus solapas y, por último, los otros

dos lados. Si el papel es muy grueso, hacerlo más flexible humedeciéndolo un poco con una esponja antes de aplicar la cola (6).

Para forrar una caja que luego se va a forrar también por dentro, lo mejor es dejar unas solapas tan largas que se puedan doblar en las aristas del fondo, para que queden completamente "camufladas" por el rectángulo de papel pegado sobre la base, obteniendo un acabado muy logrado.

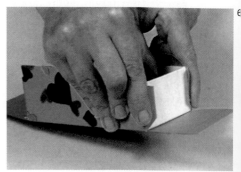

OBJETOS BIDIMENSIONALES

Colocar la cartulina sobre el dorso del papel y trazar su silueta dejando un margen de 1,5 cm por cada lado. Luego, recortar el papel y, en las esquinas, hacer los cortes en ángulos de 45° de modo que, al doblar las solapas, se formen ángulos rectos. Por último, dar una capa uniforme de cola por el dorso del papel, extendiéndola desde el centro hacia el exterior (1). Coger el papel con cuidado y colocarlo sobre la cartuli-

ESTARCIDO

Una de las principales ventajas del estarcido (o stencil) radica en el hecho de que para practicarlo se necesita muy poco material: un pincel, unas pinturas y una plantilla. En los proyectos propuestos en este libro, se han utilizado plantillas de las que se venden hechas en las tiendas (hay una gran variedad de diseños), pero nos ha parecido útil explicar cómo se pueden crear elegantes diseños personalizados (inspirándose, por ejemplo, en un detalle de la tapicería del sillón para decorar con estarcido la pantalla de una lámpara).

ELABORAR EL DISEÑO

Una vez elegido el diseño deseado, resultará sorprendente comprobar con qué facilidad puede transformarse en una plantilla. Si la silueta es complicada, simplificarla fotocopiando o calcando el motivo e intentando distinguir las formas esenciales. Pintar de negro los elementos que lo componen con un rotulador fino para hacerse una idea del efecto final.

Además de las ventanas (zonas recortadas a través de las que se aplica la pintura), la otra parte importante de la plantilla son los denominados "puentes", segmentos de cartulina (u otro material) que separan los distintos componentes del diseño: dispuestos a intervalos regulares, con su sucesión armoniosa, contribuyen a marcar el ritmo del motivo y confieren resistencia a la plantilla.

TRANSFERIR EL MOTIVO A LA CARTULINA

El método más sencillo de transferir el dibujo consiste en usar papel carbón. Fijarlo a la cartulina de estarcido con cinta adhesiva y calcar la imagen con un bolígrafo, ejerciendo una firme presión. Antes de quitarlo definitivamente, levantar una esquina del papel carbón y comprobar el dibujo para estar seguros de no haber olvidado ningún detalle.

Otra alternativa es pegar las fotocopias sobre las cartulinas con cola en spray. La cola en spray es impermeable, así que no le pasará nada si se decide pintar con pinturas al agua.

Vaporizar la cola en spray por el dorso de la fotocopia y por el anverso de la cartulina, esperar a que se impregnen y pegar las dos superficies pasando un rodillo de los que se utilizan para pegar el papel pintado o la palma de la mano para eliminar las arrugas y las burbujas de aire y conseguir una adhesión perfecta.

Otro método para transferir el motivo consiste en calcarlo sobre papel de calco con un lápiz blando. Después, se da la vuelta al papel, se fija al dorso de la cartulina con cinta adhesiva de papel y se traza el contorno de la imagen, ahora especular, ejerciendo una presión firme. Una vez recortada la plantilla, basta con darle la vuelta para obtener exactamente el dibujo de partida.

Sin duda, transferir el dibujo a una lámina de acetato es mucho más fácil. Basta con superponer el acetato a la imagen, fijándolo con cinta adhesiva para que no se mueva, y calcar la silueta con un rotulador indeleble para cristal.

Una vez dibujada la plantilla, conviene pintarla con un pastel, un rotulador o un lápiz de un color para valorarla mejor en su conjunto y que resulte más fácil distinguir las partes que hay que recortar.

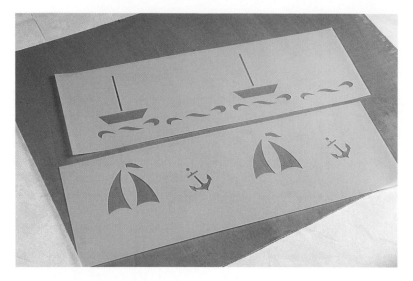

da la decoración, se pueden borrar fácilmente con una goma. Una vez hecho esto, colocar la plantilla, fijándola con trocitos de cinta adhesiva de papel o con chinchetas para poder retirarla fácilmente y reutilizarla.

Si se prefiere, se puede utilizar una cola en spray para plantillas, de adhesión temporal, muy cómoda cuando se trabaja sobre superficies suaves y resbaladizas, como un cristal o una baldosa. Una de las ventajas de este método es que se consiguen contornos nítidos y sin manchas.

RECORTAR LA PLANTILLA

Hay que colocar la plantilla encima de una superficie adecuada: un tapete de goma especial o un cartón de fibra comprimida son lo ideal. Empezar recortando primero los detalles más pequeños. Si se procede del modo contrario, los puentes podrían romperse y resultaría más difícil. Ir recortando siempre del centro hacia fuera, para evitar apoyar continuamente la mano sobre la superficie del estarcido y así no estropearlo. Usar un bisturí o un cúter muy afilado, trabajando con la hoja de la cuchilla siempre hacia uno mismo y, a ser posible, con movimientos fluidos y regulares. Cuando haya un detalle especialmente complicado o una línea curva, evitar mover la cuchilla: girar la plantilla. Si al recortar el estarcido se comete un error, se puede reparar el corte pegando la cartulina por ambos lados con cinta adhesiva de papel. Si, al

hacerlo, la cinta adhesiva cubre partes recortadas con anterioridad, volver a recortarlas con el cúter.

COLOCAR LA PLANTILLA

Antes de empezar el estarcido, hay que señalar el centro del diseño con ayuda de una escuadra y unas marcas de registro, para luego poder colocar correctamente la plantilla. Cuando se está impaciente por ver el resultado, puede parecer una pérdida de tiempo, pero no lo es, sobre todo cuando la decoración consiste en motivos repetidos, como en el caso de una cenefa: es la única manera de que los motivos queden perfectamente derechos y alineados. Y, ¿cómo se halla el centro de una superficie cuadrada y rectangular? Sólo hay que trazar las diagonales con una regla: el centro es el punto en que se cruzan.

Marcar las líneas guía con leves trazos a lápiz que, una vez realiza-

APLICAR LA PINTURA

Las mezclas de las pinturas al agua, los acrílicos y los óleos se aplican a través de la plantilla por medio de un pincel, un trozo de gomaespuma o una esponja. Con cada método se obtiene un acabado distinto, así que conviene hacer pruebas antes para ver cuál es el más idóneo. En cualquier caso, el secreto está en diluir las pinturas sólo lo justo para amalgamarlas, ya que deben cubrir sin desparramarse. Por eso, cuanto más "en seco" se trabaje, mejor. Mezclar las pinturas en la paleta o en un platito de cerámica, mojar sólo la punta del pincel y eliminar el exceso de pintura en un trozo de papel de cocina. Aplicar la pintura con toques delicados, sin arrastrar ni restregar el pincel por el estarcido, porque si no, la pintura podría filtrarse por debajo de la plantilla. Como regla general, al aplicar la pintura conviene empezar por los tonos más claros y

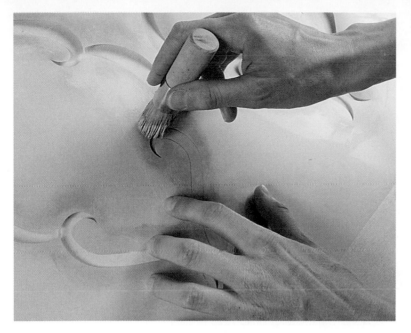

ACABADOS

En superficies como la cerámica, los azulejos o el vidrio, los errores se corrigen rápidamente, porque la pintura se quita con facilidad. En otros casos, en cambio, resulta prácticamente imposible borrar el motivo una vez estarcido. Aquí lo que se puede hacer es, una vez retirada la plantilla de cartulina o de acetato retocar la decoración con un pincel.

Una vez que la pintura está seca, conviene proteger el motivo y fijar los colores con una capa de barniz acrílico o de poliuretano.

luego continuar con los más oscuros, que se obtienen superponiendo leves capas, siempre con el pincel con muy poca pintura.

Para evitar manchas y borrones, no se debe la plantilla hasta que la pintura se haya secado por completo.

MOSAICO

Para la realización del diseño de un mosaico no existen reglas fijas, aunque siempre es aconsejable simplificar y estilizar la imagen lo máximo posible. Los principales aspectos que conviene tener en cuenta son el destino final del mosaico y sus proporciones.

Empezar reproduciendo el diseño al natural: así se podrá calcular con mayor precisión el número de teselas necesarias y ver mejor cómo disponerlas luego, sobre todo si todavía no se domina esta técnica. Y, a menos que se haya optado por un motivo repetido o

geométrico, dibujar a mano alzada: el mosaico resultante será mucho más alegre y vistoso.

CORTAR LAS TESELAS DE VIDRIO

Las teselas se colocan entre las dos puntas afiladas de las pinzas especiales para mosaico, con el lado "recto" hacia arriba y de forma que las puntas estén exactamente sobre la línea de corte. Entonces, sosteniendo la tesela entre los dedos pulgar e índice, se aprietan las asas haciendo palanca.

● Para cortar una tesela por la mitad, colocar las puntas de la pinza justo en el centro y apretar ejerciendo la misma presión con

ambas manos. Para cortar una tesela en cuartos, repetir la misma operación con cada mitad.

● Para biselar el borde de una tesela para facilitar su adhesión a una superficie curva, colocar las puntas de las pinzas en función de la inclinación deseada y apretar las asas.

● A menudo, se usan sextos u octavos de tesela para trazar finas líneas de contorno. Después de partir la tesela en dos como se acaba de explicar, se obtienen tres o cuatro partes iguales de cada mitad.

● Para perfilar formas circulares u ovaladas se usa una técnica un poco distinta. Dibujar directamente en la tesela con un pincel la forma que se desea obtener, cortar las cuatro esquinas y luego cortar la tesela con las pinzas, desde el borde, hasta obtener la silueta deseada.

349

PASTA DE SAL

Este arte, muy popular en Alemania, está ganando cada vez más adeptos en toda Europa.

Para practicarlo sólo se necesitan ingredientes tan simples como harina, agua y sal, en las cantidades indicadas en cada caso, para crear objetos realmente únicos. A los efectos del resultado final, resultan determinantes un poco de experiencia y un perfecto conocimiento de nuestro horno (los tiempos de cocción y temperaturas recomendados se indican en las instrucciones de cada proyecto).

COLORACIÓN

Existen dos formas de dar color a los objetos de pasta de sal: teñir la pasta o pintar el objeto terminado. En el primer caso, se añaden a la pasta pequeñas cantidades de pigmento, se trabaja la pasta hasta obtener una tonalidad homogénea y, una vez moldeado el objeto, se deja secar al aire durante 2 días antes de hornearlo. La coloración del objeto terminado, en cambio, se realiza después de la cocción. Es una técnica que requiere cierta habilidad en el manejo de los pinceles: si se usan pinturas demasiado fuertes el efecto final puede ser demasiado "recargado".

ACABADOS Y BRILLO

Una vez terminado y seco el objeto, se eliminan las posibles imperfecciones con papel de lija. Después, hay que aplicar a la superficie un barniz protector, brillo o mate, según el gusto personal. Es importante proteger los objetos también por detrás, sobre todo si se van a colgar, para evitar sorpresas desagradables y grietas de humedad.

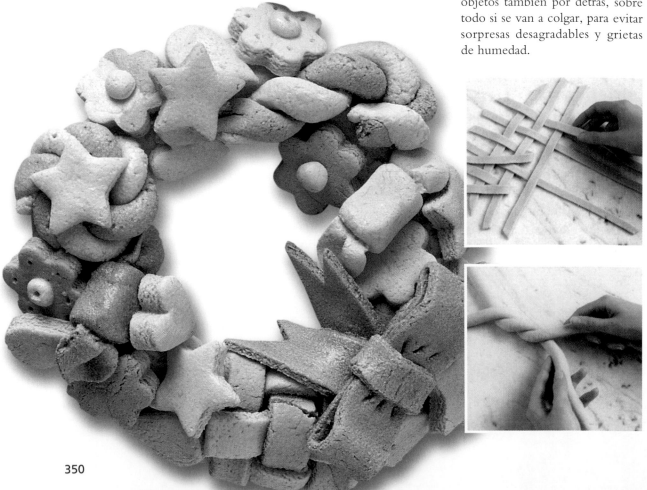

PAPEL MACHÉ

De orígenes remotos, esta técnica de crear objetos mediante la superposición de papel y cola es tan fascinante como deliciosamente "sucia".

Un consejo antes de empezar: cubrir la superficie de trabajo con un plástico, en parte para protegerla y en parte para evitar que la nueva creación se pegue a la superficie.

PREPARAR EL PAPEL DE PERIÓDICO

Preparar una cantidad suficiente de tiras de papel de periódico, de distintas dimensiones, en función del objeto que se desee hacer.

Una de las pocas reglas del papel maché guarda relación precisamente con el papel, que no se corta, sino que se rasga en el sentido de la veta. El término "veta" designa el modo en que están dispuestas las fibras, que se corresponde con la dirección de desplazamiento de las cintas transportadoras en la fase de producción del papel.

Su orientación se descubre rasgando el papel primero en horizontal y después en vertical. La parte que ceda con más facilidad es la que sigue el sentido de la veta.

Al rasgar el papel y no cortarlo, los bordes quedan irregulares, circunstancia que confiere a los objetos de papel maché un aspecto más natural y espontáneo que si las tiras de papel se cortan con tijeras.

APLICAR LAS TIRAS

Extender la cola por uno o ambos lados de las tiras, ejerciendo una ligera presión con los dedos para eliminar el exceso.

Es conveniente esperar unos minutos antes de aplicarlas, sobre todo si se está utilizando papel con poca cola, como papel de periódico o cartón de embalar.

Como es fácil de intuir, las dimensiones del objeto condicionan las de las tiras de papel, aunque muchos artistas explotan adrede este aspecto para producir "efectos especiales". Por ejemplo, si se recubre una superficie curva con tiras muy finas, se obtendrá un acabado liso y uniforme; y, en cambio, si se emplean tiras anchas, se formará una serie de arrugas y se conseguirá el efecto de una trama.

¿CUÁNTAS CAPAS HAY QUE SUPERPONER?

El número de capas de papel que se superponen depende de las dimensiones del objeto y del grado de solidez necesario.

Para revestir un modelo de cartón o cartulina (por ejemplo, para crear un artículo de bisutería), basta con dos capas de papel de periódico, pero para hacer un frutero se necesitan por lo menos ocho.

TIEMPOS DE SECADO

El tiempo necesario para que la cola se seque depende de la temperatura ambiente y de las condiciones climáticas. Si se desea, para acelerar el proceso, se puede meter el objeto en el horno, pero siempre a temperatura muy baja.

Si se van aplicando las capas de papel una a una, se sabrá sin problemas cuándo ha llegado el momento de añadir la siguiente. Si, por el contrario, se recubre la creación de una sola sentada, hay que esperar por lo menos dos o tres días antes de comprobar si el objeto está bien seco.

ÚLTIMOS TOQUES

Después de recortar los bordes, no es mala idea "disimular" la línea de corte con pequeñas tiras de papel. Si, por el contrario, se necesitan pegar varios elementos, encolarlos y mantenerlos luego en posición con cinta adhesiva de papel durante al menos media hora, el tiempo necesario para que la cola se endurezca.

Cuando el objeto esté seco, quitar la cinta adhesiva y tapar las líneas de unión con tiras finas de papel. En algunos casos, resulta útil pulir el papel maché con papel de lija. Empezar con un papel de lija de grano medio y seguir con otro de grano fino, eliminando con un pincel las partículas de polvo que se vayan formando.

BORDADO, GANCHILLO Y PUNTO

MATERIALES Y UTENSILIOS

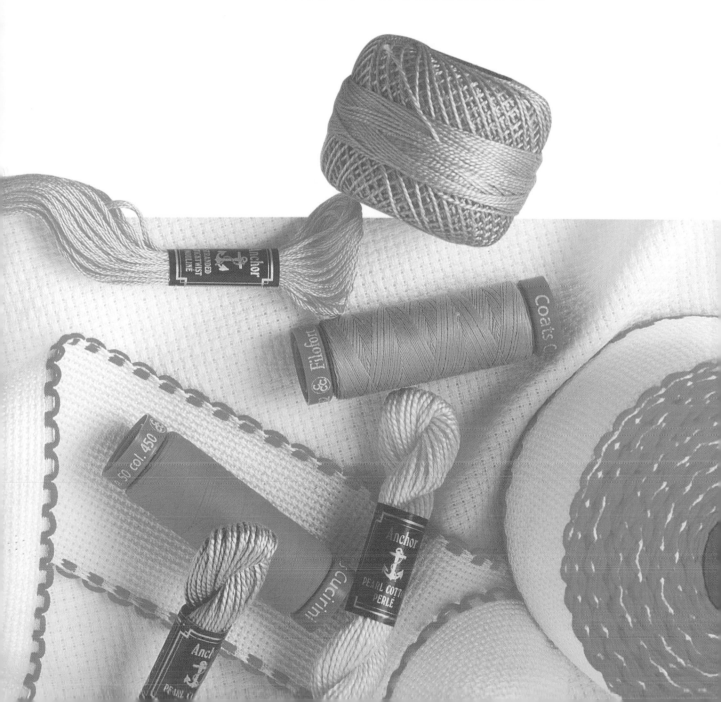

Hoy en día, quien se quiera dedicar al bordado, el ganchillo, el *filet* y el punto dispone de una amplia oferta de hilos y telas de calidad, así como de una gran variedad de utensilios y accesorios, algunos esenciales y otros útiles.

En estas páginas se presenta un breve resumen de los materiales y utensilios indispensables. Todos ellos son fáciles de encontrar en mercerías y tiendas especializadas.

TEJIDOS

A la hora de elegir el tejido, se debe tener en cuenta el uso final que se le va a dar a la labor, la variedad de hilos empleada y la técnica de bordado utilizada.

Normalmente, los tejidos utilizados en el bordado a puntos contados, modalidad en la que se encuadran el punto de cruz y el medio punto, entre otros, son tejidos de trama regular. Tienen el mismo número de hilos/cm en ambas direcciones, horizontal (trama) y vertical (urdimbre).

TELA AIDA

Es el tejido más adecuado y el más utilizado para el punto de cruz. De algodón o de hilo, se vende en trozos de 180 cm de ancho y en tiras de 2,5 a 10 cm de ancho. Se caracteriza por tener un acabado mate. La trama forma una cuadrícula que puede variar (entre 40 y 72 pequeños cuadros cada 10 cm), dando origen –a igual esquema– a bordados de dimensiones diferentes.

OTROS TEJIDOS

Entre los más utilizados, están los tejidos de hilo de trama regular y bien definida, como el hilo de bordar o la tela de hilo grueso, de trama algo más gruesa.

Son muchos los tejidos fabricados específicamente para el bordado a punto de cruz. Entre otros, destacan la tela Aida con recuadros –con hilos de distintos colores–, para manteles y cojines, telas adamascadas con aplicaciones de tela Aida, ideales para manteles y colchas, la Etamina y la tela Malmö. Para bordar a puntos contados sobre tejidos en los que no se pueden contar los hilos –como la tela vaquera, el terciopelo o el punto–, se usa el cañamazo, una tela especial de trama uniforme y regular, que se retira tirando de los hilos una vez realizado el bordado.

HILOS

PARA EL BORDADO A PUNTOS CONTADOS

Como norma general, el hilo utilizado debe ser del mismo grosor que el tejido. Por lo general, la lana no suele ser una elección adecuada. Los hilos empleados con más frecuencia son el hilo Mouliné y el hilo de perlé.

Hilo Mouliné Se trata de un hilo brillante compuesto por 6 cabos muy fáciles de separar. Se puede utilizar un solo cabo en labores muy delicadas. Al utilizar más cabos se obtiene un efecto más marcado. Está disponible en más de un centenar de colores y es sumamente versátil.

Hilo de perlé Hilo de algodón formado por 2 cabos retorcidos que producen un efecto brillante.

Está disponible en distintos grosores, del n° 3 (grueso) al n° 12 (muy fino). El n° 5 es el más utilizado y el más adecuado para aprender a bordar. Brillo y resistencia son las características que lo hacen perfecto para diversos tipos de labores.

PARA EL GANCHILLO

Cualquier hilo, desde la seda más fina a la lana, pasando por el cáñamo más grueso, se presta a realizar labores de ganchillo. Los hilos más indicados para confeccionar encajes y puntillas son los de algodón, ya sean blancos o de colores. Existe una gran variedad de hilos en el mercado, que se diferencian por su calidad y grosor.

La mayor parte de los hilos de algodón son *mercerizados*, es decir, han sido sometidos a un tratamiento especial que los hace más resistentes y brillantes. Algunos son también *estabilizados*, lo que significa que no destiñen ni se decoloran aunque se laven con agua muy caliente.

En los hilos a la venta, el grosor se indica mediante números comprendidos del 5 al 100 que designan, respectivamente, el hilo más grueso y el más fino, con una amplia gama de medidas intermedias. Las fotografías de estas páginas muestran diversos tipos de hilos de algodón de la marca *Coats Cucirini*, entre los que se puede elegir en función de la labor que se pretenda realizar. Así, por ejemplo, los hilos de perlé, como los tipos Sudan y Pellicano, producen un efecto rústico, y el Trifoglio, de 4 cabos retorcidos y brillante, hace más compacta la labor. En los proyectos de ganchillo que se proponen en este libro, se ha utilizado hilo de Es-

cocia "Freccia" que, dotado de una torsión y un brillo inigualables disponible en dos variantes, está especialmente indicado para labores "preciosistas" y delicadas, al igual que el hilo para ganchillo "Anchor", con doble torsión y muy brillante. Cuando se pretendan realizar labores importantes, como un mantel, una colcha, una cortina o grecas muy largas, conviene comprar todo el hilo necesario de una vez, ya que así se evitarán las diferencias de color que dependen de las distintas tintadas, que resultan muy evidentes incluso en el hilo blanco.

LABORES DE PUNTO

Los hilos empleados en las labores de punto están compuestos por un número variable de cabos, más o menos retorcidos, que determi-

nan su peso y su grosor. Se denomina seco o crudo el hilo muy retorcido, idóneo para la elaboración de puntos complejos o motivos en relieve.

El hilo menos retorcido se denomina blando. Suele ser lanoso o aterciopelado y está indicado para hacer prendas elegantes elaboradas con puntos simples.

Las fibras de las que están compuestos los hilos pueden ser naturales o sintéticas. Las naturales pueden ser de origen animal, como la lana, el mohair, la angora, el cachemir, la alpaca y la seda, o vegetal, como el algodón o el lino. Las sintéticas, como el poliéster y las acrílicas, son más prácticas. Los hilos suelen venderse en ovillos listos para utilizar o en madejas que hay que devanar antes de comenzar la labor.

ACCESORIOS

Es importante elegir los accesorios más adecuados para cada proyecto. Las agujas de coser y de bordar están disponibles en un amplio abanico de tamaños. Las tijeras, los alfileres y los lápices

para tela son también elementos indispensables.

El bordado a puntos contados se hace mejor utilizando un bastidor circular, ya que en él se cuentan mejor los hilos del tejido. Si se coloca el bastidor en un soporte, se tendrán las dos manos libres para bordar.

AGUJAS

De tapicería Casi todas las labores a puntos contados se realizan con agujas de tapicería, con el ojo alargado y la punta redonda o roma. Éstas se deslizan fácilmente entre los hilos del tejido, sin perforarlo, y, según su numeración, son de distintos tamaños, que van del 13 (grande) al 26 (pequeña). El tamaño de la aguja se especifica siempre en la lista de material necesario para cada proyecto.

En las labores a gran escala, puede ser necesario usar una aguja para punto (que viene a ser una aguja de tapicería más grande). Conviene asegurarse de que el ojo de la aguja sea lo bastante ancho para el hilo. La punta debe separar los hilos del tejido de forma que el hilo de bordar pase con facilidad.

Agujas puntiagudas y de remendar Se utilizan para los hilvanes y los remates. Las agujas puntiagudas se utilizan para coser y las de remiendo para los hilvanes, ya que su longitud permite coser fácilmente varios puntos de una vez.

GANCHILLOS

Los ganchillos son pequeños utensilios de forma alargada, una especie de agujas de unos 15 cm de largo parecidas a las agujas de punto, así llamados por tener uno de sus extremos torcido formando un gancho poco puntiagudo. Pueden ser de distintos materiales (acero, aluminio, plástico, madera y asta) según el grosor deseado. El grosor se mide en mm y oscila entre los 0,60 y los 12 mm.

Ganchillos de acero Con los hilos finos, como los empleados en las labores de *filet*, se utilizan ganchillos de acero. Los hay de entre 0,60 y 2,5 mm. Antiguamente, la numeración de los ganchillos de acero se expresaba con números convencionales (del nº 1, que corresponde al actual 2, al nº 14, el más pequeño, que es el 0,60 de los ganchillos actuales). En algunas casas puede haber todavía algunos de estos ganchillos, pero no están a la venta.

Otros tipos de ganchillos Con los hilos más gruesos (lana, rafia, chenilla), se usan ganchillos de números más altos, entre el 2,5 (los hay también de medio número) y el 12, hechos de plástico, aluminio o madera.

AGUJAS DE PUNTO

Son de aluminio, de plástico o de madera y tienen una longitud y un diámetro variables. Las hay de los números de 2 a 10. Son rectas y con punta, pero las hay también de dos puntas y de distintas formas.

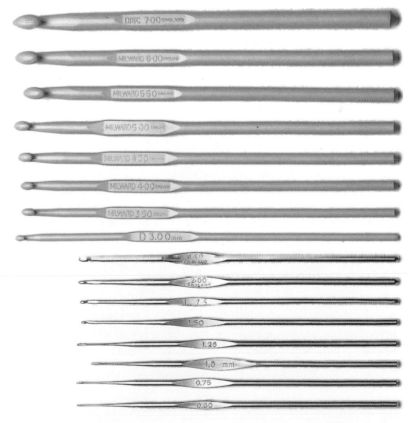

BASTIDORES PARA BORDAR

Redondos Son los más utilizados y se venden en distintos tamaños. Se utilizan para la ejecución de pequeñas labores o de secciones de proyectos más grandes. Sirven para mantener tensa la tela o el cañamazo, con lo que ayudan a que los puntos queden uniformes incluso cuando la labor se retira del bastidor. La mayor parte de los bastidores redondos de bordar tienen un tornillo en el aro externo para regular la tensión. Los bastidores de muelle tienen un aro de tensión interno que regula el cierre y la apertura de golpe del bastidor.

De rodillos De forma rectangular, pueden ser de distintos tamaños y permiten trabajar sobre grandes superficies.

De marco Son una alternativa más económica a los bastidores de rodillos y están compuestos por tensores de madera encajados el uno en el otro en las esquinas en los que se tensa la tela. Conviene saber que, con este tipo de bastidores, el espacio en el que se puede bordar es el de dentro del marco.

TIJERAS

Dada la gran variedad de tijeras, es importante contar con las más adecuadas. Si se compran tijeras de buena calidad y se usan sólo para coser, tardarán mucho tiempo en perder el filo. Las tijeras de sastre, utilizadas para cortar grandes trozos de tela, tienen largas hojas y son ideales para labores a gran escala. Las tijeras de bordar, pequeñas y con la punta muy afilada, se usan para cortes de precisión e hilos finos. Las puntas deben encajar y deslizarse con facilidad.

ALFILERES

Los alfileres finos, largos y con la cabeza de cristal son fáciles de manejar. La cabeza de cristal resiste el calor de la plancha.

CINTA MÉTRICA Y REGLA

Usar una cinta métrica para medir la tela y una regla para contar los hilos.

DEDAL

Es aconsejable utilizar un dedal para coser de modo eficaz sin correr el riesgo de pincharse.

OTROS UTENSILIOS

Además de los que se acaban de describir, existen otros utensilios muy útiles, si bien no indispensables, que facilitarán la ejecución de las labores.

Escuadra Este instrumento es indispensable para medir con precisión los ángulos de 90°.

Rotuladores para tela La tinta puede ser indeleble, soluble en agua o sensible a la acción de la luz. Antes de usarlos en la tela en la que se va a bordar, hacer una prueba en un trozo de tela.

Cinta adhesiva o cinta de tela Cubrir los bordes de la tela con cinta adhesiva o cinta de tela para evitar que se deshilachen. A diferencia de la cinta adhesiva, la cinta de tela debe ir cosida.

Tira de cartón para los hilos Es útil para mantener los hilos ordenados y tenerlos siempre a mano en cada proyecto.

Bordado, Ganchillo y Punto

TÉCNICAS BÁSICAS

BORDADOS

Antes de empezar un bordado, es importante saber cuánto espacio ocupan los puntos en el tejido, decidir qué aguja se debe utilizar y la cantidad de hilo que se necesita.

PREPARACIÓN DEL TEJIDO

Para que los tejidos estén listos para el bordado, hay que realizar una serie de operaciones previas.

PRELAVADO Y PLANCHADO

Lavar el tejido antes de bordarlo, para evitar que la labor encoja una vez bordada.

● Cortar un cuadrado de tela de 5 cm de lado. Apoyarlo sobre una hoja de papel y trazar el contorno exacto del mismo.

● Poner a remojo el cuadrado de tela en agua caliente durante 10 minutos, dejarlo secar y plancharlo. Poner el cuadrado de tela encima del cuadrado pintado en la hoja. Si la tela ha encogido, poner a remojo toda la tela en agua caliente y luego dejarla secar.

● Planchar el tejido para eliminar todas las arrugas con una plancha con vapor o bien sin vapor con un trapo húmedo.

CÓMO COLOCAR EL BORDADO

● Calcular el espacio que ocupará el bordado sobre la tela.

● Cortar la tela dejando un margen de 10 cm por cada lado.

● Después de cortar la tela, sobrehilar los bordes para evitar que se deshilachen mientras se efectúa el bordado.

● Calcular el centro de la tela para colocar el bordado: hacer dos hilvanes centrales, uno a lo largo y otro a lo ancho. El punto en el que se cruzan los dos hilvanes es el centro de la tela y deberá coincidir con el centro del motivo (fotografía 1).

● Hacer hilvanes de 5 puntos para así poder controlar en todo momento los avances de la labor.

● Cuando se trate de un proyecto elaborado, hacer otros hilvanes a 5 puntos de distancia para obtener una especie de cuadrícula. Así se podrá cotejar mejor la labor con el esquema que se esté siguiendo (fotografía 2).

● Un consejo: dibujar una cuadrícula de 5 x 5 cuadros en el esquema del bordado que se vaya a realizar. Así, cotejar la labor con el esquema resultará mucho más fácil todavía.

● Empezar a bordar avanzando siempre de arriba abajo y en el centro de la labor.

● Empezar con los colores dominantes y reproducir los detalles en una segunda fase.

USO DEL BASTIDOR

Realizar un bordado en una tela montada en un bastidor presenta numerosas ventajas: ayuda a que los puntos sean uniformes y deja las manos libres, por lo que resulta más fácil contar los hilos y se avanza más rápido.

El bastidor más simple y de uso más extendido es el redondo compuesto por 2 aros de diámetro ligeramente distinto, que encajan

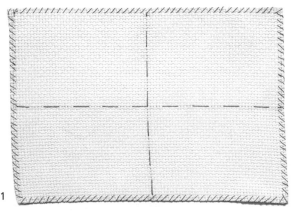

1

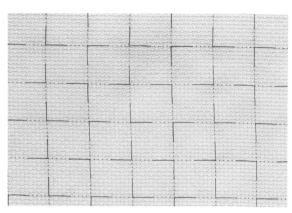

2

el uno en el otro. El aro exterior puede tener incorporado un tornillo regulable o un muelle, que permite tensar telas de distinta consistencia (1). Para montar el tejido en el telar, apoyar la labor en el aro más pequeño, centrando el motivo que se vaya a bordar, tensarlo y encajar encima el aro más grande para sujetar el tejido entre los dos aros (2). Si el aro grande dispone de un tornillo regulable, apoyarlo encima del aro pequeño con el tornillo un poco flojo y apretarlo hasta sujetar bien la labor (3). A medida que se vaya avanzando en la labor, volver a colocar la tela en el bastidor para centrar el bordado. El uso correcto del bastidor implica que las manos queden libres: con la mano derecha, que está por encima del bastidor, se clava la aguja de arriba debajo de la labor; con la mano izquierda, que ha de estar siempre por debajo del bastidor, se hace salir la aguja de abajo arriba. Si el bastidor no tiene un soporte o una abrazadera con el que fijarlo a la mesa, se debe sostener entre una parte de la mesa y el propio cuerpo. Cuando se tenga que bordar en tejidos escurridizos o muy delicados, cubrir el aro más pequeño con una cinta de tela y fijar los extremos con unos puntos; de este modo se dará a la tela una tensión mayor (4). Cuando se trabaje con tejidos especialmente ligeros, conviene superponer a la tela una hoja de papel de seda, que se romperá por el centro una vez montada la tela en el bastidor (5). Si el trozo de tela que se va a bordar es demasiado pequeño, fijarlo con hilvanes a un trozo de cañamazo y montar éste en el bastidor. Una vez terminado el bordado, cortar el exceso

de cañamazo y retirar por completo el cañamazo tirando de los hilos por el revés de la tela (6).

PUNTOS

En las páginas siguientes se describe con figuras explicativas la ejecución de los principales puntos utilizados en el bordado a punto de cruz.

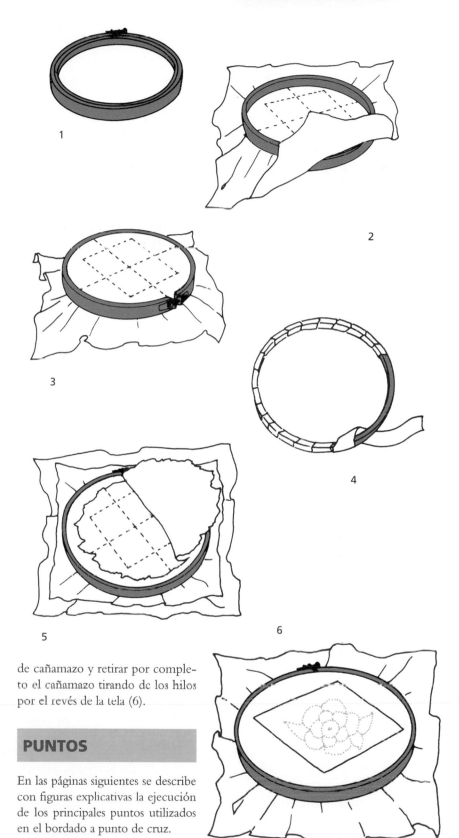

Punto de cruz simple

 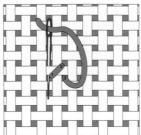 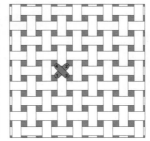 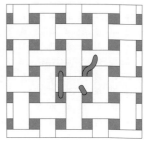

1 Clavando la aguja de arriba abajo, realizar una puntada en diagonal de ida y una puntada en diagonal de vuelta, haciendo salir la aguja un hilo más abajo.

2 Realizar la siguiente puntada en diagonal de ida.

3 Completar la cruz haciendo salir la aguja un hilo más abajo.

4 Revés de la labor.

Punto de cruz en vertical de una sola pasada de arriba abajo

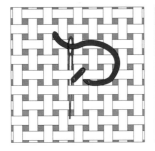 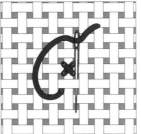  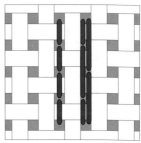

1 Clavando la aguja de arriba abajo, realizar una puntada en diagonal de ida y una puntada en diagonal de vuelta, haciendo salir la aguja un hilo más abajo.

2 Realizar la siguiente puntada en diagonal de ida.

3 Completar la cruz haciendo salir la aguja un hilo más abajo.

4 Revés de la labor.

Punto de cruz en vertical de una sola pasada de arriba abajo

 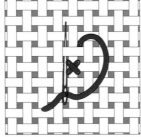 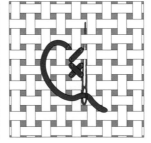 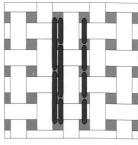

1 Clavando la aguja de abajo arriba, realizar una puntada en diagonal de ida y completar la cruz con una puntada en diagonal de vuelta, haciendo salir la aguja un hilo más arriba.

2 Realizar la siguiente puntada en diagonal de ida.

3 Completar la cruz haciendo salir la aguja un hilo más arriba.

4 Revés de la labor.

Punto de cruz en diagonal de una sola pasada de arriba abajo

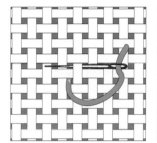

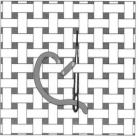

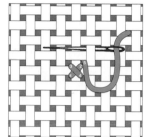

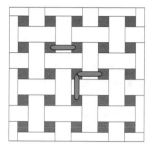

1 Realizar una puntada en diagonal de ida dirigiendo la aguja en sentido horizontal, de derecha a izquierda.

2 Completar la cruz con una puntada en diagonal de vuelta, clavando la aguja en sentido vertical, de abajo arriba.

3 Continuar alternando dichos movimientos.

4 Revés de la labor.

Punto de cruz en diagonal de una sola pasada de arriba abajo

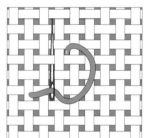

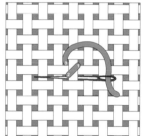

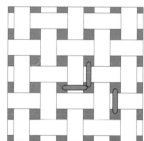

1 Realizar una puntada en diagonal de ida dirigiendo la aguja en sentido vertical, de abajo arriba.

2 Completar la cruz con una puntada en diagonal de vuelta, clavando la aguja en sentido horizontal, de derecha a izquierda.

3 Realizar la siguiente puntada en diagonal de ida y continuar alternando los movimientos.

4 Revés de la labor.

Punto de cruz en horizontal en pasadas de ida y vuelta

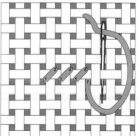

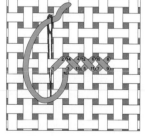

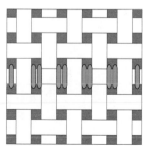

1 Trabajar de izquierda a derecha.

2 Realizar algunas puntadas en diagonal de ida dirigiendo la aguja de arriba abajo.

3 Realizar la pasada de vuelta de derecha a izquierda sobre la de ida. Completar las cruces con puntadas en diagonal, clavando la aguja de arriba abajo.

4 Revés de la labor.

Punto de cruz en diagonal en pasadas de ida y vuelta

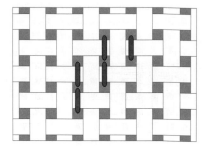

1 Clavando la aguja de arriba abajo, realizar una puntada en diagonal de ida y después una puntada en diagonal de vuelta un hilo más abajo y un hilo más a la derecha de la primera. Seguir alternando puntadas en diagonal de ida y de vuelta.

2 Completar las cruces clavando la aguja de abajo arriba; para completar las puntadas en diagonal de vuelta, pasar primero el hilo por debajo de la puntada para que, terminada la labor, las puntadas en diagonal de ida queden por debajo de las de vuelta.

3 Revés de la labor.

Remate para comenzar la labor en la trama

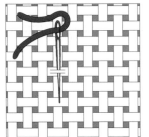

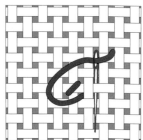

1 Por el derecho de la labor, pasar la aguja por debajo de dos hilos de trama (los hilos horizontales del tejido).

2 Tirar del hilo dejando asomar sólo el extremo de la hebra y pasar la aguja por debajo de los 2 hilos de trama, haciéndola salir hacia abajo a la izquierda para que el hilo quede sujeto.

3 Realizar la primera puntada en diagonal de ida clavando la aguja en sentido vertical de arriba abajo.

4 Continuar con la labor aplicando la técnica más adecuada.

Remate para comenzar la labor en la urdimbre

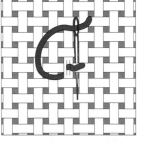

1 Por el derecho de la labor, pasar la aguja por debajo de dos hilos de urdimbre (los hilos verticales del tejido).

2 Tirar del hilo dejando asomar sólo el extremo de la hebra y volver a pasar la aguja por debajo de los dos hilos de urdimbre, haciéndola salir hacia abajo a la izquierda para que el hilo quede sujeto.

3 Realizar la primera puntada en diagonal de ida clavando la aguja en sentido vertical de arriba abajo.

4 Continuar con la labor aplicando la técnica más adecuada.

Final de la labor de punto de cruz en vertical de una sola pasada

1 Por el revés, pasar la aguja por dentro de los hilos del bordado, por debajo de los de la urdimbre y por dentro del hilo del bordado paralelo a los primeros.

2 Estirar bien la hebra y pasar la aguja por debajo de los hilos de la trama. Repetir los pasos pasando la aguja por dentro de los hilos del bordado siguientes y cortar el hilo.

Final de la labor de punto de cruz en horizontal en pasadas de ida y vuelta

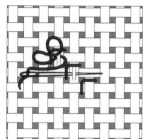

1 Por el revés de la labor, pasar la aguja por dentro de los hilos del bordado y por debajo de los hilos de la urdimbre.

2 Estirar bien la hebra, repetir los pasos descritos pasando la aguja por dentro de los hilos del bordado siguientes y cortar el hilo.

Final de la labor de punto de cruz en horizontal en pasadas de ida y vuelta

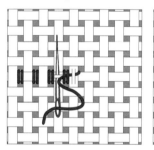

1 Por el revés de la labor, pasar la aguja por debajo de los hilos de la urdimbre y por dentro de los hilos del bordado siguientes.

2 Estirar bien la hebra y pasar la aguja por debajo de los hilos de la trama. Repetir los pasos descritos pasando la aguja por dentro de los hilos del bordado siguientes y cortar el hilo.

Final de la labor de punto de cruz en diagonal en pasadas de ida y vuelta

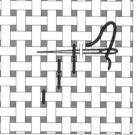

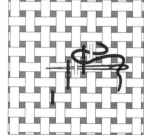

1 Por el revés de la labor, pasar la aguja por debajo de los hilos de la urdimbre y por dentro del hilo del bordado.

2 Estirar bien la hebra, pasar la aguja por dentro del hilo del bordado, por debajo de los hilos de la urdimbre y otra vez por dentro del hilo del bordado. Repetir los pasos pasando la aguja por dentro de los hilos del bordado siguientes y cortar el hilo.

Punto de cruz doble

Se realiza de una sola pasada, de izquierda a derecha, y se da la vuelta a la labor cada vez para realizar la fila siguiente. Para rematar el hilo en el comienzo de la labor, adoptar el mismo sistema que en el punto de cruz normal; para el cambio de hebra, es aconsejable rematar el hilo por el revés pasando por dentro de los puntos ya rematados. El punto de cruz doble se presta al bordado de formas geométricas y realizar o rellenar filas o cuadrados.

1 La primera puntada es, al igual que la puntada de cierre, más pequeña que las otras. Realizar dos primeras puntadas: una vez sujeto el hilo, hacer salir el hilo por el 1 y completar hasta el 4. Continuar hasta el 9.

2 Para hacer punto de cruz en filas superpuestas, una vez realizado el punto de cierre de una fila, dar la vuelta a la labor y volver a empezar por el 1.

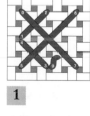

Punto de estrella

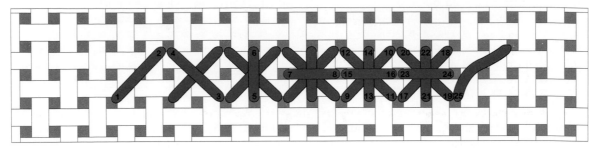

El punto de estrella puede realizarse en cualquier tejido de trama regular y con diversos tipos de hilo. El remate para comenzar la labor es el mismo que en el punto de cruz. Se realiza de izquierda a derecha cogiendo 8 x 8 hilos de tejido en el caso del bordado en hilo o dos cuadritos de tela Aida o esterilla. Clavar la aguja en sentido vertical y realizar un punto de cruz completo y, a continuación, una puntada vertical y otra horizontal. Luego hacer salir la aguja en posición para realizar el punto siguiente.

1/4, 2/4 y 3/4 punto de cruz

Estos puntos se emplean en el bordado a punto de cruz para realizar líneas continuas en diagonal, así como líneas curvas, o bien para obtener matices de colores especiales.

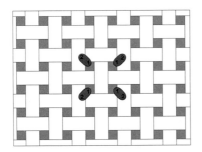

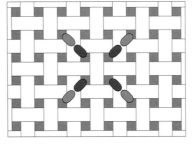

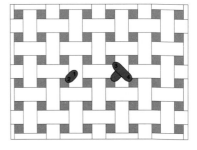

1 El cuarto de punto de cruz está simbolizado en los esquemas por un cuadradito atravesado por una diagonal, coloreado en la parte que representa el punto que se debe realizar.

2 Cuando las dos mitades del cuadradito presentan dos colores distintos, se realizan por separado los dos cuartos de punto de cruz, para obtener los matices deseados.

3 Los tres cuartos son un cuadradito cortado por una breve diagonal, en la que el color ocupa una mitad.

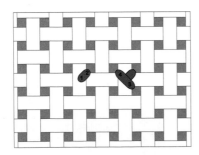

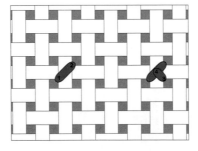

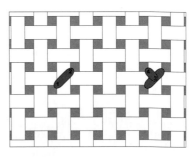

4 Cuando el medio punto es de vuelta, queda por encima el cuarto de punto de cruz.

5 Cuando el medio punto es de ida, se realiza antes que el cuarto de punto de cruz y, por tanto, queda por encima de este último.

6 De este modo, todos los puntos tienen la misma inclinación.

CAÑAMAZO

Para bordar a punto de cruz en tejidos que no presentan una trama regular y, en consecuencia, hacen imposible el bordado a puntos contados (p. ej.: la tela vaquera) se recurre al cañamazo, una tela de trama uniforme y regular.

Se debe hacer lo siguiente:
1 Hilvanar el cañamazo al hilo sobre la tela que se desee bordar, delimitando también el centro, en caso de que el motivo ocupe una superficie amplia.
2 Realizar el bordado a punto de cruz, cogiendo el cañamazo y la tela de debajo. Realizar el bordado contando los hilos del cañamazo dando puntadas ligeramente tensas.

3 Cuando se haya terminado, con unas pinzas, retirar uno a uno todos los hilos del cañamazo tirando de ellos. Empezando por una esquina, tirar primero de los hilos en una dirección y luego en la contraria. Sobre la tela quedará sólo el bordado.
4 Se puede utilizar cualquier tipo de cañamazo, dependiendo de las dimensiones y el tipo de bordado, procediendo siempre igual.

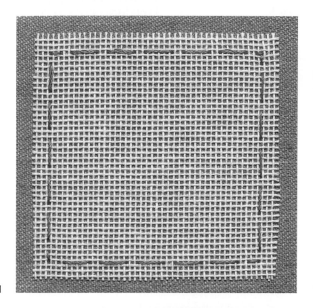

1

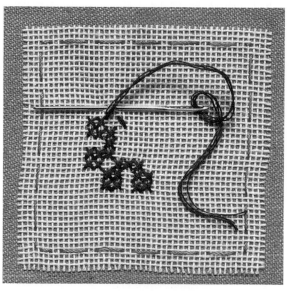

3

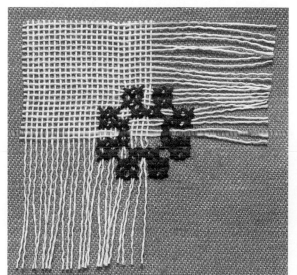

2

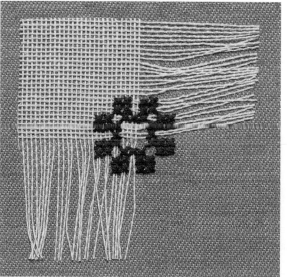

4

PUNTO DE CRUZ SOBRE TELA DE CUADRITOS

El punto de cruz sobre tela de cuadritos (*vichy* de cuadritos) permite obtener efectos cromáticos muy especiales. La cuadrícula del *vichy* presenta 3 gradaciones de color diferentes y está disponible en gran variedad de colores. El tamaño del cuadro determina el tamaño de los puntos.

1 Bordar filas verticales de puntos siguiendo la numeración del dibujo. Los puntos deben realizarse sobre los cuadritos oscuros.

2 Bordar filas verticales de puntos siguiendo la numeración del dibujo. Los puntos deben realizarse sobre los cuadritos blancos de la tela.

3 Realizar la pasada de ida empezando desde la izquierda, siguiendo la numeración del dibujo. Una vez terminada la pasada, completar los puntos con puntadas de vuelta, empezando desde la derecha y siguiendo la numeración del dibujo.

4 Bordando los motivos uno detrás de otro, se obtendrá el resultado de la fotografía.

1

2

3

4

PUNTO DE CRUZ SOBRE PUNTO LISO

El punto liso se presta a ser decorado con bordados de punto de cruz siguiendo cualquier esquema. Lo único que hay que tener en cuenta es que los puntos son más anchos que altos, por lo que el motivo resultante quedará como achatado. Por eso, no siempre el resultado será satisfactorio. Para evitar este inconveniente, se puede bordar sobre un punto de ancho y dos de alto.

Para el bordado, utilizar un hilo del mismo grosor que el hilo utilizado para el punto, pero sin tirar demasiado del hilo, porque en caso contrario podría deformarse.

1 Hacer el remate para comenzar el bordado pasando el hilo por dentro de algunos puntos de la prenda de base.

2 Trabajar de izquierda a derecha, como en el punto de cruz, cogiendo un punto de ancho y uno de alto.

3 Como muestra la fotografía, si se procede de esta manera, el motivo queda achatado.

4 Rematar el hilo pasándolo por dentro de dos puntos a lo alto.

5 Trabajar cogiendo un punto de ancho y dos de alto.

6 Como se puede ver en la fotografía, si se procede de esta manera, el motivo queda más estilizado.

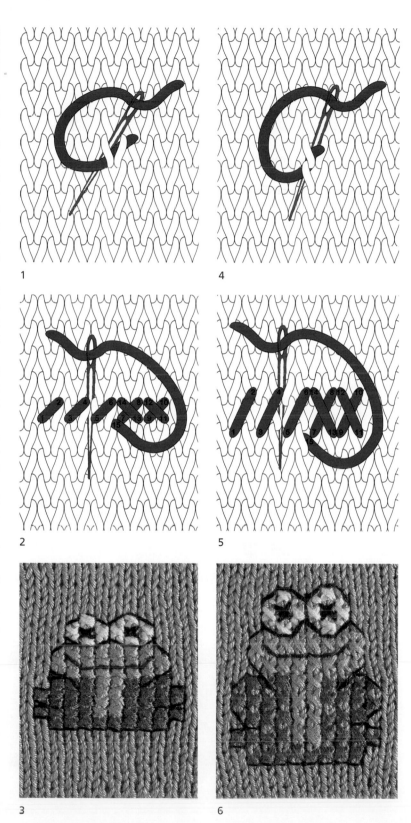

1

4

2

5

3

6

BORDADO DE ASÍS

El bordado de Asís, también llamado punto de Asís, es una aplicación del punto de cruz sencillo que consiste en perfilar figuras estilizadas, flores y formas con punto de perfilar, generalmente con hilo negro, dejándolas vacías sobre un fondo bordado a punto de cruz con un color vivo: azulón, rojo oscuro o verde. Muchos motivos de punto de cruz pueden bordarse con punto de Asís con sólo invertir las zonas rellenas y las zonas vacías. Se puede usar cualquier tejido de trama regular, con hilos de urdimbre y trama iguales entre sí, si bien el tejido utilizado normalmente es la tela Asís (tejido de puro lino de trama regular y bastante gruesa). Perfilar el contorno del motivo con punto de perfilar con un color llamativo: entrar y salir en los espacios que se forman en la primera pasada, fijándonos en que la aguja pase siempre por encima al entrar y por debajo al salir, para crear una línea de contorno sin escalones. Aquí se presentan los esquemas de varios motivos que se pueden bordar a punto de Asís.

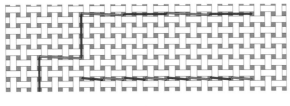

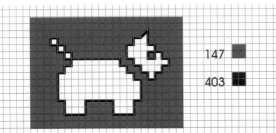
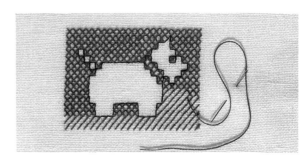

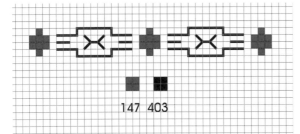

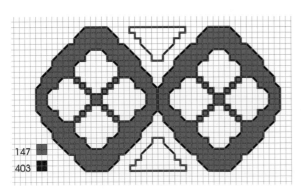

EL REMATE: PUNTO DE CUADROS

El punto de cuadros es un punto de remate que permite realizar el dobladillo.

1 Sosteniendo la labor del revés, esconder la hebra en medio del dobladillo y dar las primeras 3 puntadas manteniendo la aguja en horizontal, haciendo salir la aguja en el 3; volver a clavarla en el 4; sacar la aguja en horizontal; con la aguja vertical, hacerla salir en el 7; pasar primero por encima y luego por debajo del dobladillo doblado y hacer salir la aguja en el 8.

Continuar siguiendo la numeración y repetir la operación hasta terminar la labor.

2 Derecho de la labor.

3 El esquema de la parte inferior corresponde al motivo bordado en la servilleta que aparece en la fotografía inferior.

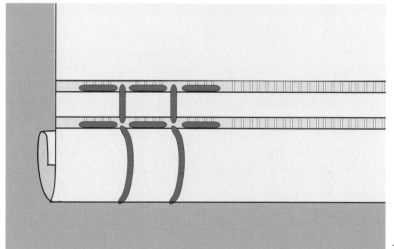

1

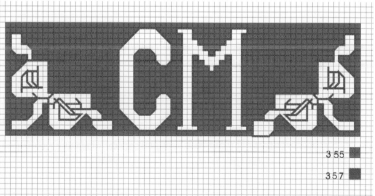

2

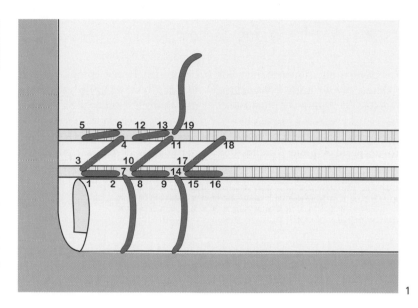

3

GANCHILLO

Las páginas que siguen tienen por objeto permitir a los lectores más inexpertos adquirir en poco tiempo las nociones básicas necesarias para poder llevar a cabo los proyectos propuestos en este libro.

Para aquellas personas que estén familiarizados con el ganchillo, estas páginas servirán de "repaso" de los puntos básicos, permitiendo probablemente introducir nuevas variantes en vuestras creaciones.

INSTRUCCIONES PARA LA EJECUCIÓN DE LAS LABORES

Hasta la introducción de los gráficos, las instrucciones de las labores de ganchillo consistían en una descripción escrita de la labor, muy detallada y, en general, bastante larga (punto por punto, fila por fila), en la que cada paso se explicaba con términos técnicos, con frecuencia abreviados, que lo describían con precisión.

GRÁFICOS JAPONESES

El sistema más habitual, adoptado en este libro, consiste en el uso de gráficos en los que las cadenetas y distintos puntos, estilizados cada uno con un símbolo fácil de recordar y de leer, se disponen de forma que reproducen con exactitud el proyecto en su forma esencial. Por lo general, estos gráficos se denominan japoneses porque fue en Japón donde se originaron y desarrollaron hasta convertirse en un auténtico lenguaje de difusión mundial.

En apariencia más complicado, en realidad, este método es mucho más fácil de seguir, ya que ofrece una visualización perfecta de la labor, que se representa en su forma exacta valiéndose para cada parte del símbolo que la caracteriza. Cada esquema está formado por los símbolos que se corresponden con los distintos puntos utilizados, dispuestos en el espacio en el mismo número y en la misma posición en que se encuentran en el proyecto terminado. Por tanto, cada signo se corresponde con un punto o un paso de la labor.

CÓMO SEGUIR EL GRÁFICO

Lo primero es leer el gráfico: localizar y distinguir los números, el número de filas o de vueltas, y la flecha de comienzo de la labor; a continuación leer los símbolos, cotejándolos en la medida de lo posible con la fotografía que aparece al principio de cada proyecto o con la explicación incluida en las páginas finales (que ha de corresponder perfectamente con el gráfico y la labor). Y cuando se tenga todo claro, comenzar con la obra, siguiendo el gráfico, marcando con el lápiz los distintos pasos una vez realizados, si eso os facilita las cosas.

EL GANCHILLO EN RED, O FILET

El filet es un encaje de cuadros (los llenos con punto alto y los cuadros vacíos con cadeneta) que se alternan para crear diversos motivos.

Esta técnica, muy fácil de realizar, se utilizó hasta hace poco para realizar encajes y cenefas para la ropa blanca del hogar. Hoy en día, se emplea con cada vez mayor frecuencia para realizar proyectos mucho más laboriosos, tales como blusas, chaquetas, manteles, cortinas, cojines y colchas.

CÓMO SE HACE

Para realizar las labores que se proponen, una vez montado el número de cadenetas indicado, basta con seguir el esquema con atención. Se empieza a trabajar por el símbolo de comienzo de la labor, siguiendo la dirección de las flechas y las eventuales letras o números que aparecen.

En todos los esquemas de los motivos de *filet*, a menos que se especifique lo contrario, los cuadritos llenos (grupos) y los vacíos (espacios) se hacen de la siguiente manera: *grupo*: ★ 1 punto alto en cada uno de los 3 puntos siguientes ★, repetir de ★ a ★ para todos los cuadritos que figuren en el esquema; *espacio*: ★ 1 punto alto, 2 cadenetas, saltar 2 puntos ★, repetir de ★ a ★ para todos los cuadritos vacíos que figuren en el esquema.

Asimismo, hay que tener presente que el 1er punto alto de cada fila se sustituye por 3 cadenetas y que el último cuadrito de cada fila, lleno o vacío, debe cerrarse siempre con un punto alto. Dicho esto, lo único que hay que hacer es seguir con atención la alternancia de cuadritos del esquema para lograr reproducir el motivo.

Cuando el esquema no especifica el número de cadenetas que hay que montar y tampoco hay un texto explicativo, se puede calcular multiplicando por 3 el número de cuadritos y añadiendo 1 cadeneta (base del 1er punto de la 1ª fila) más 3 cadenetas (1er punto alto de la 1ª fila) si el primero es un cuadrito lleno, o más 5 cadenetas (2 para el 1er punto alto y 3 para el 1er espacio de la 1ª fila) si el primero es un cuadrito vacío.

A veces, en el esquema puede haber líneas azules y líneas rojas: las azules delimitan zonas de 10 cuadritos de lado, simplificando la tarea de contar para seguir el esquema, y las rojas señalan la parte del motivo que se repite.

CONSEJOS ÚTILES

● En aras de abordar la labor con ciertas garantías, sobre todo al principio (y en especial si la labor requiere ajustarse a una serie de medidas inamovibles), conviene realizar una muestra de orientación de 5 cm de lado con el hilo y el ganchillo indicados.

Luego, se coteja el número de puntos y de filas o vueltas de la muestra con el indicado en la explicación del proyecto (sólo hay que hacer una proporción entre las cadenetas iniciales y la longitud de la labor terminada, y entre las filas o vueltas y el ancho de la misma). Las posibles diferencias dependen de la forma de ganchillar de cada persona: así, por ejemplo, si el punto es demasiado apretado, conviene utilizar un ganchillo de un diámetro mayor; y si, en cambio, es ancho, conviene utilizar uno de un diámetro menor.

● Poner mucho cuidado cuando tengáis que incorporar un nuevo ovillo. En la medida de lo posible, conviene hacerlo siempre al comenzar una fila, dejando una "cola" del ovillo terminado lo bastante larga como para poder rematarla con unas puntadas de pespunte con una aguja para punto, al igual que el cabo del ovillo nuevo.

● Cuando se proceda en filas de ida y vuelta, al terminar cada fila, antes de dar la vuelta a la labor y empezar la siguiente, añadir algunas cadenetas: su función consiste en evitar que la labor quede "tirante" y se deforme. A menos que se especifique lo contrario, el número de cadenetas depende del punto empleado: 1 cadeneta para el punto bajo, 2 cadenetas para el medio punto, 3 cadenetas para el punto alto, 4 cadenetas para el punto alto doble y 5 cadenetas para el punto triple.

Una vez lavada la labor, colocarla entre dos toallas de rizo para que se seque y eliminar la mayor parte del agua presionando con la toalla. Cuando las toallas hayan absorbido toda el agua, extender la labor con cuidado, sujetando los bordes con alfileres para conferirles su forma original. Si se desea, se puede almidonar la labor con productos adecuados para ello o ponerla a remojo en una solución de agua y almidón de arroz, o de agua y azúcar (esta última operación debe reservarse únicamente a labores que deban quedar rígidas, como determinadas cajas de bombones o cestitas para dulces), dejándola secar luego a la sombra para evitar que la tela se ponga amarilla.

PUNTOS BÁSICOS

CÓMO SUJETAR EL HILO Y CÓMO SOSTENER EL GANCHILLO

La mano izquierda sujeta el hilo que se suelta del ovillo y lo hace pasar de la palma al dorso de la mano entre el meñique y el anular, del dorso a la palma alrededor del meñique y de la palma al dorso entre el índice y el dedo corazón; con el dedo corazón, el anular y el meñique doblados, el hilo se hace pasar del dorso a la palma alrededor del dedo índice. Mientras se trabaja, el hilo se sujeta con el índice y el pulgar.

Sostener el ganchillo con la mano derecha como un boli, guiándolo en los movimientos con el dedo corazón, en el que está apoyado.

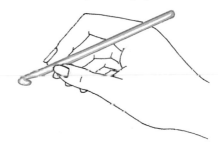

En las páginas siguientes se describe la ejecución de los puntos básicos utilizados en el ganchillo y sus variantes.

Cadeneta (cad.)

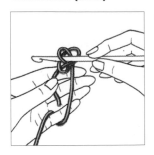  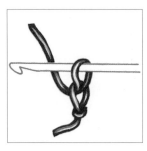 

1 Formar 1 anillo con el hilo, introducir el ganchillo y enganchar el hilo haciéndolo girar de atrás hacia delante alrededor del ganchillo. Extraer el hilo y tirar de él para formar un anillo.

2 Sosteniendo el anillo entre el pulgar y el índice, elevar el hilo después de apoyarlo en el índice, pasando el ganchillo entre el dedo y el hilo de atrás hacia delante ("echar hebra sobre el ganchillo").

3 Enganchar el hilo con el ganchillo y hacerlo pasar a través del anillo, formando la primera cadeneta.

4 Volver a echar hebra sobre el ganchillo de atrás hacia delante y sacarlo por el anillo. Proceder de la misma manera hasta hacer todas las cadenetas necesarias.

Cadeneta doble (cad. doble)

 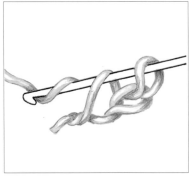 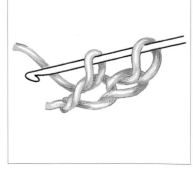

1 Montar 2 cadenetas e introducir el ganchillo por la primera.

2 Echar hebra sobre el ganchillo, de atrás hacia delante.

3 Sacar el primer punto o, lo que es lo mismo, enganchar el hilo y hacerlo pasar por el anillo.

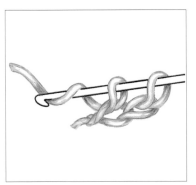 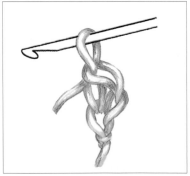 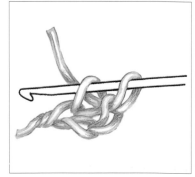

4 Echar hebra sobre el ganchillo, siempre de atrás hacia delante.

5 Sacar 1 punto haciéndolo pasar por los 2 anillos del ganchillo de una vez.

6 Introducir el ganchillo por el primer anillo de la izquierda y repetir los pasos 2, 3, 4 y 5 hasta alcanzar la longitud necesaria.

Medio punto bajo (medio p. bj.)

1 Introducir el ganchillo en el segundo punto de la cadeneta de base, hacia la izquierda, y echar hebra sobre el ganchillo.

2 Sacar 1 punto.

3 Cerrar el punto que queda en el ganchillo, pasándolo de una vez a través del punto de la cadeneta y el anillo que hay en el ganchillo. Cerrar un punto significa hacer pasar el hilo sacado a través de todos los puntos que hay en el ganchillo.

4 Repetir la operación desde el paso 1 hasta el último punto de la cadeneta de base.

Punto bajo (p. bj.)

1 Introducir el ganchillo en el segundo punto de la cadeneta de base, hacia la izquierda, y echar hebra sobre el ganchillo.

2 Sacar 1 punto y echar hebra sobre el ganchillo.

3 Cerrar el punto, es decir, sacarlo haciéndolo pasar de una vez a través de los 2 puntos que hay en el ganchillo.

4 Repetir la operación desde el paso 1, introduciendo cada vez el ganchillo en el primer punto hacia la izquierda.

Medio punto alto (medio p. alto)

   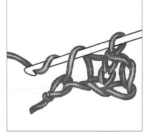

1 Introducir el ganchillo en el segundo punto, hacia la izquierda, echar hebra sobre el ganchillo y sacar 1 punto como en las figuras 1 y 2 del punto bajo.

2 Sacar 1 punto y echar hebra sobre el ganchillo.

3 Pasar el hilo a través de los 2 puntos que hay en el ganchillo.

4 Repetir la operación desde el paso 1, introduciendo cada vez el ganchillo en el primer punto hacia la izquierda.

Meio punto alto (medio p. alto)

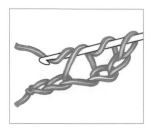 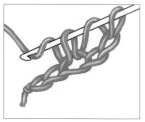  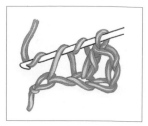

1 Introducir el ganchillo en el primer punto de base (en el tercer punto hacia la izquierda del ganchillo) y echar hebra sobre el ganchillo.

2 Sacar 1 punto (en total, habrá 3 puntos en el ganchillo) y echar hebra sobre el ganchillo.

3 Cerrar el punto o, lo que es lo mismo, hacer pasar de una vez el hilo a través de los 3 puntos que hay en el ganchillo.

4 Repetir los pasos 1, 2 y 3, introduciendo cada vez el ganchillo en el primer punto de base hacia la izquierda.

Punto alto (p. alto)

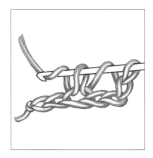   

1 Proceder como en los puntos 1 y 2 del medio punto alto y echar hebra sobre el ganchillo.

2 Pasar el hilo a través de 2 de los 3 puntos que hay en el ganchillo y echar hebra sobre el ganchillo.

3 Cerrar el punto haciendo pasar el hilo a través de los 2 últimos puntos que hay en el ganchillo.

4 Repetir la operación desde el paso 1, introduciendo cada vez el ganchillo en el primer punto hacia la izquierda.

Punto alto doble (p. alto doble)

   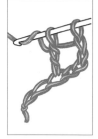 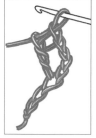 

1 Enrollar 2 vueltas de hilo alrededor del ganchillo, echando las hebras de atrás hacia delante.

2 Introducir el ganchillo en el primer punto de la cadeneta de base (en el quinto punto del ganchillo) y sacar un punto.

3 A continuación, echar hebra sobre el ganchillo y hacer pasar el hilo a través de 2 de los 4 puntos que hay en el ganchillo. Volver a echar hebra sobre el ganchillo.

4 Hacer pasar el hilo a través de 2 de los 3 puntos que quedan en el ganchillo y echar hebra sobre el ganchillo.

5 Cerrar los 2 puntos que hay en el ganchillo.

6 Repetir la operación desde el paso 1, introduciendo cada vez el ganchillo en el primer punto hacia la izquierda.

Punto triple (p. tr.)

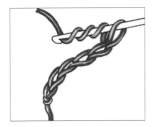   

1 Empezar igual que para hacer el punto alto doble, pero echando 3 hebras sobre el ganchillo en vez de 2.

2 Introducir el ganchillo en el sexto punto hacia la izquierda, sacar 1 punto (5 puntos en el ganchillo) y echar hebra sobre el ganchillo.

3 Hacer pasar el hilo a través de los primeros 2 puntos que hay en el ganchillo y volver a echar hebra sobre el ganchillo.

4 Echando sucesivas hebras sobre el ganchillo, cerrar de 2 en 2 todos los puntos y repetir la operación desde el paso 1, introduciendo cada vez el ganchillo en el primer punto hacia la izquierda.

Puntos múltiples

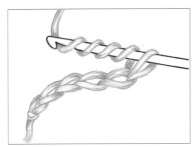 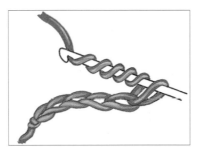 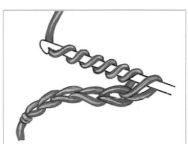

1 Punto cuádruple. Echar 4 hebras sobre el ganchillo y proceder como para hacer el punto triple, sólo que introduciendo el ganchillo en la 7ª cadeneta. Cerrar todos los puntos de 2 en 2.

1 Punto quíntuple. Echar 5 hebras sobre el ganchillo y proceder como para hacer el punto triple, sólo que introduciendo el ganchillo en la 8ª cadeneta. Cerrar todos los puntos de 2 en 2.

1 Punto séxtuple. Echar 6 hebras sobre el ganchillo y proceder como para hacer el punto triple, sólo que introduciendo el ganchillo en la 9ª cadeneta. Cerrar todos los puntos de 2 en 2.

Dos puntos altos en grupo

1 En el punto en el que se desee unir en grupo 2 puntos altos, echar hebra sobre el ganchillo, sacar el punto de base siguiente, sacar el hilo, volver a introducir el ganchillo y hacerlo pasar a través de 2 puntos (así se obtendrá 1 punto alto sin cerrar); volver a echar hebra sobre el ganchillo.

2 Introducir el ganchillo en el punto siguiente, sacar el hilo, echarlo sobre el ganchillo y hacerlo pasar a través de 2 puntos, obteniendo así 2 puntos altos sin cerrar. Volver a echar el hilo sobre el ganchillo y hacerlo pasar a través de los 3 puntos que hay en el ganchillo, tirando ligeramente del hilo para cerrarlos.

Dos puntos altos dobles en grupo

1 En el punto en el que se desee unir en grupo 2 puntos altos dobles, echar 2 hebras sobre el ganchillo, introducir el ganchillo en el primer punto hacia la izquierda, sacar el hilo, ★ volverlo a echar sobre el ganchillo y hacerlo pasar a través de 2 puntos ★; repetir de ★ a ★ dos veces (así se obtendrá 1 punto alto doble sin cerrar); volver a echar 2 hebras sobre el ganchillo.

2 Introducir el ganchillo en el punto siguiente, sacar el hilo, ★ echarlo sobre el ganchillo y hacerlo pasar a través de 2 puntos ★; repetir de ★ a ★ dos veces, obteniendo así 2 puntos altos dobles sin cerrar. Volver a echar el hilo sobre el ganchillo y hacerlo pasar a través de los 3 puntos que hay en el ganchillo, tirando ligeramente del hilo para cerrar en grupo los 2 puntos altos dobles sin cerrar.

379

Cómo empezar la segunda fila si el primer punto es...

... un punto bajo

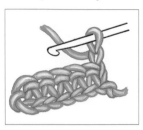

... medio punto alto

1 En vez del primer punto bajo de la fila o vuelta, hacer 1 cadeneta.

2 Hacer el segundo punto pinchando en el penúltimo de los puntos de la fila o vuelta anterior.

1 En vez del primer medio punto alto de la fila o vuelta, hacer 2 cadenetas.

2 Hacer el segundo punto pinchando en el penúltimo de los puntos de la fila o vuelta anterior.

... un punto alto

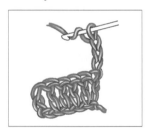

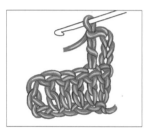

... un punto alto doble

1 En vez del primer punto alto de la fila o vuelta, hacer 3 cadenetas.

2 Hacer el segundo punto pinchando en el penúltimo de los puntos de la fila o vuelta anterior.

1 En vez del primer punto alto doble de la fila o vuelta, hacer 4 cadenetas.

2 Hacer el segundo punto pinchando en el penúltimo de los puntos de la fila o vuelta anterior.

Cómo se pincha el ganchillo en el punto inferior

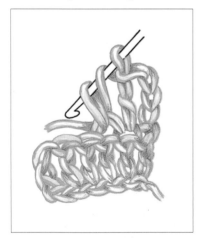

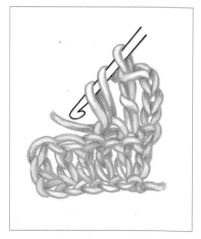

1 En el punto de base: clavar el ganchillo en el centro del punto, por debajo de los 2 hilos del punto de base.

2 En el hilo de detrás del punto de base: clavar el ganchillo por debajo del hilo de detrás de los 2 hilos del punto de base.

3 En el hilo de delante del punto de base: clavar el ganchillo por debajo del hilo de delante de los hilos del punto de base.

Aumentos
Internos simples

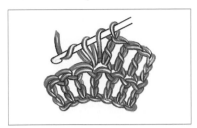

Internos dobles

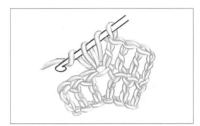

1 Tejer 2 puntos en el punto siguiente o anterior. Así se obtendrán aumentos hacia la izquierda o hacia la derecha, respectivamente.

1 En la fila anterior, tejer 1 cadeneta volante en la posición deseada para los aumentos.

2 En la fila siguiente, tejer los 2 puntos del aumento doble, pinchando en la cadeneta volante.

Externos

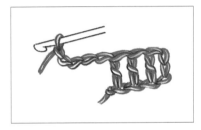

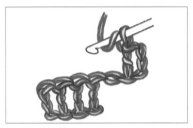

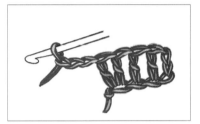

1 Al final de la fila que precede a los aumentos, tejer tantas cadenetas volantes como aumentos se deseen hacer. En la siguiente, hacer el 1er aumento pinchando en la 1ª cadeneta volante.

2 Tejer los puntos de aumento, pinchando en las cadenetas volantes siguientes.

3 Como alternativa, al final de la fila que precede a los aumentos, realizar un aumento en el último punto de base, tejer tantas cadenetas volantes como aumentos se deseen hacer menos 1 y continuar como en el punto 2.

Diminuciones
Internas sobre puntos altos

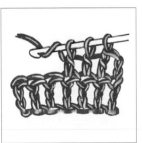

Externas al final de la fila

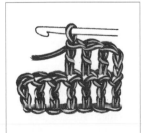

Externas al principio de la fila

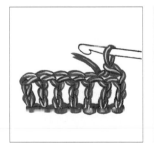

1 Tejer 2 puntos altos sin cerrar en el punto en el que se desee realizar la disminución, echar hebra sobre el ganchillo y sacarlo a través de los 3 puntos que hay en el ganchillo.

1 Si las disminuciones son más de dos, no se deben tantos puntos como disminuciones se deseen hacer.

1 Tejer un medio punto bajo en el penúltimo punto de la fila anterior.

2 Continuar tejiendo tantos medios puntos bajos como puntos se deseen menguar y empezar la fila normalmente, sustituyendo siempre el 1er punto por el número necesario de cadenetas volantes.

Red *filet* con espacios y grupos realizada con puntos altos

1 El fondo de red está formado por puntos altos y cadenetas. Para obtener el primer espacio (agujero) de la red, montar un número de cadenetas volantes múltiplo de 3 + 7 y hacer un punto alto pinchando en la 8ª cadeneta a partir del ganchillo.

2 Montar 2 cadenetas volantes, saltar 2 puntos de base y hacer 1 punto alto en el punto de base siguiente. Repetir este paso hasta la última cadeneta.

3 Dar la vuelta a la labor y montar 5 cadenetas (= 1 punto alto más 2 cadenetas para el espacio).

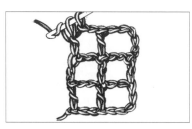

4 Tejer 1 punto alto, pinchando en el punto alto inferior, y 2 cadenetas volantes. Repetir hasta el final de la fila.

5 Terminar la fila realizando el último punto alto en la 3ª cadeneta de la fila inferior. En cada una de las filas siguientes, repetir desde el paso 3.

1 Para realizar un grupo sobre un espacio, tejer 1 punto alto sobre el de la fila anterior y 2 puntos altos pinchando el ganchillo por debajo del arco formado por las 2 cadenetas volantes de la fila siguiente. Cada grupo está formado por 3 puntos altos.

Red *filet* con espacios y grupos realizada con puntos altos dobles

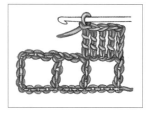

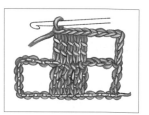

1 Cada cuadrito está compuesto por 3 cadenetas y 1 punto alto doble. Se trabaja sobre un número de cadenetas múltiplo de 4 + 10. Para el primer cuadrito de la primera fila, hacer un punto alto doble sobre la 11ª cadeneta; continuar montando ★ 3 cadenetas volantes, saltar 3 cadenetas de base y realizar 1 punto alto doble en la cadeneta siguiente ★. Repetir de ★ a ★ para todos los espacios.

2 Segunda fila y siguientes: 4 cadenetas (= primer punto alto doble): ★ 3 cadenetas y 1 punto alto doble pinchando en el penúltimo punto alto doble de debajo ★. Repetir de ★ a ★ para todos los espacios.

1 Cada grupo está compuesto por 4 puntos altos dobles. Para realizar un grupo sobre un espacio al comienzo de la labor: 4 cadenetas (= primer punto alto doble): ★ 3 puntos altos dobles pinchando por debajo del arco formado por las 3 cadenetas de debajo; 1 punto alto doble sobre el punto alto doble inferior ★. Repetir de ★ a ★ para cada grupo.

2 Cuando el grupo deba realizarse encima de otro grupo: ★ 1 punto alto doble encima de cada uno de los puntos altos dobles que forman el grupo de debajo ★. Repetir de ★ a ★ para cada grupo.

Aumentar espacios al principio de la fila

  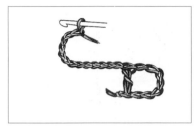

1 Si sólo se desea aumentar 1 espacio, hacer 7 cadenetas volantes, pinchar en el último de los puntos altos de la fila anterior y tejer 1 punto alto.

2 Si se desean aumentar 2 espacios, hacer 10 cadenetas volantes, pinchar en la 8ª cadeneta volante a partir del ganchillo y tejer 1 punto alto (1er espacio); hacer 2 cadenetas volantes, pinchar en el último de los puntos altos de la fila anterior y tejer 1 punto alto.

3 Si se desean aumentar más de 2 espacios, multiplicar por 3 el número de espacios que se deseen aumentar y tejer ese número de cadenetas volantes más 5 (= 1 punto alto más 2 cadenetas volantes).

  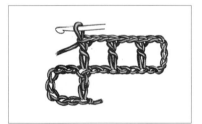

4 Realizar el 1er espacio de aumento tejiendo 1 punto alto en la 8ª cadeneta volante a partir del ganchillo.

5 Realizar el 2º espacio de aumento tejiendo 2 cadenetas volantes y 1 punto alto en la 3ª cadeneta.

6 Realizar los espacios de aumento siguientes, hasta el penúltimo, repitiendo el paso 5 y realizar el último espacio de aumento haciendo 2 cadenetas volantes y 1 punto alto en el último de los puntos altos de la fila anterior.

Aumentar espacios al final de la fila

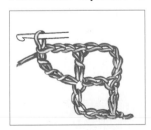 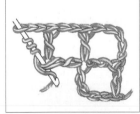 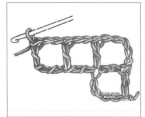 

1 Para aumentar 1 espacio, una vez terminada la fila, hacer 2 cadenetas volantes y 1 punto alto triple realizado clavando el ganchillo en el mismo punto sobre el que se ha tejido el último punto alto de la fila.

2 Si se desen aumentar 2 espacios, proceder como en el paso 1, hacer 2 cadenetas, pinchar en el medio de la barrita vertical del punto alto triple que se acaba de hacer y tejer otro punto alto triple para obtener el 2º espacio.

3 Tejer los demás espacios de aumento repitiendo el paso 3.

4 Si se desean aumentar más de 2 espacios, hacer el primero repitiendo el paso 1.

Aumentar grupos al principio de la fila
Aumentar un grupo

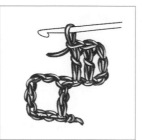

1 Hacer 5 cadenetas volantes.

2 Realizar el 1er grupo de aumento tejiendo 1 punto alto en la 4ª cadeneta a partir del ganchillo y otro en la 5ª.

Aumentar dos o más grupos

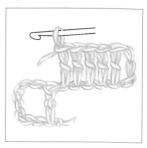

1 Multiplicar por 3 el número de grupos que se deseen aumentar y realizar ese número de cadenetas más 2. Realizar el 1er grupo de aumento tejiendo 1 punto alto en la 4ª cadeneta y otro en la 5ª.

2 Realizar los otros cuadritos llenos de aumento tejiendo 1 punto alto en cada cadeneta volante sucesiva.

Aumentar grupos al final de la fila
Aumentar un grupo

1 Una vez terminada la fila, tejer 1 punto alto para cerrar el último espacio o grupo.

2 El último punto del final de la fila debe quedar como en la figura.

3 Repetir el paso 2 pinchando en el medio de ese nuevo punto alto doble.

4 Repetir el paso 3; para cerrar el grupo, tejer un último punto alto doble.

Aumentar dos grupos

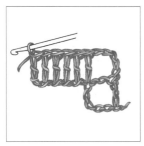

1 Realizar dos veces los pasos 1-4 del apartado anterior ("Aumentar un grupo").

2 Para cerrar el último grupo aumentado, tejer 1 punto alto doble en el medio del último punto alto doble.

Aumentar más de dos grupos

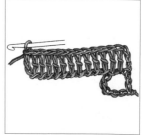

1 Para cada grupo que se desee aumentar, repetir los pasos 1-4 del apartado "Aumentar un grupo".

2 Cada grupo estará formado por 3 puntos altos dobles, a los que hay que añadir un 4º punto de cierre.

Disminuir un espacio al principio de la fila

1 Al final de la fila anterior, dejar el penúltimo punto alto sin cerrar.

2 Echar 4 hebras sobre el ganchillo.

3 Pinchar en el último punto de la fila y sacar el hilo.

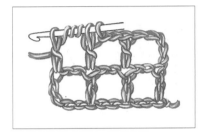

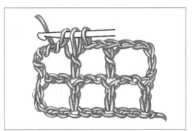

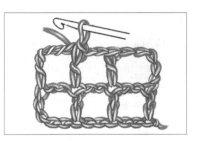

4 Echar hebra sobre el ganchillo y cerrar 2 de los puntos que hay en el ganchillo.

5 Repetir el paso 4 tres veces.

6 Echar hebra sobre el ganchillo y cerrar los 3 puntos que quedan en el ganchillo.

Disminuir un grupo al principio de la fila

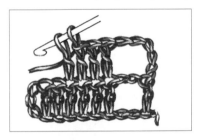

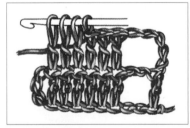

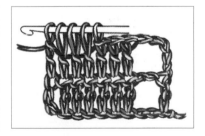

1 Al final de la fila anterior, dejar sin cerrar el último punto del penúltimo grupo.

2 Tejer 1 punto alto sin cerrar en cada uno de los 2 puntos altos siguientes.

3 Tejer 1 punto alto doble sin cerrar en el último punto.

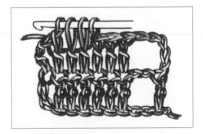

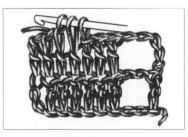

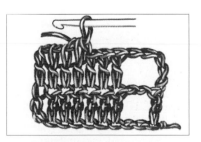

4 Echar hebra sobre el ganchillo y cerrar 2 de los puntos que hay en el ganchillo.

5 Repetir el paso 4 una vez.

6 Echar hebra sobre el ganchillo y cerrar los 3 puntos que quedan en el ganchillo.

Cómo realizar una esquina con motivo

 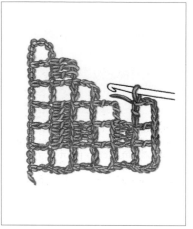 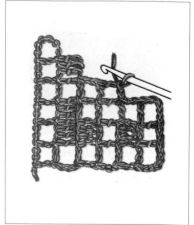

1 Se trabaja sobre un número par de espacios. Al final de la fila anterior a aquélla en la que empiezan las disminuciones, dejar el antepenúltimo punto alto sin cerrar y seguir realizando una disminución con espacio o con grupo (*véase* pág. 23), como se indica en el esquema.

Dar la vuelta a la labor y menguar otro espacio o grupo como se indica en el esquema.

Repetir estas operaciones hasta tener un solo espacio.

2 Empezar a realizar la esquina formando otro espacio sobre el arco de 5 cadenetas de debajo.

Girar la labor de modo que el "borde" de espacios constituya la base de la labor.

Realizar 5 cadenetas y tejer 1 punto alto clavando el ganchillo en la cadeneta sobre la que se ha tejido el punto anterior.

3 Realizar 2 cadenetas. Tejer 1 medio punto bajo cogido por debajo del punto alto cuádruple que se presenta, 2 cadenetas y 1 punto alto cogido sobre el arco de 5 cadenetas que se presenta.

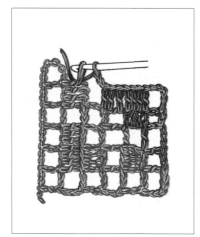 

4 Dar la vuelta a la labor. Realizar 1 grupo y luego 1 espacio.

Dar la vuelta otra vez a la labor, hacer 1 espacio, luego 2 grupos seguidos y, a continuación, 2 cadenetas y 1 medio punto bajo cogido por debajo del punto alto cuádruple que se presenta.

5 Realizar 2 cadenetas y 1 punto alto cogido en el último arco de 5 cadenetas que se presenta.

Dar la vuelta a la labor y continuar siguiendo el esquema de espacios y grupos.

Remates de *filet*
Piquitos con medio punto bajo

1 Una vez cerrada la última vuelta y terminada la labor, para rematar el borde, realizar 1 cadeneta y tejer 1 punto bajo sobre el punto alto inferior y 5 cadenetas volantes. Introducir el ganchillo en la 3ª cadeneta y echar hebra sobre el ganchillo.

2 Sacar el hilo a través de los 2 puntos que hay en el ganchillo, obteniendo así un medio punto bajo.

3 Realizar 2 cadenetas volantes, 1 punto bajo sobre el punto alto inferior y repetir desde el paso en el que se hacen 5 cadenetas. Continuar así hasta el final de la fila.

Arcos de punto bajo

   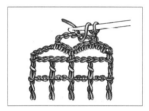

1 Una vez cerrada la última vuelta y terminada la labor, para rematar el borde, realizar 6 cadenetas volantes, tejer 1 punto bajo sobre el 2º punto alto inferior y continuar toda la fila realizando 5 cadenetas volantes y 1 punto bajo sobre el 2º punto alto inferior.

2 Dar la vuelta a la labor y realizar 1 cadeneta. Después tejer 6 puntos bajos sobre el arco de 5 cadenetas de debajo y 1 punto bajo sobre el punto bajo inferior.

3 Seguir tejiendo 3 puntos bajos sobre el arco siguiente. Dar la vuelta a la labor y realizar 6 cadenetas volantes y 1 medio punto bajo entre el 3º y el 4º puntos bajos inferiores.

4 Volver a dar la vuelta a la labor y realizar 1 cadeneta y 6 puntos bajos sobre el arco de debajo. Realizar sobre el arco inferior los otros 3 puntos bajos y 1 punto bajo sobre el punto alto inferior. Repetir el paso 3 hasta completar la fila.

Abanicos de punto alto doble

  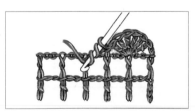

1 Una vez cerrada la última vuelta y terminada la labor, para rematar el borde, realizar 1 cadeneta, echar 2 hebras sobre el ganchillo y sacar 1 punto del 1er punto alto inferior. ·

2 Echar hebra sobre el ganchillo y cerrar los primeros 2 puntos que hay en el ganchillo. Volver a echar hebra y cerrar otros 2 puntos y, una vez más, volver a echar hebra y cerrar los puntos que quedan en el ganchillo. Continuar de la misma manera, tejiendo otro punto alto doble introduciendo el ganchillo siempre en el mismo punto inferior.

3 Realizar 6 puntos altos dobles cogidos, todos ellos, en el mismo punto alto inferior. Tejer 1 punto bajo sobre el punto alto siguiente y continuar haciendo otro abanico compuesto por 6 puntos altos dobles y 1 punto bajo hasta completar la fila.

PUNTO

Montar los puntos es el primer paso de las labores de punto y consiste en formar la fila de puntos que constituirá el borde inferior de la labor.

Montaje con una aguja de punto

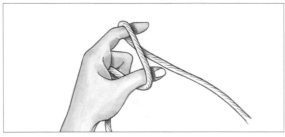

1 Pasar el hilo alrededor del pulgar y el índice de la mano izquierda, manteniendo a la derecha el ovillo y a la izquierda un cabo de hilo cuya longitud, para montar todos los puntos necesarios, deberá ser tres veces el ancho de la labor.

2 Sujetando la aguja de punto con el pulgar de la mano derecha y con el hilo procedente del ovillo apoyado en el índice, introducir la punta en el anillo formado en la mano izquierda, de abajo arriba.

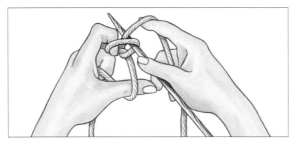

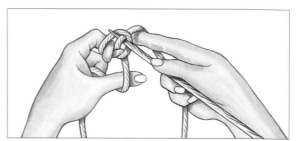

3 Echar el hilo procedente del ovillo sobre la aguja, levantando el índice.

4 Sacar la aguja del anillo, junto con un hilo que será el primer punto. Tirar de los hilos y apretar el punto que se ha formado en la aguja; proceder de la misma manera con todos los puntos que se tengan que montar.

Montaje con dos agujas de punto

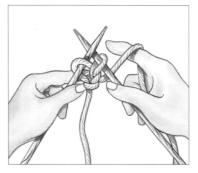

1 Hacer el primer punto igual que en el montaje con una aguja y coger la aguja con la izquierda. Coger la otra aguja de punto y meter la punta en el punto de la aguja de la izquierda. Echar el hilo sobre la aguja izquierda, con ayuda del índice de la mano derecha.

2 Sacar el hilo con el segundo punto, deslizando la aguja derecha.

3 Pasar el nuevo punto a la aguja izquierda, meter la punta de la aguja derecha en el último punto echado, de delante atrás. Repetir la operación para los otros puntos.

Montaje tubular con un hilo de otro color

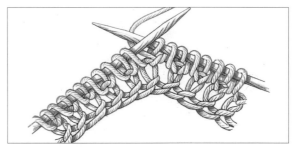

1 Con un hilo de otro color, montar la mitad del número de puntos necesarios + 1. *1ª vuelta*: 1 p. del derecho (orillo), ★ 1 hebra y 1 p. del derecho ★ ; repetir de ★ a ★ hasta completar la vuelta y terminar con 1 p. del derecho, el orillo.

2 *2ª vuelta*: pasar a la aguja de la derecha los p. que se presentan del revés (como si se fuese a tejer del revés) y tejer del derecho la suelta de la vuelta anterior.

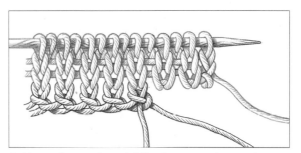

3 *3ª vuelta*: tejer del derecho los p. pasados sin hacer en la vuelta anterior y pasar al revés los p. tejidos del derecho.

4 Al terminar, soltar el hilo de otro color usado para montar los puntos.

Montaje tubular con el hilo de la labor

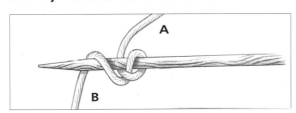

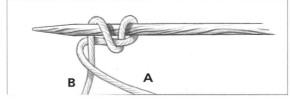

1 Hacer un anillo como se explica en el montaje con una aguja de punto. Sujetar la aguja con la mano derecha con un cabo de hilo A a la derecha y el ovillo B a la izquierda. Echar el hilo B por encima de la aguja.

2 Pasar el hilo A por debajo de la aguja, de atrás hacia delante, formando así el 2º punto, que es del derecho. Volver a echar sobre la aguja el hilo B, de delante atrás.

3 Volver a echar el hilo A de delante atrás, pasándolo por debajo de la aguja (fig. 3). Así se forma el 3º punto. Repetir los movimientos descritos hasta tener los puntos necesarios + 1.

4 En la vuelta siguiente, tejer del derecho los p. del derecho y pasar al revés los puntos del revés. Dejar caer de la aguja el 1er punto montado. Tejer otras 2 vueltas y continuar siguiendo las instrucciones pertinentes.

Derecho y revés

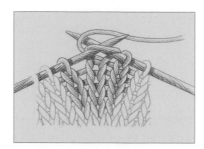

Punto del derecho

Se clava la aguja derecha en el p. de la aguja izquierda, de delante atrás, se echa el hilo y se saca el p. a través del p. de la aguja.

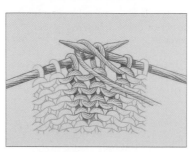

Punto del revés

Se clava la aguja derecha en el p. de la aguja izquierda, de abajo arriba, se echa el hilo y se saca el p. a través del p. de la aguja.

Punto liso del derecho

Se trabaja sobre un número de p. par o impar.
1ª vuelta: del derecho.
2ª vuelta: del revés.
Se repiten estas 2 vueltas todo el rato.

Punto liso del revés

Se trabaja sobre un número de p. par o impar.
1ª vuelta: del revés.
2ª vuelta: del derecho.
Se repiten estas 2 vueltas todo el rato.

Punto bobo

Se puede hacer de dos maneras distintas, pero el resultado es siempre el mismo.
1ª vuelta y todas las vueltas siguientes: del derecho.
1ª vuelta y todas las vueltas siguientes: del revés.

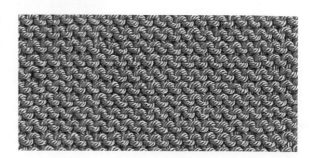

Puntos simples

Punto del derecho retorcido

Se clava la aguja derecha en el hilo posterior del p. y se teje 1 p. del derecho.

Punto del revés retorcido

Se clava la aguja izquierda en el hilo posterior del p., de atrás hacia delante, y se teje un p. del revés.

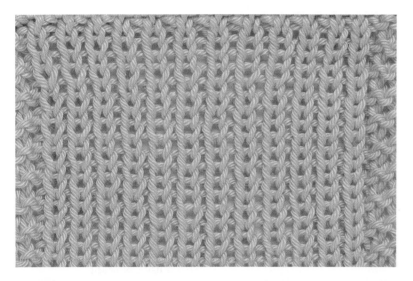

Punto elástico 1/1

Se trabaja sobre un número par de puntos.
1ª vuelta: ★ 1 p. der., 1 p. rev. ★.
2ª vuelta: se tejen los p. como se presentan.
Se repiten estas 2 vueltas todo el rato.

Punto elástico 1/1 retorcido

Se trabaja sobre un número par de p.
1ª vuelta: ★ 1 p. der. ret., 1 p. rev. ★.;
se repite de ★ a ★.
2ª vuelta: ★ 1 p. der., 1 p. rev. ret. ★.;
se repite de ★ a ★.
Se repiten estas 2 vueltas todo el rato.

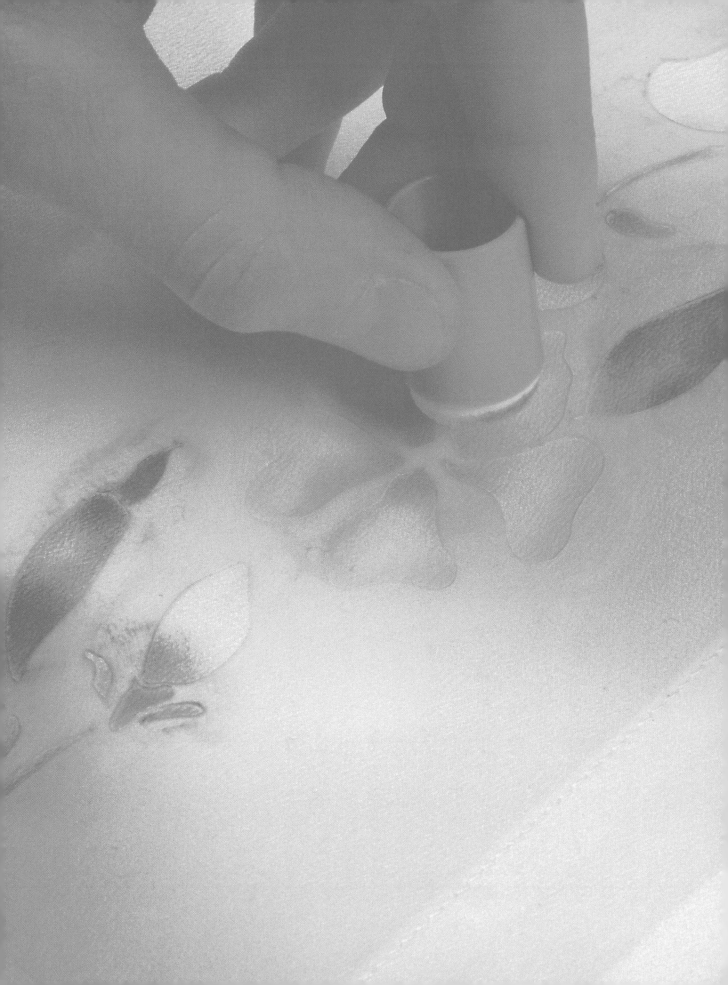

ÍNDICES
Y
REFERENCIAS

Índice de las Técnicas

ÍNDICE

SECCIONES
FANTASÍAS DE PAPEL,
TÉCNICAS DE PINTURA,
ARTES APLICADAS,
MODELAJE

Proyectos y realización: Jocelyn Kerr Holding
English Home Design, via Palermo 14, Milán
Reservados los derechos – no está permitida la utilización comercial de los modelos.

Fotografías: Gianni Cigolini, Antonio Mazza.

Se agradece vivamente la colaboración de
Lucia Pianta Civati (realización de los proyectos de las páginas 32 y 40) y
Giovana Ianello (realización de los proyectos de las páginas 54, 62, 64, 66, 138, 152).

Jocelyn Kerr Holding
es una figura muy conocida dentro del campo de las artes decorativas. En 1988 inauguró en Milán, en el barrio de Brera, el establecimiento *English Home Design*, un punto de venta y taller único en su género en el que, con un numeroso grupo de colaboradores, desarrolla una entusiasta actividad de laboratorio-taller para la creación y venta de objetos de decoración realizados de forma artesanal, y de escuela de decoración con cursos de diversa índole. Es autora de numerosos libros sobre el tema. Para DeAgostini ha colaborado en la obra en fascículos *Capacissima*, que cosechó un gran éxito.

SECCIONES
LABORES

Proyectos de punto de cruz extraidos de la obra *Facilissimo a punto croce*,
Istituto Geografico De Agostini S.p.A., Novara, 1995.
pp. 260-261 y 264:
proyecto y realización de Ade Maio para *Coats Cucirini*
© *Coats Cucirini* S.p.A. – Milán – reservados los derechos – no está permitida la utilización comercial de los modelos.
pp. 256-257: proyecto y realización de La Mosca Bianca.
pp. 258-259: proyecto de Marina Pistolesi de Studio Maryline, realización de La Mosca Bianca.
pp. 262-263: proyecto de Marina Pistolesi de Studio Maryline, realización de Paola Francescato.
pp. 266-267: proyecto y realización de Barbara Buzzoni.
Todas las labores se han realizado con hilos *Coats Cucirini*.

Fotografías: Archivo Istituto Geografico De Agostini / N. Chasserieau, C. Dani, P. Ingaldi, E. Inserra, R. Martelli, E. Mininno, N. Oddo, G. Pellicci, C. Rezzonico, S. Sciacca, C. Scillieri, C. Somaini.

Proyectos de puntos contados extraidos de la obra *L'arte dei piccoli punti*,
Istituto Geografico De Agostini S.p.A., Novara, 1995.
Todos los modelos son de Ade Maio para *Coats Cucirini*
© *Coats Cucirini* S.p.A. – Milán – reservados los derechos – no está permitida la utilización comercial de los modelos.
Todas las labores se han realizado con hilos *Coats Cucirini*.

Fotografías: Archivo Istituto Geografico De Agostini / A. Bertotti, S. Gatterer.

Proyectos de ganchillo extraidos de las obras *Pizzi e merletti all'uncinetto*
Istituto Geografico De Agostini S.p.A., Novara, 1995.
y *Facilissimo a filet*, Istituto Geografico De Agostini S.p.A., Novara, 1997.
pp. 288-291: textos, prendas, diseños y esquemas de Mara Amato, Carla Benigno, Adriana Nibali, Loredana Conticello (MA.VA.).
pp. 292-299, 302-311: proyecto y realización de Ade Maio para *Coats Cucirini*.
© *Coats Cucirini* S.p.A. – Milán – reservados los derechos – no está permitida la utilización comercial de los modelos.
Todas las labores se han realizado con hilos *Coats Cucirini*.

Fotografías: Archivo Istituto Geografico De Agostini / C. Scillieri.
Proyectos de punto a cargo de Claudia Bolli.

La Editorial ha hecho cuanto está en su mano para identificar a todas las personas que han colaborado en la creación de este libro y se disculpa por cualquier posible omisión involuntaria.